"十四五"职业教育国家规划教材

U0646444

经济应用数学

（第3版）

主　编◎曹爱民　王　岳

副主编◎翟永平　石岱峰　任晓燕　胡乔林
　　　　蓝　梅　吴晓明　王　杰

JINGJI YINGYONG SHUXUE

北京师范大学出版集团
BEIJING NORMAL UNIVERSITY PUBLISHING GROUP
北京师范大学出版社

图书在版编目(CIP)数据

经济应用数学/曹爱民,王岳主编. —3版. —北京:北京师范大学出版社,2021.11(2025.8重印)

("十四五"职业教育国家规划教材)

ISBN 978-7-303-27563-2

Ⅰ.①经… Ⅱ.①曹… ②王… Ⅲ.①经济数学－职业教育－教材 Ⅳ.①F224.0

中国版本图书馆 CIP 数据核字(2021)第 262706 号

出版发行:北京师范大学出版社 https://www.bnupg.com

北京市西城区新街口外大街 12-3 号

邮政编码:100088

印　　刷:天津中印联印务有限公司

经　　销:全国新华书店

开　　本:787 mm×1092 mm　1/16

印　　张:13.75

字　　数:332 千字

版　　次:2021 年 11 月第 3 版

印　　次:2025 年 8 月第 21 次印刷

定　　价:32.00 元

策划编辑:包　彤　庞海龙　　　　责任编辑:包　彤

美术编辑:焦　丽　　　　　　　　装帧设计:焦　丽

责任校对:陈　民　　　　　　　　责任印制:赵　龙

前 言

本书是根据高等职业教育数学教育改革的最新精神，在多轮教学实践的基础上，结合高职院校经管类、商科类及文科类专业数学课程的教学改革编写而成的.

高等职业教育数学类课程对于学生认识数学与自然界、数学与人类社会的关系，认识数学的科学价值、文化价值、应用价值，提高分析问题和解决问题的能力，形成理性思维、培养创新意识具有重要的基础性作用. 结合当前高等职业教育的人才培养模式和高等职业教育的改革经验，我们致力于编写一本以经济数学为主要内容，符合高等职业教育学生专业实际和教学实际的教材，以满足经济技术型人才对数学知识的基本要求.

本书以贴近生活实际的案例引入经济数学的"基本概念"，以清晰、简洁的语言阐述经济数学的"基本思想"，以经典直观的方式探究经济数学的"基本方法"，以解决实际问题的数学建模案例展现数学的"基本应用"，突出数学的核心能力培养功能，体现数学思想的本质，强化数学的应用性，淡化数学的计算技巧.

本书是在"十二五"职业教育国家规划教材《经济应用数学（第 2 版）》的基础上进行修订的，第 3 版被评为"十四五"职业教育国家规划教材和山东省"十四五"职业教育规划教材. 第 3 版中为重要的知识点和难点配置了教学微课，为附录配置了详细的使用方法视频讲解. 党的二十大报告提出："培育创新文化，弘扬科学家精神." 为了使学生更好地了解我国的著名数学家和他们的理论，以及他们为我国数学科研工作作出的贡献，在第 3 版中还增加了思政微课.

本书的主要内容包括经济函数与极限、导数及其经济应用、积分及其经济应用、矩阵与行列式、概率统计、数学实验和附录. 为了使学生能够更好地融会贯通所学的知识，在书后附有部分习题的参考答案. 同时，为了达到理想的教学效果，本书另配有教学课件、教学方案、试题集等材料，选用本书的教师可与北京师范大学出版社责任编辑联系.

本书由济南护理职业学院曹爱民和济南职业学院王岳担任主编；山西大学翟永平、济南职业学院石岱峰、任晓燕、胡乔林、蓝梅，山东外贸职业学院吴晓明，济南稼轩学校干杰担任副主编. 本书的具体编写分工如下：曹爱民负责第 1 章、第 4 章的编写，王岳负责第 2 章、第 3 章的编写，翟永平、石岱峰负责第 5 章的编写，胡乔林、蓝梅负责第 6 章的编写，任晓燕、吴晓明、王杰负责全书各章节习题、参考答案和附录的编写. 同时，王岳负责教学微课和思政微课的录制，翟永平负责附录使用方法的微课录制. 最后，由曹爱民、王岳负责全书的统稿和定稿工作.

本书虽经多次重印修改、反复校对，仍不免存在纰漏和不妥之处，恳请各位读者批评指正，在此表示衷心的感谢！

编 者
2023 年 6 月

目 录

经济函数与极限

函数是微积分学中最基本、最重要的概念,极限是经济应用数学的重要基础.本章主要介绍函数与极限的基本概念,以及常用的经济函数和极限的运算.

§1.1　函数

1.1.1　函数的概念

1. 函数的定义

在我们的周围,运动和变化无处不在.在运动和变化的过程中,会涉及各种各样的量.在某一过程中保持数值不变的量称为常量,不断变化的量称为变量.在我们研究的问题中,变量往往不止一个,它们之间有一种重要关系,称为函数关系.

引例 1.1.1　(总成本函数)某产品的总成本 C(万元)与产品的产量 Q(件)之间有以下关系:

$$C = 200 + 15Q.$$

当生产产品的数量确定时,总成本也对应着唯一确定的数值.总成本 C 与产量 Q 的这种对应关系,称为函数关系.C 为总成本函数.

引例 1.1.2　(快递资费)某城市某快递公司对国内小件快递的资费标准,如表 1.1-1 所示.

表 1.1-1　国内小件快递资费标准

业务种类	计费单位	资费标准/元		
		同城资费	省内资费	省外资费
小件快递	首重 1 kg 内(含 1 kg)	10	12	15
	续重 1~5 kg,每超重 1 kg(超重不足 1 kg 的按 1 kg 计算)	2	2	2

显然,同城、省内、省外不同质量的小件快递和它们对应的资费之间的这种相互关系也是函数关系.

下面给出函数的定义.

定义 1.1.1　设在某变化过程中有两个变量 x 和 y,D 为非空数集,如果对于变量 x 在 D 内的每一个确定的值,按某种对应法则 f,变量 y 有唯一确定的值与之对应,则称变量 y 是定义在数集 D 上的变量 x 的函数,记作 $y = f(x)$,其中 x 称为自变量,y 称为因变量,自变量 x 的取值范围 D 称为函数的定义域.

当 x 在其定义域 D 内取确定的 x_0 时,按照对应法则 f 得到唯一的对应值 y_0 为 $x=x_0$ 时的函数值,记作

$$y_0 = f(x_0) \text{ 或 } y_0 = y\big|_{x=x_0}.$$

当 x 取遍 D 中所有的值时,它所对应的全体函数值组成的集合称为函数的值域,记作 W,即

$$W = \{y \mid y = f(x), x \in D\}.$$

由函数的定义可知,决定函数的要素有两个:定义域 D 和对应法则 f.当定义域 D 和对应法则 f 确定以后,值域 W 也就相应确定了.因此,只要两个函数的定义域和对应法则都相同,两个函数就完全相同.

在定义域的表示方法中,最常用的是区间(包括开区间、闭区间、半开半闭区间).邻域是在函数的描述中经常使用的一种特殊区间表达方式.

定义 1.1.2 通常我们把 $(x_0-\delta, x_0+\delta)$(其中 $\delta>0$)称为点 x_0 的 δ 邻域,记作 $U(x_0, \delta)$.它实际上是以 x_0 为中心、长度为 2δ 的一个开区间,如图 1.1-1 所示.

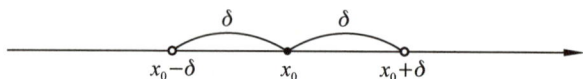

图 1.1-1　邻域在数轴上的表示

视频讲解	学习笔记

2. 函数的表示法

表示函数的主要方法有三种:表格法、图形法、解析法(公式法).

(1)表格法

把自变量的取值与对应的函数值列成表格,以此来表示函数的方法称为表格法.

案例 1.1.1 (银行定期存款利率表)某银行 2021 年整存整取的定期存款利率,如表 1.1-2 所示.

表 1.1-2　某银行定期存款中整存整取利率表

时间	三个月	半年	一年	二年	三年
年利率	1.10%	1.30%	1.50%	2.10%	2.75%

（2）图形法

图形法表示函数是基于函数图形的概念,即坐标平面上的点集$\{(x,y)\,|\,y=f(x),x\in D\}$,称为函数$y=f(x),x\in D$的图形.这种用函数的图形来表示函数的方法称为图形法.

案例 1.1.2 （股票交易价格曲线）2021 年 8 月 18 日招商银行（600036.SH）这只股票的分时交易价格曲线,如图 1.1-2 所示.

2021/08/18/三15:00 价53.14 均52.24 量13854 幅7.09%

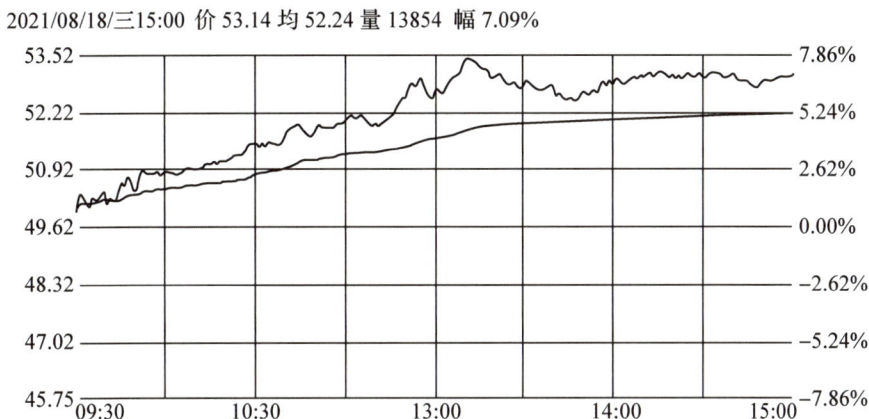

图 1.1-2　股票分时交易价格曲线

资料来源:新浪财经,2021-08-18.

从此曲线可以清楚地知道这只股票当天的价格和成交量随时间的变动情况.

（3）解析法（公式法）

用解析式表示自变量和因变量之间关系的方法称为解析法或公式法,如图 1.1-3 所示.

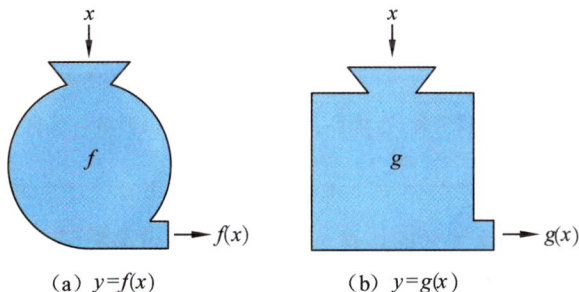

(a) $y=f(x)$　　　　　(b) $y=g(x)$

图 1.1-3　用解析法表示函数示意图

案例 1.1.3 （通信公司话费计算）某通信公司电话业务有两种计费方式:第一种,每月付 35 元月租,200 分钟及以内不额外收取话费,超出 200 分钟的每分钟收取话费 0.15 元;第二种,不收取月租费,每分钟收取话费 0.2 元.如果每月通话 400 分钟,哪种计费方式更便宜?

解　设通话时间为 x 分钟,两种计费方式的通话费分别为 y_1 和 y_2,则

$$y_1=35+0.15(x-200)=0.15x+5,$$

$$y_2=0.2x.$$

通话 400 分钟,按第一种方法计算,通话费为 $35+0.15\times(400-200)=65$(元);按第二种方法计算,通话费为 $0.2\times400=80$(元). 因此,如果每月通话 400 分钟,用第一种方式计费更便宜.

显然,用解析法表示函数更便于数学上的分析和计算.

3. 分段函数

案例 1.1.4 （运费问题）某公司发布的运费指南和中国部分地区分类,如表 1.1-3 和表 1.1-4 所示.

表 1.1-3 运费指南

每个包裹质量范围/g	A 地区/(元/个)	B 地区/(元/个)	C 地区/(元/个)
1 000(含)以下	46.00	61.00	66.00
1 000 至 2 000(含)	71.00	93.00	101.00
2 000 至 3 000(含)	105.00	138.00	149.00
3 000 至 4 000(含)	132.00	174.00	180.00
4 000 至 5 000(含)	161.00	223.00	238.00
5 000 至 6 000(含)	187.00	252.00	259.00
6 000 至 7 000(含)	215.00	287.00	297.00

表 1.1-4 地区分类

地区	中国部分地区名称
A	广东省
B	福建省、上海市、四川省、浙江省、安徽省、北京市、天津市、江苏省、贵州省、海南省、湖南省、湖北省、江西省、广西壮族自治区、陕西省、云南省、河北省、山西省、河南省、山东省、重庆市
C	黑龙江省、甘肃省、青海省、辽宁省、吉林省、宁夏回族自治区、西藏自治区、内蒙古自治区、新疆维吾尔自治区

试求该公司公布的发往 A 地区的运费 y(单位:元)与包裹质量 x(单位:克)之间的函数关系,并求一个重 3 500 克的包裹发往山东省的运费是多少.

解 由题意得,该函数为分段函数,其表达式为

$$y=\begin{cases}46, & 0<x\leqslant1\ 000,\\71, & 1\ 000<x\leqslant2\ 000,\\105, & 2\ 000<x\leqslant3\ 000,\\132, & 3\ 000<x\leqslant4\ 000,\\161, & 4\ 000<x\leqslant5\ 000,\\187, & 5\ 000<x\leqslant6\ 000,\\215, & 6\ 000<x\leqslant7\ 000.\end{cases}$$

同理可得发往 B 地区的分段函数表达式,且可求得一个重 3 500 g 的包裹发往山东省的运费是 174 元.

案例 1.1.5　(个人所得税)自 2018 年 10 月 1 日起,个税起征点由 3 500 元提高到 5 000 元.新的个人所得税税率表,如表 1.1-5 所示.

表 1.1-5　个人所得税税率表

级数	全月应纳税所得额/元	税率/%	速算扣除数/元
1	不超过 3 000 的	3	0
2	超过 3 000 至 12 000 的部分	10	210
3	超过 12 000 至 25 000 的部分	20	1 410
4	超过 25 000 至 35 000 的部分	25	2 660
5	超过 35 000 至 55 000 的部分	30	4 410
6	超过 55 000 至 80 000 的部分	35	7 160
7	超过 80 000 的部分	45	15 160

若某人月工薪收入扣除按照规定可扣除的项目金额后为 x 元,纳税额为 y 元,根据以上税率表,求出 x 与 y 的函数关系.

解　依题意,函数关系为

$$y=\begin{cases} 0, & 0 \leqslant x \leqslant 5\ 000, \\ (x-5\ 000) \times 3\%, & 5\ 000 < x \leqslant 8\ 000, \\ (x-5\ 000) \times 10\% - 210, & 8\ 000 < x \leqslant 17\ 000, \\ (x-5\ 000) \times 20\% - 1\ 410, & 17\ 000 < x \leqslant 30\ 000, \\ (x-5\ 000) \times 25\% - 2\ 660, & 30\ 000 < x \leqslant 40\ 000, \\ (x-5\ 000) \times 30\% - 4\ 410, & 40\ 000 < x \leqslant 60\ 000, \\ (x-5\ 000) \times 35\% - 7\ 160, & 60\ 000 < x \leqslant 85\ 000, \\ (x-5\ 000) \times 45\% - 15\ 160, & x > 85\ 000. \end{cases}$$

定义 1.1.3　以上函数不是用一个公式来表示的,这种在函数定义域的各个互不相交的子集上,分别用不同的解析式来表示的函数称为分段函数.

比较常见的分段函数,如 $y = |x|$,如图 1.1-4 所示.

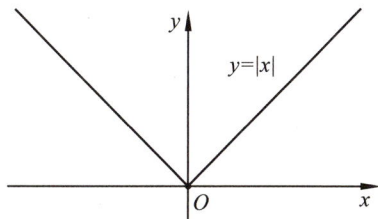

图 1.1-4　函数 $y=|x|$ 的图像

1.1.2 基本初等函数

基本初等函数包括常函数、幂函数、指数函数、对数函数、三角函数和反三角函数六种.

1. 常函数

函数 $y=a$（a 是常数）称为<u>常函数</u>.其图形为平行于 x 轴的一条直线,如图 1.1-5 所示.

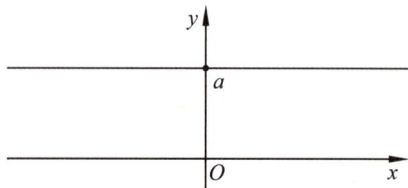

图 1.1-5　常函数的图像

2. 幂函数

函数 $y=x^u$（u 为实数）称为<u>幂函数</u>.幂函数的定义域随 u 的取值变化而有所不同,但其图像都经过点$(1,1)$.下面我们对幂函数的图像进行分类讨论.

(1)若 $u=\dfrac{p}{q}>0,p>0,q>0$,其中 p 是奇数,q 是偶数.当 $0<u<1$ 时,如图 1.1-6 所示;当 $u>1$ 时,如图 1.1-7 所示.

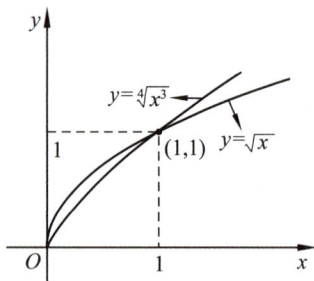

图 1.1-6　幂函数的图像(1)　　　图 1.1-7　幂函数的图像(2)

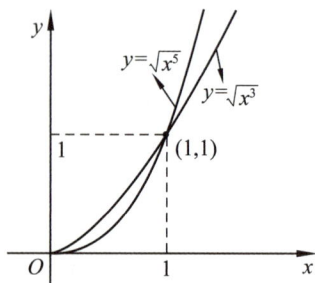

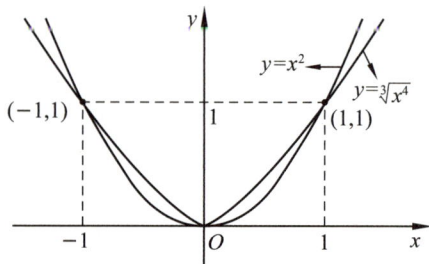

(2)若 $u=\dfrac{p}{q}>0,p>0,q>0$,其中 p 是偶数,q 是奇数.当 $0<u<1$ 时,如图 1.1-8 所示;当 $u>1$ 时,如图 1.1-9 所示.

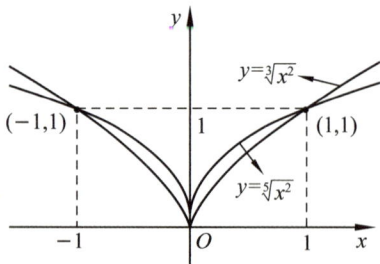

图 1.1-8　幂函数的图像(3)　　　图 1.1-9　幂函数的图像(4)

(3)若 $u=\dfrac{p}{q}>0,p>0,q>0$,其中 p 是奇数,q 是奇数.当 $0<u<1$ 时,如图 1.1-10 所示;当 $u>1$ 时,如图 1.1-11 所示.

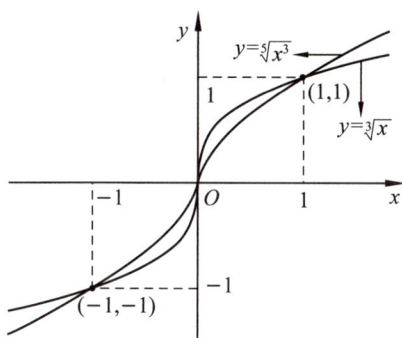

图 1.1-10　幂函数的图像(5)

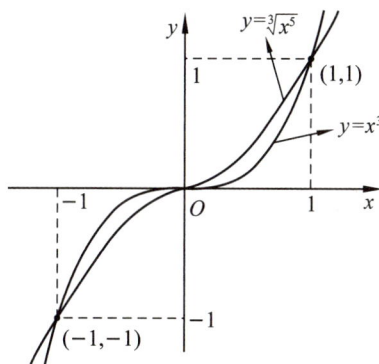

图 1.1-11　幂函数的图像(6)

(4)若 $u=-\dfrac{p}{q}<0,p>0,q>0$,其中 p 是奇数,q 是偶数时,如图 1.1-12 所示.

(5)若 $u=-\dfrac{p}{q}<0,p>0,q>0$,其中 p 是偶数,q 是奇数时,如图 1.1-13 所示.

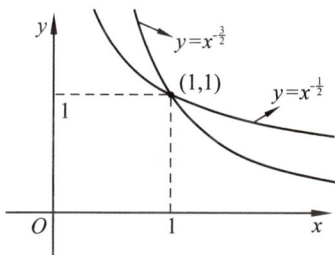

图 1.1-12　幂函数的图像(7)

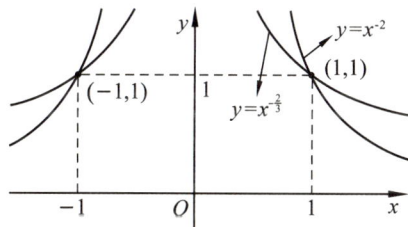

图 1.1-13　幂函数的图像(8)

(6)若 $u=-\dfrac{p}{q}<0,p>0,q>0$,其中 p 是奇数,q 是奇数时,如图 1.1-14 所示.

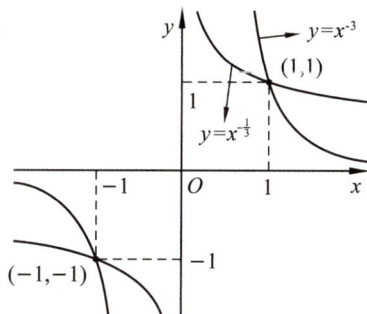

图 1.1-14　幂函数的图像(9)

3. 指数函数

函数 $y=a^x(a>0,a\neq1)$ 称为 指数函数，它的定义域为 $(-\infty,+\infty)$，图像位于 x 轴上方，如图 1.1-15 所示.

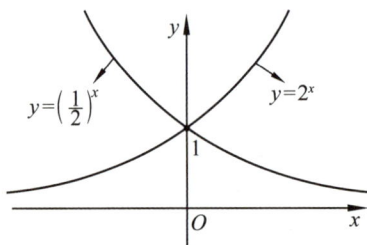

图 1.1-15　指数函数的图像

4. 对数函数

函数 $y=\log_a x(a>0,a\neq1)$ 称为 对数函数，它的定义域为 $(0,+\infty)$，所以图像在 y 轴右侧，如图 1.1-16 所示.

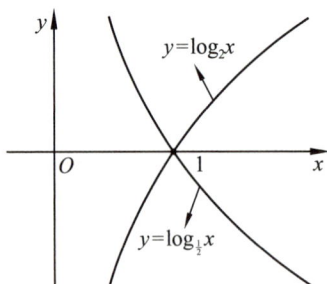

图 1.1-16　对数函数的图像

5. 三角函数

三角函数包括正弦函数 $y=\sin x$，余弦函数 $y=\cos x$，正切函数 $y=\tan x$，余切函数 $y=\cot x$，正割函数 $y=\sec x$，余割函数 $y=\csc x$，如图 1.1-17 至图 1.1-22 所示.

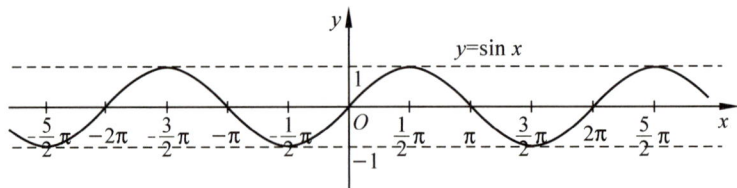

图 1.1-17　正弦函数的图像

图 1.1-18　余弦函数的图像

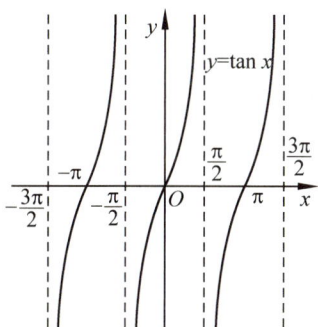

图 1.1-19　正切函数的图像

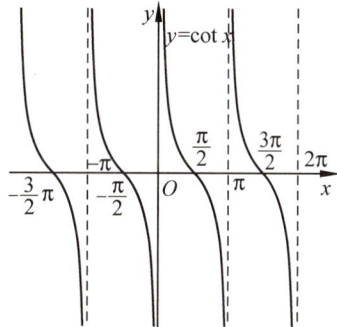

图 1.1-20　余切函数的图像

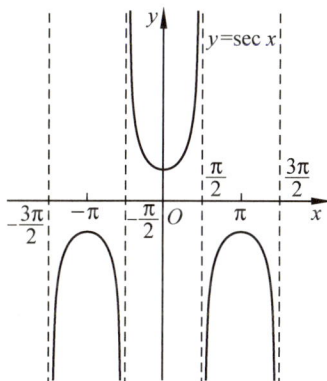

图 1.1-21　正割函数的图像

图 1.1-22　余割函数的图像

6. 反三角函数

定义 1.1.4　在给定的函数 $y=f(x)$，$x\in D$ 中，若将 y 看作自变量，x 看作因变量，这样所确定的函数 $x=\varphi(y)$ 称为函数 $y=f(x)$ 的反函数，记作 $x=f^{-1}(y)$。函数 $y=f(x)$ 称为直接函数。反函数 $x=f^{-1}(y)$ 的定义域为 $f(D)$，值域为 D。

$y=f(x)$ 与 $x=f^{-1}(y)$ 互为反函数，且 $y=f(x)$ 与 $y=f^{-1}(x)$ 的图形关于 $y=x$ 对称，如图 1.1-23 所示。

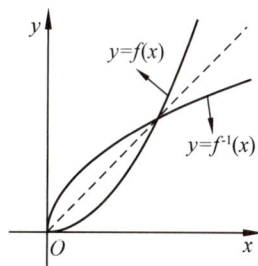

图 1.1-23　函数与其反函数图像对比

例如，直接函数 $y=f(x)=\dfrac{3}{4}x+3$，$x\in\mathbf{R}$ 的反函数为 $x=f^{-1}(y)=\dfrac{4}{3}(y-3)$，$y\in\mathbf{R}$，由于习惯上 x 表示自变量，y 表示因变量，于是我们约定 $y=f^{-1}(x)$ 也是直接函数 $y=f(x)$ 的反函数.

反三角函数是三角函数在特定区间上的反函数，一般包括反正弦函数 $y=\arcsin x$，$x\in[-1,1]$，反余弦函数 $y=\arccos x$，$x\in[-1,1]$，反正切函数 $y=\arctan x$，$x\in(-\infty,+\infty)$，反余切函数 $y=\text{arccot}\,x$，$x\in(-\infty,+\infty)$，如图 1.1-24 至图 1.1-27 所示.

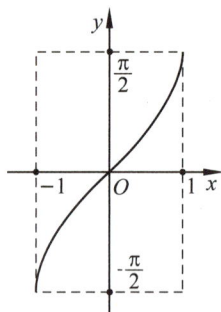

图 1.1-24　反正弦函数 $y=\arcsin x$ 的图像

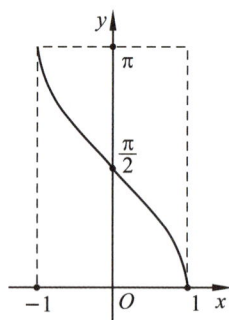

图 1.1-25　反余弦函数 $y=\arccos x$ 的图像

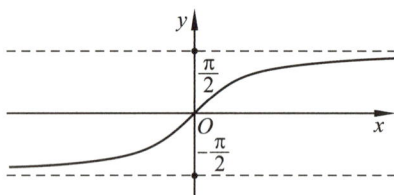

图 1.1-26　反正切函数 $y=\arctan x$ 的图像

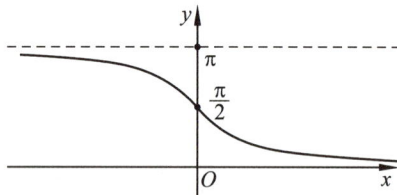

图 1.1-27　反余切函数 $y=\text{arccot}\,x$ 的图像

视频讲解	学习笔记

1.1.3　复合函数

定义 1.1.5　设函数 $y=f(u)$ 的定义域为 D_1，函数 $u=g(x)$ 在 D 上有定义且 $g(D)\subset D_1$，则由下式确定的函数

$$y=f[g(x)],\quad x\in D,$$

称为由函数 $u=g(x)$ 和函数 $y=f(u)$ 构成的复合函数，它的定义域为 D，变量 u 称为中间变量. $y=f[g(x)]$ 和 $y=g[f(x)]$ 的复合过程，如图 1.1-28 和图 1.1-29 所示.

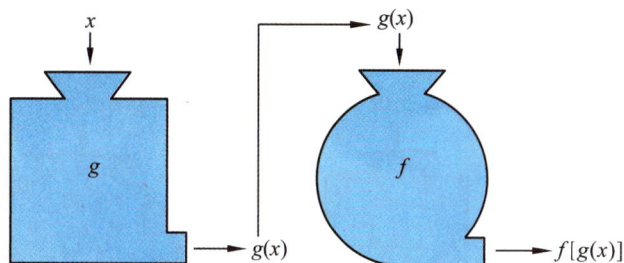

图 1.1-28　$y=f[g(x)]$ 的复合过程

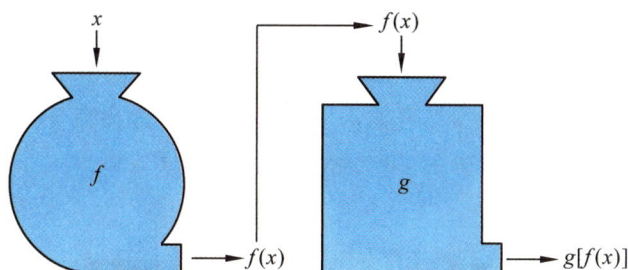

图 1.1-29　$y=g[f(x)]$ 的复合过程

案例 1.1.6　（复合函数的构成）已知函数 $y=f(u)=\mathrm{e}^u$，$u=g(x)=\cos x$，则函数 $y=f[g(x)]=\mathrm{e}^{\cos x}$ 就是由两个函数复合而成的复合函数，如图 1.1-30 所示.

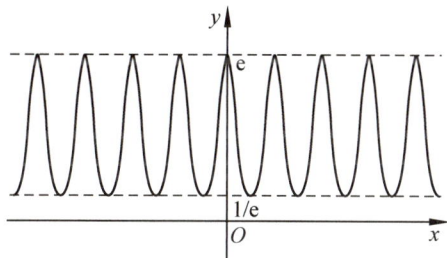

图 1.1-30　复合函数 $y=\mathrm{e}^{\cos x}$ 的图像（两坐标轴单位长度不同）

案例 1.1.7　（复合函数的构成）已知函数 $y=f(u)=\sqrt{u}$，$u=\varphi(v)=\sin v$，$v=\psi(x)=\ln x$，则由三个函数复合而成的复合函数为

$$y=f\{\varphi[\psi(x)]\}=\sqrt{\sin(\ln x)}.$$

在今后的学习中，我们不仅会遇到复合函数的合成，而且还会经常遇到复合函数的分解，即把一个复合函数还原为构成它的基本初等函数或基本初等函数的四则运算形式.

案例 1.1.8　（复合函数的结构）指出下列复合函数的构成.

(1) $y=\mathrm{e}^{\cos^2 x}$；　　　　　　　　　　(2) $y=(\arctan x^2)^3$.

解　(1) 对给定的自变量 x，先计算 $\cos x$，令 $v=\cos x$；再计算幂函数 v^2，令 $u=v^2$；最后，由 u 计算指数函数 e^u，得 $y=\mathrm{e}^u$. 可见，$y=\mathrm{e}^{\cos^2 x}$ 是由以下三个函数复合而成

$$y = \mathrm{e}^u, \quad u = v^2, \quad v = \cos x,$$

如图 1.1-31 所示.

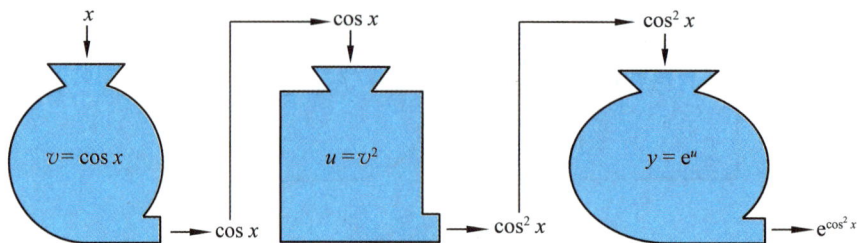

图 1.1-31 $y = \mathrm{e}^{\cos^2 x}$ 的复合过程

（2）对给定的自变量 x，先计算 x^2，令 $v = x^2$；再计算反正切函数 $\arctan v$，令 $u = \arctan v$；最后，由 u 计算幂函数 u^3，得 $y = u^3$. 可见，$y = (\arctan x^2)^3$ 是由以下三个函数复合而成：

$$y = u^3, \quad u = \arctan v, \quad v = x^2,$$

如图 1.1-32 所示.

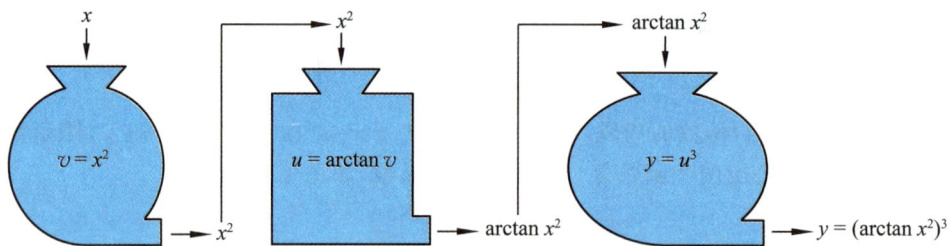

图 1.1-32 $y = (\arctan x^2)^3$ 的复合过程

1.1.4 初等函数

定义 1.1.6 由基本初等函数经过有限次的四则运算或有限次的复合所构成并可用一个式子表示的函数，称为初等函数. 例如

$$y = \sqrt{1 - x^2}, \quad y = \sin^2 x, \quad y = \sqrt{\cot \dfrac{x}{2}}$$

等都是初等函数. 而某些分段函数，如

$$y = \begin{cases} 1, & x > 0, \\ 0, & x = 0, \\ -1, & x < 0, \end{cases}$$

如图 1.1-33 所示，由于不是用一个式子表达的，因而不是初等函数.

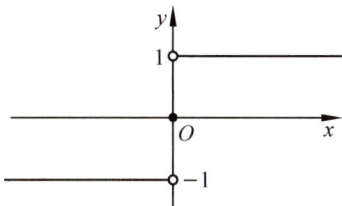

图 1.1-33　分段函数 $y=\begin{cases}1, & x>0, \\ 0, & x=0, \\ -1, & x<0\end{cases}$ 的图像

习题 1.1

1. 判断下列各组函数是否相同.

(1) $f(x)=\ln x$, $g(x)=\sqrt{\ln^2 x}$；

(2) $f(x)=\dfrac{1}{\sqrt{x}}$, $g(x)=\mathrm{e}^{-\frac{1}{2}\ln x}$.

2. 设 $\varphi(x)=\begin{cases}|\sin x|, & |x|<\dfrac{\pi}{3}, \\ 0, & |x|\geqslant\dfrac{\pi}{3}.\end{cases}$ 求 $\varphi\left(-\dfrac{\pi}{6}\right)$, $\varphi\left(\dfrac{\pi}{4}\right)$, $\varphi\left(-\dfrac{\pi}{4}\right)$, $\varphi(-\pi)$.

3. 下列函数中哪些是偶函数？哪些是奇函数？哪些既非奇函数又非偶函数？

(1) $y=x\cos x$；

(2) $y=x^3-x^2+1$；

(3) $y=x(x-2)(x+2)$；

(4) $y=\dfrac{1}{2}(a^x+a^{-x})$.

4. 求下列函数的定义域.

(1) $y=\dfrac{2x}{x^2-2x-3}$；

(2) $y=\arcsin(2x+1)$；

(3) $y=\sqrt{1-2x}+\arctan\dfrac{1}{x}$；

(4) $y=\log_3(\log_2 x)$；

(5) $y=\dfrac{2}{x}-\sqrt{1-x^2}$；

(6) $y=\dfrac{\lg(3-x)}{\sqrt{|x|-1}}$.

5. 求下列函数的反函数.

(1) $y=\dfrac{x+2}{x-2}$；

(2) $y=x^3+2$；

(3) $y=1+\lg(2x-3)$.

6. 作出下列函数的图像.

(1) $y=x^{\frac{4}{5}}$；

(2) $y=x^{\frac{1}{3}}$；

(3) $y=x^{-\frac{1}{4}}$；

(4) $y=x^{-3}$；

(5) $y=x^{\frac{3}{2}}$；

(6) $y=x^{-\frac{4}{3}}$.

7. 找出下列复合函数的复合关系.

(1) $y = e^{-\cos^2 x}$；

(2) $y = \sqrt{1 + \ln^2 x}$；

(3) $y = (\arcsin e^x)^3$；

(4) $y = e^{\arctan \sqrt{x}}$.

8. 设函数 $f(x)$ 的定义域是 $[0, 1]$，下列函数的定义域各是什么？

(1) $f(x^2 - 1)$；

(2) $f(x+a) + f(x-a)$，$(a > 0)$.

9. 设函数 $f(x) = \begin{cases} 1, & |x| < 1, \\ 0, & |x| = 1, \\ -1, & |x| > 1, \end{cases}$ $g(x) = e^x$，求复合函数 $f[g(x)]$ 和 $g[f(x)]$.

§1.2　常用的经济函数

当人们研究经济规律时,商品的需求和供给是研究的重要内容;人们的生产经营活动总是和产品的成本、收益和利润密切相关.这些经济学中的量都可以简单地抽象成某个变量的函数.下面我们来加以介绍.

1.2.1　需求函数

定义 1.2.1　一种商品的需求是指在某一特定的时间内,在各种可能的价格下,消费者愿意且能够购买的该商品的数量.这里的"需求"有以下几个约束条件:一是消费者的需求,二是有支付能力的需求,三是愿意发生的需求,四是一定时间的需求.这几个约束条件,缺一不可.需求价格是指消费者对所需要的一定量的商品所愿意支付的价格.

市场上某种商品的需求量往往受很多因素的影响.比如,商品本身的价格、消费者的收入水平、相关商品的价格、消费者的个人偏好等.人们对未来的预期、规则和制度、气候、消费者人数、时间等因素也会影响商品的需求量.为了使问题简化,我们假定除商品价格之外的因素保持不变,只有价格影响商品的需求量.那么,商品的需求量 Q 可以看作商品价格 P 的函数,这个函数称为需求函数,记作

$$Q=\varphi(P), \quad P\geqslant 0.$$

需求函数的反函数 $P=\varphi^{-1}(Q)$ 在经济学中也称为价格需求函数,有时称为价格函数.根据经验,需求量随价格上涨而减少,随价格下降而增加.因此,需求函数通常情况下是单调递减的函数.

需求函数的表示方法通常有需求表和需求曲线两种.

1. 需求表

案例 1.2.1　(中性笔的需求表)学生对中性笔的需求,如表 1.2-1 所示.

表 1.2-1　学生对中性笔的需求表

中性笔的单价/元	1	2	3	4	5	6
中性笔的需求量/万支	12	10	8	6	4	2

2. 需求曲线

把需求表中需求量与商品价格之间的关系表示出来,就可以得到一条曲线.这种表示需求量与商品价格的关系的曲线,称为需求曲线.

案例 1.2.1 中的需求曲线,如图 1.2-1 所示.

需求曲线的几何意义:在几何图形中,需求量的变动表现为商品的"价格—需求量"组合点沿着同一条既定的需求曲线的运动.

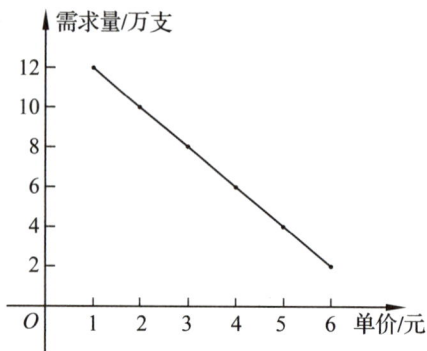

图 1.2-1　中性笔的需求曲线

根据市场统计资料,常见的需求函数有以下几种.

线性需求函数　　$Q=a-bP\,(a>0,b>0)$;

二次需求函数　　$Q=a-bP-cP^2\,(a>0,b>0,c>0)$;

指数需求函数　　$Q=a\mathrm{e}^{-bP}\,(a>0,b>0)$;

幂需求函数　　　$Q=AP^{-\alpha}\,(A>0,\alpha>0)$.

案例 1.2.2　（鸡蛋的需求函数）根据 2021 年的统计资料,某商场鸡蛋的售价为 10 元/kg 时,每天可销售 1 000 kg;如果售价提高 0.2 元/kg,销售量就减少 200 kg.求鸡蛋的线性需求函数.

解　设鸡蛋的线性需求函数为

$$Q=a-bP\,(a>0,b>0),$$

由题意得

$$\begin{cases}1\,000=a-10b,\\800=a-10.2b,\end{cases}$$

解之得

$$a=11\,000,\quad b=1\,000,$$

所以需求函数为

$$Q=11\,000-1\,000P.$$

1.2.2　供给函数

定义 1.2.2　一种商品的供给是指单个生产者在一定时期内在各种可能的价格下愿意且能够提供出售的该种商品的数量.供给价格是指生产者为提供一定量商品所愿意接受的价格.

影响供给量的因素有很多,如商品本身的价格、生产者的成本、生产技术、相关商品的价格、生产者对未来的预期、政府政策,以及生产外部条件的变化等.假设除价格以外其余因素均保持不变,则供给量 S 是商品价格 P 的函数,记作

$$S=f(P),\quad P\geqslant 0,$$

该函数称为**供给函数**.

一般情况下,供给函数是单调递增函数,其表示方法通常有供给表和供给函数两种形式.

1.　供给表

商品的供给表是一张表示某种商品的各种价格和与各种价格相对应的该商品的供给数量之间关系的数字序列表.

案例 1.2.3　(中性笔的供给表)市场对中性笔的供给,如表 1.2-2 所示.

表 1.2-2　中性笔的供给表

中性笔的单价/元	1	2	3	4	5	6
中性笔的供给量/万支	1	3	5	7	9	11

2.　供给曲线

商品的供给曲线是根据供给表中商品不同的"价格—供给量"的组合在平面坐标图上所绘制的一条曲线.

案例 1.2.3 中的商品的供给曲线,如图 1.2-2 所示.

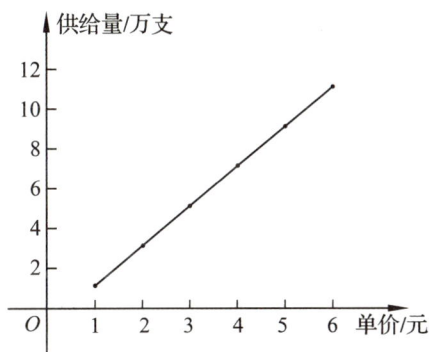

图 1.2-2　中性笔的供给曲线

案例 1.2.4　(鸡蛋的供给函数)根据 2021 年的统计资料,当鸡蛋收购价为 8 元/kg 时,某商场每月能收购 2 000 kg;若收购价提高 0.2 元/kg,则收购量可增加 200 kg.求鸡蛋的线性供给函数.

解　设鸡蛋的线性供给函数为

$$S = -c + dP (c > 0, d > 0),$$

由题意得

$$\begin{cases} 2\,000 = -c + 8d, \\ 2\,200 = -c + 8.2d, \end{cases}$$

解之得

$$c = 6\,000, d = 1\,000,$$

所以供给函数为

$$S = -6\,000 + 1\,000P.$$

定义 1.2.3 对某种商品来说，令 $\varphi(P)=f(P)$，解出的 P 使得商品的需求量和供给量正好相等，此时的商品价格称为**市场平衡价格**.

把需求曲线和供给曲线叠加在一起，即可求出市场平衡价格，如图 1.2-3 所示.

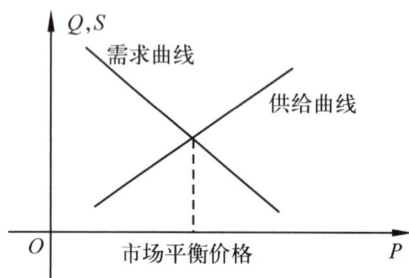

图 1.2-3 市场平衡价格

案例 1.2.5 （鸡蛋的市场平衡价格）根据案例 1.2.2 和案例 1.2.4，求鸡蛋的市场平衡价格.

解 由供需均衡条件 $Q=S$ 得

$$11\,000-1\,000P=-6\,000+1\,000P,$$

解得

$$P=8.5,$$

所以，鸡蛋的市场平衡价格 $P=8.5$ 元/kg，如图 1.2-4 所示.

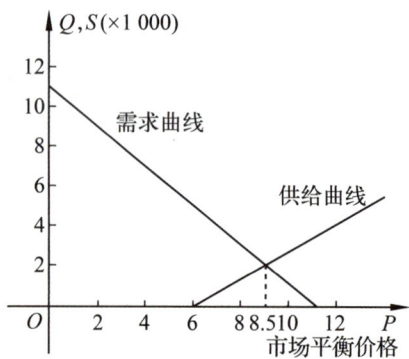

图 1.2-4 鸡蛋的市场平衡价格

1.2.3 成本函数

定义 1.2.4 成本也称生产费用，是指生产活动中所使用的生产要素的价格. 生产要素是指生产某种商品时所投入的经济资源，包括劳动力、土地、机器设备、厂房等.

1. 总成本函数

总成本是指生产特定产量的产品所需要的成本总额，由固定成本和可变成本两部分组成.固定成本是在一定限度内不随产量变化而发生变化的成本,可变成本则是随产量变化而发生变化的成本.

若以 Q 表示产量,C 表示总成本,则 C 与 Q 之间的函数关系称为总成本函数,记作

$$C = C(Q) = C_0 + V(Q),$$

其中 $C_0 \geq 0$ 是固定成本,$V(Q)$ 是可变成本.

总成本函数的图像如图 1.2-5 所示.

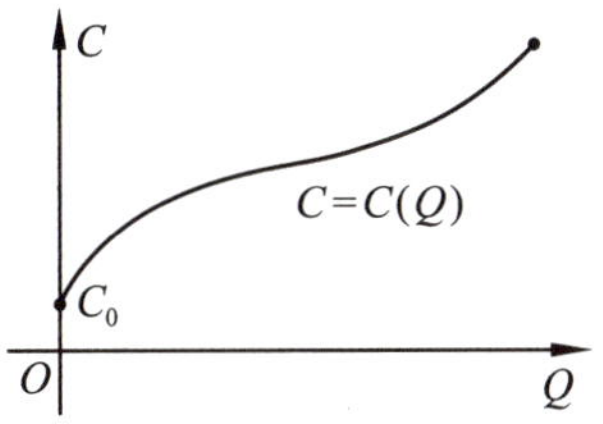

图 1.2-5　总成本函数的图像

2. 平均成本函数

平均成本函数是平均每个单位产品的成本.平均成本记作 $\overline{C}$.若已知总成本 $C = C(Q)$,则平均成本函数为

$$\overline{C} = \frac{\text{总成本}}{\text{产量}} = \frac{C(Q)}{Q}.$$

平均成本函数的图像如图 1.2-6 所示.

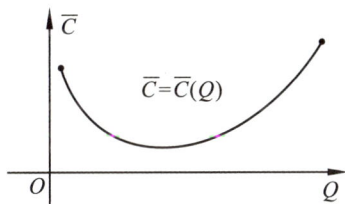

图 1.2-6　平均成本函数的图像

案例 1.2.6　(产品的总成本和平均成本)已知某产品的总成本函数为

$$C(Q) = 2\,000 + \frac{Q^2}{8},$$

求当生产 200 件产品时的总成本及平均成本.

解　由题意,产量为 200 件时总成本为

$$C(200) = 2\,000 + \frac{200^2}{8} = 7\,000;$$

产量为 200 件时的平均成本为

$$\overline{C}(200) = \frac{7\,000}{200} = 35.$$

1.2.4 收益函数

定义 1.2.5 收益是指生产者出售产品的收入. 若以销量 Q 作为自变量, 总收益 R 作为因变量, 则 R 与 Q 之间的函数关系称为总收益函数, 记作

$$R = R(Q), \quad Q \geqslant 0, \quad 且 \ R\big|_{Q=0} = 0.$$

若商品的价格不发生变化, 记为 P_0, 则总收益函数的计算公式是

$$R = R(Q) = P_0 \cdot Q.$$

若已知需求函数 $Q = \varphi(P), P \geqslant 0$, 则总收益函数可以通过以下公式求得

$$R = R(Q) = P \cdot Q = \varphi^{-1}(Q) \cdot Q.$$

此时, 总收益函数的图像如图 1.2-7 所示.

图 1.2-7 总收益函数的图像

案例 1.2.7 某商品共有 1 000 吨可供销售, 定价为 80 元/吨. 若销售量在 800 吨及以内, 按原定价格出售; 若销售量超过 800 吨, 则超过的部分打九折出售. 试求该商品的收益函数 $R(Q)$.

解 由于在不同的销售量范围商品的价格不同, 因此必须将需求量(销售量)Q 分段来考虑:

$$R(Q) = \begin{cases} 80Q, & 0 \leqslant Q \leqslant 800, \\ 80 \times 800 + 80 \times 90\% \times (Q - 800), & 800 < Q \leqslant 1\,000, \end{cases}$$

即

$$R(Q) = \begin{cases} 80Q, & 0 \leqslant Q \leqslant 800, \\ 72Q + 6\,400, & 800 < Q \leqslant 1\,000. \end{cases}$$

视频讲解	学习笔记

1.2.5 利润函数

定义 1.2.6 在假设产量与销量一致的情况下, 总利润函数定义为总收益函数 $R =$

$R(Q)$ 与总成本函数 $C=C(Q)$ 之差. 以 L 表示总利润,则总利润函数为
$$L=L(Q)=R(Q)-C(Q).$$

显然,当 $R(Q)>C(Q)$ 时,为盈利;当 $R(Q)<C(Q)$ 时,为亏损;当 $R(Q)=C(Q)$ 时,为盈亏平衡状态,此时的 Q 称为盈亏分界点.

习题 1.2

1. 已知某产品的需求函数为 $Q=\dfrac{100}{3}-\dfrac{2}{3}P$,供给函数为 $S=-20+10P$. 求该产品的市场平衡价格.

2. 某种商品每台售价为 500 元时,每月可销售 2 000 台;每台售价为 450 元时,每月可多销售 400 台.试求该商品的线性需求函数.

3. 某手表厂生产一批手表.如果能够全部售出,经测算可变成本为 15 元.手表厂每天的固定成本为 2 000 元.如果每只手表的出厂价为 20 元,为了不亏本,该厂每天至少应生产多少只手表?

4. 某车间设计最大生产力为月生产 100 台机床,至少要完成 40 台方可保本.当生产 x 台时的总成本函数为 $C(x)=x^2+10x$(百元),按市场规律,价格为 $P=250-5x$(x 为需求量),可以销售完.试写出该车间的月利润函数.

5. 当某商品价格为 P 时,消费者对此商品的月需求量 $Q(P)=12\times10^3-200P$.
   (1)画出该商品的需求函数的图形;
   (2)将该商品的月销售额(即消费者购买此商品的支出)表达为价格 P 的函数;
   (3)画出该商品的月销售额的图形,并解释其经济意义.

6. 某厂生产的便携式收音机每台售价为 90 元,成本为 60 元.厂商为鼓励销售商大量采购,决定凡是订购量超过 100 台的,每多订购 100 台,售价就降低 1 元,但最低价为每台 75 元.
   (1)将每台的实际售价 P 表示为订购量 x 的函数;
   (2)将厂方所获的利润表示为订购量 x 的函数;
   (3)某商行订购了 1 000 台便携式收音机,厂方可获多少利润?

§1.3 极限的概念

案例 1.3.1 （割圆术）设有一个圆,先作内接正三角形,它的面积记为 A_1,如图 1.3-1(a) 所示;再作内接正四边形,它的面积记为 A_2,如图 1.3-1(b)所示;再作内接正五边形,它的 面积记为 A_3,如图 1.3-1(c)所示;如此下去,这样就得到一系列内接正多边形的面积:

$$A_1,A_2,A_3,\cdots,A_n,\cdots$$

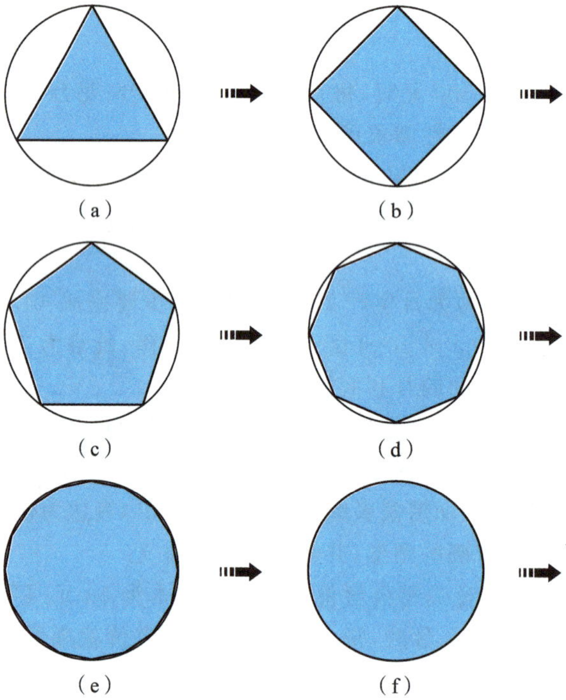

图 1.3-1 圆的内接正多边形

设想 n 无限增大(记为 $n \to \infty$,读作 n 趋于无穷大),如图 1.3-1(f)所示,即内接正多边 形的边数无限增加,在这个过程中,内接正多边形无限接近于圆,同时 A_n 也无限接近于某 一确定的数值,这个确定的数值就是圆的面积.在数学上,这个确定的数值称为上面有次序 的数(数列) $A_1,A_2,A_3,\cdots,A_n,\cdots$ 当 $n \to \infty$ 时的极限.

1.3.1 数列的极限

定义 1.3.1 对于数列 $\{x_n\}$,如果当 n 无限增大时,数列的一般项 x_n 无限地接近于某 一确定的数值 a,则称常数 a 是数列 $\{x_n\}$ 的极限,或称数列 $\{x_n\}$ 收敛于 a,记为

$$\lim_{n \to \infty} x_n = a.$$

否则称数列没有极限,或者说数列是发散的.

案例 1.3.2 （用观察法求数列的极限）观察数列 $\left\{\dfrac{n}{n+1}\right\}$ 的变化趋势，求 $\lim\limits_{n\to\infty}\dfrac{n}{n+1}$.

解　如图 1.3-2 所示，数列 $\left\{\dfrac{n}{n+1}\right\}$ 为

$$\frac{1}{2},\frac{2}{3},\frac{3}{4},\cdots,\frac{n}{n+1},\cdots$$

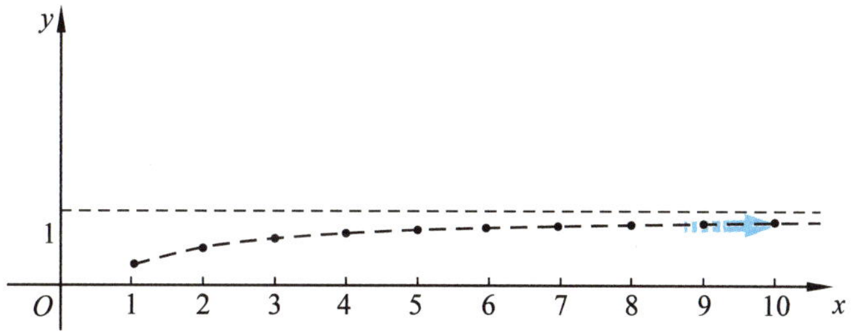

图 1.3-2　数列 $\left\{\dfrac{n}{n+1}\right\}$ 的极限

当 n 逐渐增加时，数列 $\left\{\dfrac{n}{n+1}\right\}$ 中的项逐渐增加，且越来越接近 1，所以

$$\lim_{n\to\infty}\frac{n}{n+1}=1.$$

除此以外，

$$\lim_{n\to\infty}\frac{1}{n}=0,\quad \lim_{n\to\infty}\frac{1}{2^n}=0,\quad \lim_{n\to\infty}\frac{n+(-1)^{n-1}}{n}=1,$$

对应的数列都是收敛的，如图 1.3-3 至图 1.3-5 所示.

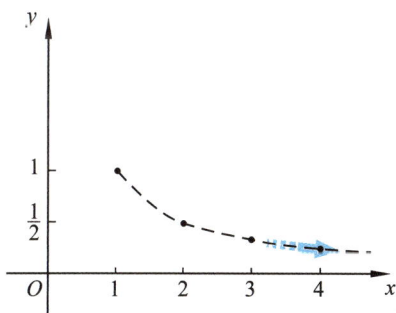

图 1.3-3　数列 $\left\{\dfrac{1}{n}\right\}$ 的极限

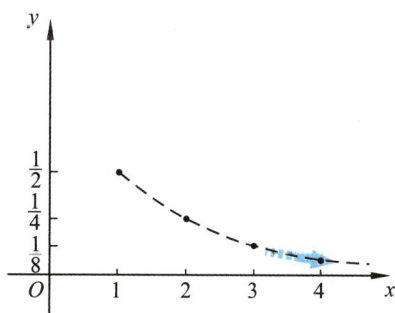

图 1.3-4　数列 $\left\{\dfrac{1}{2^n}\right\}$ 的极限

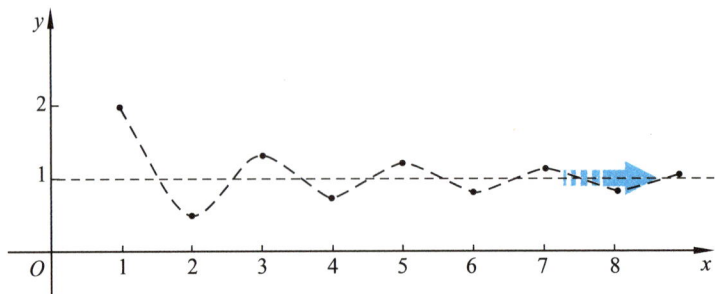

图 1.3-5　数列 $\left\{\dfrac{n+(-1)^{n-1}}{n}\right\}$ 的极限

而 $\{2^n\}$，$\{(-1)^{n+1}\}$ 是发散的，如图 1.3-6 和图 1.3-7 所示.

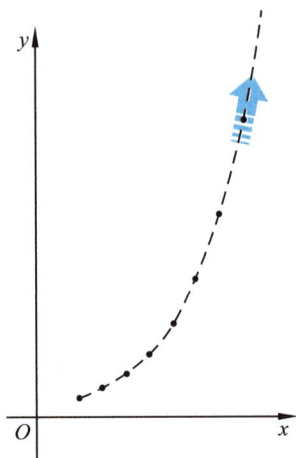

图 1.3-6　数列 $\{2^n\}$ 的极限

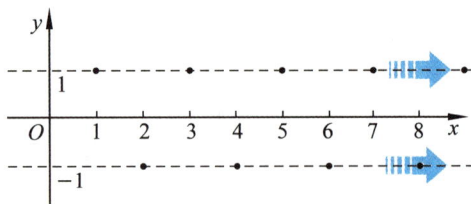

图 1.3-7　数列 $\{(-1)^{n+1}\}$ 的极限

1.3.2　函数的极限

1. 自变量趋于无穷大时函数的极限

自变量趋于无穷大，可以分为以下三种情况.

（1）$x>0$，且 x 所取的值无限增大，x 的这种变化，记为 $x\to+\infty$，读作"x 趋向于正无穷大"；

（2）$x<0$，且 x 所取的值使 $|x|$ 无限增大，x 的这种变化，记为 $x\to-\infty$，读作"x 趋向于负无穷大"；

（3）如果 x 所取的值使 $|x|$ 无限增大，记为 $x\to\infty$，读作"x 趋向于无穷大". $x\to\infty$ 包含 $x\to+\infty$ 和 $x\to-\infty$ 两个过程.

案例 1.3.3 （函数极限）设函数 $f(x)=\dfrac{1}{x}$，讨论当 $x\to\infty$ 时，$f(x)$ 的变化趋势.

解　函数的变化趋势如图 1.3-8 所示.

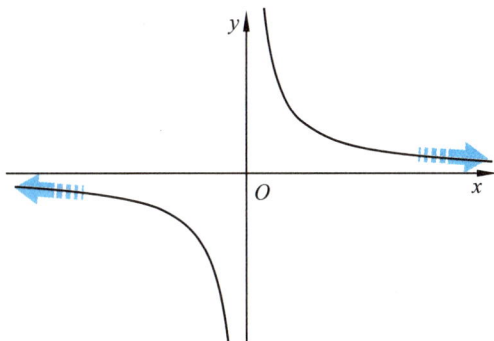

图 1.3-8　函数 $f(x)=\dfrac{1}{x}$ 在 $x\to\infty$ 时的极限

当 $x\to\infty$ 时，$\dfrac{1}{x}$ 无限接近常数 0.

定义 1.3.2　设函数 $f(x)$ 在 $|x|>a\,(a>0)$ 的范围内有定义，若当 $x\to\infty$ 时，函数 $f(x)$ 趋于常数 A，则称当 x 趋于无穷大时，函数 $f(x)$ 以 A 为极限，记作

$$\lim_{x\to\infty}f(x)=A \text{ 或 } f(x)\to A\,(x\to\infty).$$

类似地，可定义

$$\lim_{x\to-\infty}f(x)=A \text{ 和 } \lim_{x\to+\infty}f(x)=A.$$

定理 1.3.1　$\lim\limits_{x\to\infty}f(x)=A\Leftrightarrow\lim\limits_{x\to-\infty}f(x)=A$ 且 $\lim\limits_{x\to+\infty}f(x)=A$.

案例 1.3.4　（函数极限）求极限 $\lim\limits_{x\to\infty}\dfrac{2x+5}{x+1}$.

解　函数的变化趋势如图 1.3-9 所示.

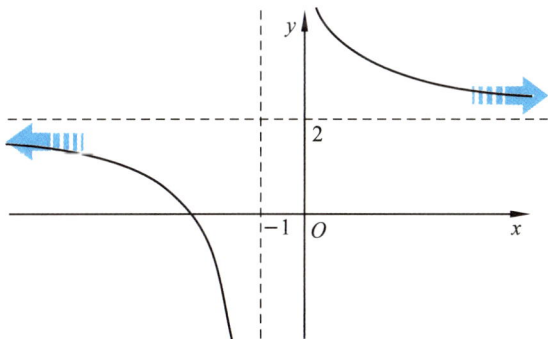

图 1.3-9　函数 $y=\dfrac{2x+5}{x+1}$ 在 $x\to\infty$ 时的极限

因为

$$\frac{2x+5}{x+1}=\frac{2(x+1)+3}{x+1}=2+\frac{3}{x+1},$$

当 $x\to\infty$ 时，$2+\dfrac{3}{x+1}$ 无限接近常数 2，所以

$$\lim_{x\to\infty}\frac{2x+5}{x+1}=2.$$

2. 自变量趋于有限数时函数的极限

定义 1.3.3 设函数 $f(x)$ 在点 x_0 的某邻域内有定义（在点 x_0 处可以没有定义），如果当 x 无限接近于 x_0 时，函数 $f(x)$ 的值无限接近于常数 A，则称**当 x 趋于 x_0 时，$f(x)$ 以 A 为极限**，记作

$$\lim_{x\to x_0}f(x)=A \text{ 或 } f(x)\to A(x\to x_0).$$

案例 1.3.5（函数极限）设 $f(x)=x-1$，讨论当 $x\to 1$ 时，函数的变化趋势.

解 当 $x\to 1$ 时，我们从 $x=1$ 的两侧来观察函数的变化情况，如表 1.3-1 所示.

表 1.3-1　函数 $f(x)=x-1$ 在 $x\to 1$ 时的极限

x	0	0.5	0.8	0.9	0.99	0.999	0.999 9	0.999 99	⋯
$f(x)$	−1	−0.5	−0.2	−0.1	−0.01	−0.001	−0.000 1	−0.000 01	⋯
x	2	1.5	1.2	1.1	1.01	1.001	1.000 1	1.000 01	⋯
$f(x)$	1	0.5	0.2	0.1	0.01	0.001	0.000 1	0.000 01	⋯

由此可见，不管是从 $x=1$ 的左边还是右边，当 $x\to 1$ 时，$f(x)=x-1$ 都趋于 0.

案例 1.3.6（函数极限）求 $\lim\limits_{x\to 1}\dfrac{x^2-1}{x-1}$.

解 函数的变化趋势如图 1.3-10 所示.

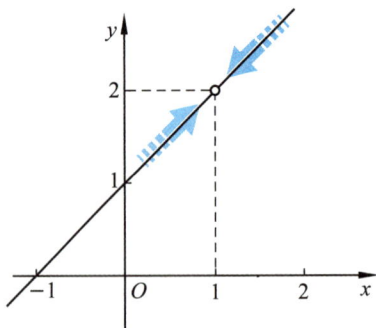

图 1.3-10　函数 $y=\dfrac{x^2-1}{x-1}$ 在 $x\to 1$ 时的极限

当 $x \neq 1$ 时,

$$y = \frac{x^2 - 1}{x - 1} = x + 1,$$

而当 $x \to 1$ 时, $y = x + 1$ 趋于 2, 因此

$$\lim_{x \to 1} \frac{x^2 - 1}{x - 1} = 2.$$

1.3.3　单侧极限

有些函数在其定义域内某些点左侧与右侧的解析式不同, 如

$$f_1(x) = \begin{cases} x^2, & x \geqslant 0, \\ x, & x < 0, \end{cases}$$

其函数图像如图 1.3-11 所示.

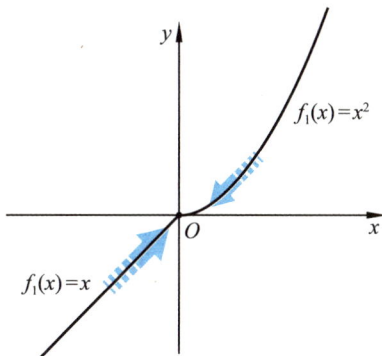

图 1.3-11　分段函数 $f_1(x) = \begin{cases} x^2, & x \geqslant 0, \\ x, & x < 0 \end{cases}$ 的图像

或函数仅在某一点一侧有定义, 如

$$f_2(x) = \sqrt{x} \ (x \geqslant 0),$$

其函数图像如图 1.3-12 所示.

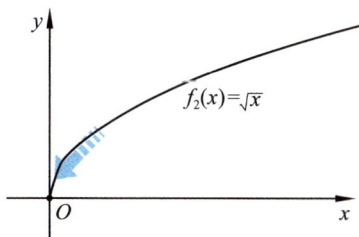

图 1.3-12　函数 $f_2(x) = \sqrt{x}$ 的图像

如何讨论这类函数在上述各点处的极限呢? 此时, 不能再用前面的定义(讨论方法), 而要从这些点的某一侧来讨论. 例如, 讨论 $f_1(x)$ 在 $x \to 0$ 时的极限, 要在 $x = 0$ 的左、右两

侧分别讨论. 即当 $x>0$ 而趋于 0 时（记作 $x \to 0^+$），应按 $f_1(x)=x^2$ 来考察函数值的变化趋势；当 $x<0$ 而趋于 0 时（记作 $x \to 0^-$），应按 $f_1(x)=x$ 来考察函数值的变化趋势. 而对 $f_2(x)$，只能在点 $x=0$ 的右侧，即 $x>0$ 而趋于 0 时来考察.

定义 1.3.4 设函数 $f(x)$ 在点 x_0 的某一去心邻域内有定义，如果当 $x \to x_0^+$ 时，$f(x)$ 与一常数 A 无限接近，那么常数 A 就称为函数 $f(x)$ 当 $x \to x_0^+$ 时的右极限，记作

$$\lim_{x \to x_0^+} f(x) = A;$$

如果当 $x \to x_0^-$ 时，$f(x)$ 与一常数 A 无限接近，那么常数 A 就称为函数 $f(x)$ 当 $x \to x_0^-$ 时的左极限，记作

$$\lim_{x \to x_0^-} f(x) = A.$$

定理 1.3.2 函数 $f(x)$ 在点 x_0 处存在极限的充要条件是 $f(x)$ 在点 x_0 处左、右极限都存在且相等.

案例 1.3.7 （分段函数的极限）设 $f(x) = \begin{cases} x, & x<0, \\ 1, & x=0, \\ 2, & x>0, \end{cases}$ 判定当 $x \to 0$ 时，$f(x)$ 的极限是否存在.

解 函数图像如图 1.3-13 所示.

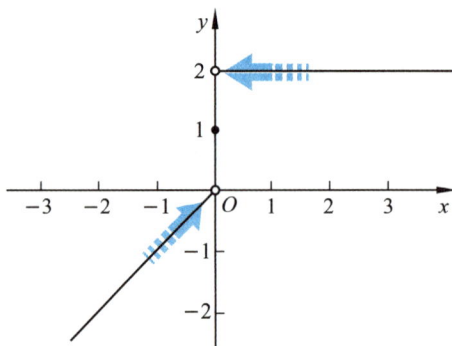

图 1.3-13 分段函数的极限

当 $x<0$ 时，

$$\lim_{x \to 0^-} f(x) = \lim_{x \to 0^-} x = 0.$$

当 $x>0$ 时，

$$\lim_{x \to 0^+} f(x) = \lim_{x \to 0^+} 2 = 2.$$

左、右极限都存在，但不相等，所以 $\lim\limits_{x \to 0} f(x)$ 不存在.

案例 1.3.8 （分段函数的极限）设 $f(x) = \begin{cases} \dfrac{x^2-1}{x-1}, & x<1, \\ x^2+1, & x \geq 1, \end{cases}$ 求 $\lim\limits_{x \to 1} f(x)$.

解 函数图像如图 1.3-14 所示.

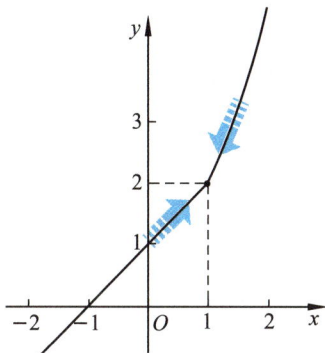

图 1.3-14　分段函数的极限

由于
$$\lim_{x \to 1^+} f(x) = \lim_{x \to 1^+} (x^2 + 1) = 2;$$

$$\lim_{x \to 1^-} f(x) = \lim_{x \to 1^-} \left(\frac{x^2 - 1}{x - 1} \right) = \lim_{x \to 1^-} (x + 1) = 2,$$

故
$$\lim_{x \to 1} f(x) = 2.$$

视频讲解	学习笔记

1.3.4　函数的连续性

在现实生活中,许多变量都是连续变化的,如植物生长的高度、气温的升降、汽车速度的提升和降低等.这些量的变化曲线是连续不断的,在数学上抽象为连续的概念.

定义 1.3.5　设函数 $f(x)$ 在点 x_0 及其邻域内有定义,并满足
$$\lim_{x \to x_0} f(x) = f(x_0),$$
则称函数 $f(x)$ 在点 x_0 处**连续**,点 x_0 称为函数 $f(x)$ 的**连续点**.

若满足 $\lim_{x \to x_0^-} f(x) = f(x_0)$,则称函数 $f(x)$ 在点 x_0 处**左连续**;若满足 $\lim_{x \to x_0^+} f(x) = f(x_0)$,则称函数 $f(x)$ 在点 x_0 处**右连续**.

函数在区间上的连续性: $f(x)$ 在区间 I 内连续 $\Leftrightarrow f(x)$ 在区间 I 内每一点处都连续.

定理 1.3.3　设函数 $f(x), g(x)$ 是连续函数,其中 $g(x) \neq 0$,则下列函数
$$f(x) \pm g(x), \quad f(x) \cdot g(x), \quad \frac{f(x)}{g(x)}$$

在其定义区间内都连续.

定理 1.3.4 初等函数在其定义区间内连续.

案例 1.3.9 （利用函数的连续性求极限）求 $\lim\limits_{x \to 4} \dfrac{e^x + \cos(4-x)}{\sqrt{x} - 3}$.

解 因为 $y = \dfrac{e^x + \cos(4-x)}{\sqrt{x} - 3}$ 是初等函数,定义域为 $[0,9) \bigcup (9, +\infty)$,而 $4 \in [0,9)$,所以

$$\lim_{x \to 4} \frac{e^x + \cos(4-x)}{\sqrt{x} - 3} = \frac{e^4 + \cos 0}{2 - 3} = -(e^4 + 1).$$

视频讲解	学习笔记

习题 1.3

1. 观察如下数列 $\{x_n\}$ 的一般项 x_n 的变化趋势,写出它们的极限.

(1) $x_n = (-1)^n \dfrac{1}{n^2}$;　　　　　(2) $x_n = \dfrac{2n-1}{2n}$;

(3) $x_n = \dfrac{1}{3^n}$;　　　　　(4) $x_n = 2 + \dfrac{1}{n^3}$;

(5) $x_n = \dfrac{n-2}{n+2}$;　　　　　(6) $x_n = (-1)^n n$.

2. 求下列函数的极限.

(1) $\lim\limits_{x \to 2}(5x + 2)$;　　　　　(2) $\lim\limits_{x \to 2} \dfrac{1}{x+1}$;

(3) $\lim\limits_{x \to \infty} \dfrac{2x+3}{3x}$.

3. 讨论当 $x \to 1$ 时,函数 $f(x) = \begin{cases} e^{x-1}, & x \geq 1, \\ x - 2, & x < 1 \end{cases}$ 的极限.

4. 判断下列函数在 $x = 0$ 点的极限是否存在,并说明理由.

(1) $f(x) = |x|$;　　　　　(2) $f(x) = \dfrac{|x|}{x}$;

(3) $f(x) = \begin{cases} e^{\frac{1}{x}}, & x < 0, \\ \ln x, & x > 0; \end{cases}$　　　(4) $f(x) = \begin{cases} x^3 + 1, & x < 0, \\ 0, & x = 0, \\ 3^x, & x > 0. \end{cases}$

§1.4 极限的运算

1.4.1 极限的运算法则

设 $\lim\limits_{x \to x_0} f(x) = a$ 及 $\lim\limits_{x \to x_0} g(x) = b \, (b \neq 0)$ 都存在,则

(1) $\lim\limits_{x \to x_0} [f(x) \pm g(x)] = \lim\limits_{x \to x_0} f(x) \pm \lim\limits_{x \to x_0} g(x) = a \pm b$;

特别地, $\lim\limits_{x \to x_0} [Cf(x)] = C \lim\limits_{x \to x_0} f(x) = Ca \, (C$ 为任意常数).

(2) $\lim\limits_{x \to x_0} [f(x) g(x)] = \lim\limits_{x \to x_0} f(x) \lim\limits_{x \to x_0} g(x) = ab$;

特别地, $\lim\limits_{x \to x_0} [f(x)]^n = a^n$.

(3) $\lim\limits_{x \to x_0} \dfrac{f(x)}{g(x)} = \dfrac{a}{b} \, (b \neq 0)$.

上述极限四则运算法则对自变量的其他变化过程中的极限同样成立. 在应用法则时,要特别注意条件 $\lim\limits_{x \to x_0} f(x)$ 及 $\lim\limits_{x \to x_0} g(x)$ 都存在,否则法则不可用.

比如, $\lim\limits_{x \to 0} x \sin \dfrac{1}{x} \neq \lim\limits_{x \to 0} x \lim\limits_{x \to 0} \sin \dfrac{1}{x}$,原因就是 $\lim\limits_{x \to 0} \sin \dfrac{1}{x}$ 的极限不存在.

案例 1.4.1 (极限的四则运算之加法)求 $\lim\limits_{x \to x_0} (ax + b)$.

解 $$\lim\limits_{x \to x_0} (ax + b) = \lim\limits_{x \to x_0} ax + \lim\limits_{x \to x_0} b = a \lim\limits_{x \to x_0} x + b = ax_0 + b.$$

函数图像如图 1.4-1 所示.

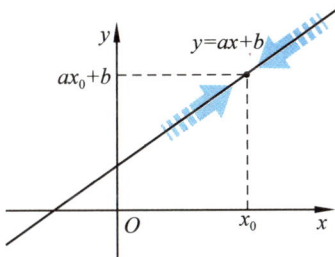

图 1.4-1 函数 $y = ax + b$ 的极限

案例 1.4.2 (极限的四则运算之乘法)求 $\lim\limits_{x \to x_0} x^n$.

解 $$\lim\limits_{x \to x_0} x^n = \left(\lim\limits_{x \to x_0} x \right)^n = x_0^n.$$

推论 1.4.1 设 $f(x) = a_0 x^n + a_1 x^{n-1} + \cdots + a_{n-1} x + a_n$ 为一多项式,则
$$\lim\limits_{x \to x_0} f(x) = a_0 x_0^n + a_1 x_0^{n-1} + \cdots + a_{n-1} x_0 + a_n = f(x_0).$$

案例 1.4.3 (极限的四则运算之除法)求 $\lim\limits_{x \to 0} \dfrac{x^3 + 7x - 9}{x^5 - x + 3}$.

解
$$\lim_{x \to 0} \frac{x^3 + 7x - 9}{x^5 - x + 3} = \frac{0^3 + 7 \times 0 - 9}{0^5 - 0 + 3} = -3.$$

函数图像如图 1.4-2 所示.

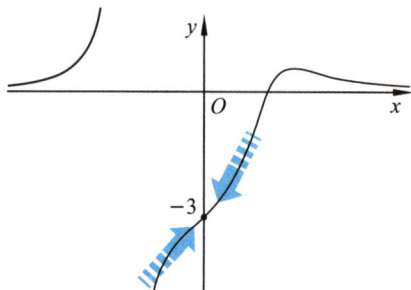

图 1.4-2 函数 $y = \dfrac{x^3 + 7x - 9}{x^5 - x + 3}$ 的极限

推论 1.4.2 设 $P(x), Q(x)$ 均为多项式，且 $Q(x_0) \neq 0$，则
$$\lim_{x \to x_0} \frac{P(x)}{Q(x)} = \frac{P(x_0)}{Q(x_0)}.$$

1.4.2 未定式的极限

在计算形如 $\lim \dfrac{f(x)}{g(x)}$ 的极限时，如果函数 $f(x), g(x)$ 在自变量的变化过程中，都趋于无穷大或 0，则这种形式的极限称为未定式，一般把它们简记为 "$\dfrac{\infty}{\infty}$" 和 "$\dfrac{0}{0}$" 型，而这时显然不能直接根据法则来计算. 除此之外，还有形如 "$\infty - \infty$" 等情况. 下面通过例题来简要说明它们的计算方法.

案例 1.4.4 （"$\dfrac{\infty}{\infty}$" 型未定式的极限）求 $\lim\limits_{x \to +\infty} \dfrac{x^2 - x + 1}{2x^2 - 3x + 2}$.

解 原式分子与分母同除以 x^2 得到
$$\lim_{x \to +\infty} \frac{x^2 - x + 1}{2x^2 - 3x + 2} = \lim_{x \to +\infty} \frac{1 - \dfrac{1}{x} + \dfrac{1}{x^2}}{2 - \dfrac{3}{x} + \dfrac{2}{x^2}} = \frac{1 - \lim\limits_{x \to +\infty} \dfrac{1}{x} + \lim\limits_{x \to +\infty} \dfrac{1}{x^2}}{2 - \lim\limits_{x \to +\infty} \dfrac{3}{x} + \lim\limits_{x \to +\infty} \dfrac{2}{x^2}} = \frac{1 - 0 + 0}{2 - 0 + 0} = \frac{1}{2}.$$

视频讲解	学习笔记

案例 1.4.5 （"$\dfrac{0}{0}$" 型未定式的极限）求 $\lim\limits_{x \to 1} \dfrac{x^2 + x - 2}{2x^2 + x - 3}$.

解

$$\lim_{x \to 1} \frac{x^2 + x - 2}{2x^2 + x - 3} = \lim_{x \to 1} \frac{(x+2)(x-1)}{(2x+3)(x-1)} = \lim_{x \to 1} \frac{x+2}{2x+3} = \frac{3}{5}.$$

函数图像如图 1.4-3 所示.

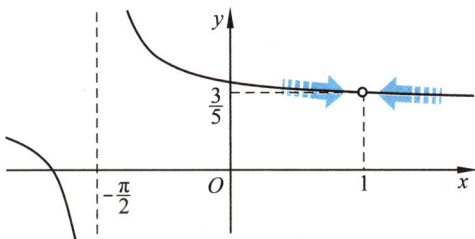

图 1.4-3　函数 $y = \dfrac{x^2 + x - 2}{2x^2 + x - 3}$ 的极限

案例 1.4.6　("$\infty - \infty$"型未定式的极限)求 $\lim\limits_{x \to -1}\left(\dfrac{1}{x+1} - \dfrac{3}{x^3+1}\right)$.

解　当 $x \to -1$ 时,$\dfrac{1}{x+1}$ 和 $\dfrac{3}{x^3+1}$ 的极限均不存在,故不能根据法则直接求. 但当 $x \neq -1$ 时,

$$\frac{1}{x+1} - \frac{3}{x^3+1} = \frac{(x+1)(x-2)}{(x+1)(x^2-x+1)} = \frac{x-2}{x^2-x+1},$$

所以

$$\lim_{x \to -1}\left(\frac{1}{x+1} - \frac{3}{x^3+1}\right) = \lim_{x \to -1} \frac{x-2}{x^2-x+1} = \frac{-1-2}{(-1)^2-(-1)+1} = -1.$$

函数图像如图 1.4-4 所示.

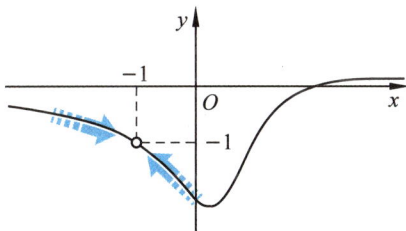

图 1.4-4　函数 $y = \dfrac{1}{x+1} - \dfrac{3}{x^3+1}$ 的极限

视频讲解	学习笔记

1.4.3 无穷小量与无穷大量

1. 无穷小量与无穷大量的定义

定义 1.4.1 若函数 $y = f(x)$ 在自变量 x 的某个变化过程中以 0 为极限,则称在该变化过程中,$f(x)$ 为无穷小量,简称无穷小. 若函数 $y = f(x)$ 在自变量 x 的某个变化过程中,$|f(x)|$ 可以无限增大,则称 $f(x)$ 为这个变化过程中的无穷大量,简称无穷大. 通常用希腊字母 α, β, γ 等来表示无穷小量或无穷大量.

比如,因为当 $x \to 0$ 时,变量 $x, \sin x, \tan x, \arcsin x$ 的极限均为 0,所以在 $x \to 0$ 的过程中,$x, \sin x, \tan x, \arcsin x$ 都是无穷小量;再如,当 $n \to \infty$ 时,$\left(\dfrac{1}{2}\right)^n$ 的极限是 0,所以当 $n \to \infty$ 时,$\left(\dfrac{1}{2}\right)^n$ 是无穷小量.

当 $x \to 0^+$ 时,$\mathrm{e}^{-\frac{1}{x}}$ 的极限为 0;当 $x \to 0^-$ 时,$\left|\mathrm{e}^{-\frac{1}{x}}\right|$ 无限增大. 所以,当 $x \to 0^+$ 时,$\mathrm{e}^{-\frac{1}{x}}$ 是无穷小量;当 $x \to 0^-$ 时,$\mathrm{e}^{-\frac{1}{x}}$ 是无穷大量,如图 1.4-5 所示.

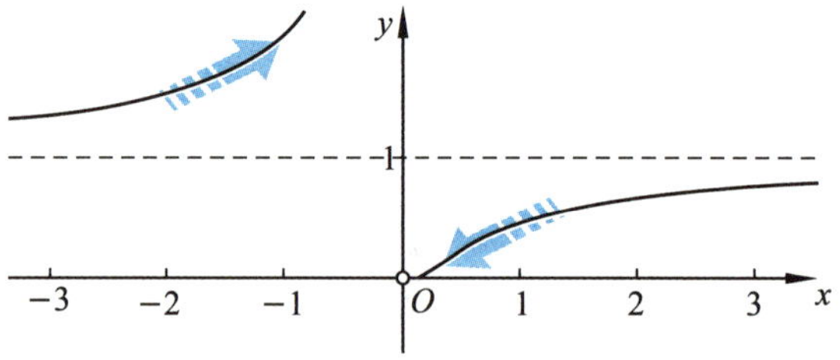

图 1.4-5 函数 $y = \mathrm{e}^{-\frac{1}{x}}$ 的图像

值得注意的是,无穷小量是一个以 0 为极限的变量,常量中除常数 0 外无论多小的数也不是无穷小量. 另外,无穷小量和无穷大量与自变量的变化过程密切相关,不能笼统地说某个变量是无穷小量或无穷大量,必须指出它的自变量的变化过程.

2. 无穷小量的性质

性质 1.4.1 有限个无穷小量的代数和仍然是无穷小量.

性质 1.4.2 有界变量与无穷小量的乘积为无穷小量.

性质 1.4.3 常数与无穷小量的乘积仍是无穷小量.

性质 1.4.4 有限个无穷小量的乘积仍是无穷小量.

案例 1.4.7 (利用无穷小量的性质求极限)求极限 $\lim\limits_{x \to 0} x \sin \dfrac{1}{x}$.

解 函数图像如图 1.4-6 所示.

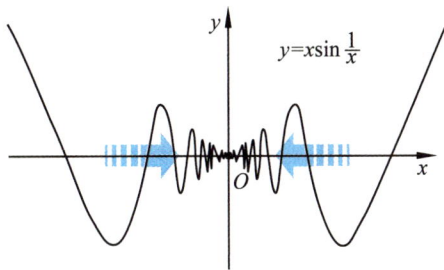

图 1.4-6　函数 $y = x \sin \dfrac{1}{x}$ 的极限

因为 $\left| \sin \dfrac{1}{x} \right| \leqslant 1$，所以 $\sin \dfrac{1}{x}$ 是有界变量，当 $x \to 0$ 时，x 是无穷小量，由性质 1.4.2 得 $x \sin \dfrac{1}{x}$ 是无穷小量，所以

$$\lim_{x \to 0} x \sin \dfrac{1}{x} = 0.$$

3. 无穷小量与无穷大量的关系

定理 1.4.1　在自变量的某个变化过程中，无穷大量的倒数是无穷小量，非零无穷小量的倒数是无穷大量.

习题 1.4

1. 计算下列极限.

(1) $\displaystyle\lim_{x \to 1} \dfrac{x^2 - 7}{4 - x}$；

(2) $\displaystyle\lim_{x \to -1} \dfrac{x^2 + 2x + 1}{x^3 + 1}$；

(3) $\displaystyle\lim_{h \to 0} \dfrac{(x+h)^2 - x^2}{h}$；

(4) $\displaystyle\lim_{x \to 2} \dfrac{2x^3 + x^2 - 4}{x - 6}$；

(5) $\displaystyle\lim_{x \to 1} \dfrac{x^n - 1}{x^m - 1}$；

(6) $\displaystyle\lim_{x \to 2} \dfrac{x - 2}{x^2 - 4}$；

(7) $\displaystyle\lim_{x \to 1} \dfrac{2x - 3}{x^2 - 5x + 4}$；

(8) $\displaystyle\lim_{x \to \frac{\pi}{2}} \dfrac{\sin x - \cos x}{\cos 2x}$.

2. 指出下列变量哪些是无穷小量，哪些是无穷大量.

(1) $\dfrac{1 + (-1)^n}{n}$ $(n \to \infty)$；

(2) $\dfrac{\sin x}{1 + \cos x}$ $(x \to 0)$；

(3) $\dfrac{x + 1}{x^2 - 4}$ $(x \to 2)$.

3. 指出下列变量，当 x 趋于何值时，是无穷小量.

(1) $\dfrac{x - 2}{x^2 + 1}$；

(2) $\ln(x - 1)$；

(3) $e^{-\frac{1}{x}}$；

(4) $\arcsin x$.

§1.5 复利与贴现

1.5.1 两个重要极限

1. $\lim\limits_{x \to 0} \dfrac{\sin x}{x} = 1$

观察当 $x \to 0$ 时函数的变化趋势,如表 1.5-1 所示.

表 1.5-1 函数 $y = \dfrac{\sin x}{x}$ 的变化趋势表

x（弧度）	0.50	0.10	0.05	0.04	0.03	0.02	⋯
$\dfrac{\sin x}{x}$	0.958 5	0.998 3	0.999 6	0.999 7	0.999 8	0.999 9	⋯

当 x 取正值趋近于 0 时,$\dfrac{\sin x}{x} \to 1$,即

$$\lim_{x \to 0^+} \frac{\sin x}{x} = 1;$$

当 x 取负值趋近于 0 时,$-x \to 0^+$,$-x > 0$,$\sin(-x) > 0$,于是

$$\lim_{x \to 0^-} \frac{\sin x}{x} = \lim_{-x \to 0^+} \frac{\sin(-x)}{-x} = 1.$$

函数图像如图 1.5-1 所示.

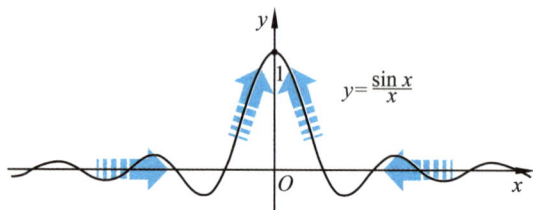

图 1.5-1 函数 $y = \dfrac{\sin x}{x}$ 的极限

综上所述,得

$$\lim_{x \to 0} \frac{\sin x}{x} = 1.$$

案例 1.5.1（利用第一个重要极限求函数极限）求 $\lim\limits_{x \to 0} \dfrac{\tan x}{x}$.

解
$$\lim_{x \to 0} \frac{\tan x}{x} = \lim_{x \to 0} \left(\frac{\sin x}{x} \cdot \frac{1}{\cos x} \right) = 1.$$

函数图像如图 1.5-2 所示.

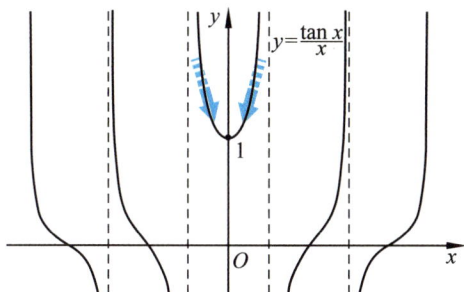

图 1.5-2　函数 $y = \dfrac{\tan x}{x}$ 的极限

案例 1.5.2　（利用第一个重要极限求函数极限）求 $\lim\limits_{x \to 0} \dfrac{\tan\sin x}{x}$.

解
$$\lim_{x \to 0} \frac{\tan\sin x}{x} = \lim_{x \to 0} \left(\frac{\sin\sin x}{\sin x} \cdot \frac{\sin x}{x} \cdot \frac{1}{\cos\sin x} \right) = 1.$$

函数图像如图 1.5-3 所示.

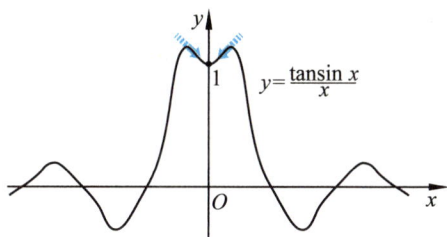

图 1.5-3　函数 $y = \dfrac{\tan\sin x}{x}$ 的极限

案例 1.5.3　（利用第一个重要极限求函数极限）求 $\lim\limits_{x \to 0} \dfrac{1 - \cos x}{x^2}$.

解
$$\lim_{x \to 0} \frac{1 - \cos x}{x^2} = \lim_{x \to 0} \frac{2 \sin^2 \dfrac{x}{2}}{x^2} = \frac{1}{2} \lim_{x \to 0} \left(\frac{\sin \dfrac{x}{2}}{\dfrac{x}{2}} \right)^2 = \frac{1}{2} \left(\lim_{x \to 0} \frac{\sin \dfrac{x}{2}}{\dfrac{x}{2}} \right)^2 = \frac{1}{2}.$$

函数图像如图 1.5-4 所示.

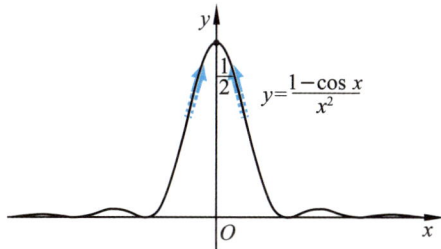

图 1.5-4　函数 $y = \dfrac{1 - \cos x}{x^2}$ 的极限

视频讲解	学习笔记

2. $\lim\limits_{x \to \infty}\left(1+\dfrac{1}{x}\right)^x = \mathrm{e}$

观察当 $x \to +\infty$ 时函数的变化趋势如表 1.5-2 所示，当 $x \to -\infty$ 时函数的变化趋势如表 1.5-3 所示.

表 1.5-2　当 $x \to +\infty$ 时函数 $y = \left(1+\dfrac{1}{x}\right)^x$ 的变化趋势表

x	1	2	10	1 000	10 000	100 000	1 000 000	⋯
$\left(1+\dfrac{1}{x}\right)^x$	2	2.25	2.594	2.717	2.718 1	2.718 3	2.718 28	⋯

表 1.5-3　当 $x \to -\infty$ 时函数 $y = \left(1+\dfrac{1}{x}\right)^x$ 的变化趋势表

x	−1.5	−2	−10	−1 000	−10 000	−100 000	−1 000 000	⋯
$\left(1+\dfrac{1}{x}\right)^x$	5.196 15	4	2.867 97	2.719 64	2.718 42	2.718 3	2.718 28	⋯

当 x 取正值并无限增大时，$\left(1+\dfrac{1}{x}\right)^x$ 是逐渐增大的，但是不论 x 如何增大，$\left(1+\dfrac{1}{x}\right)^x$ 的值总不会超过 3. 实际上，如果 x 继续增大，即当 $x \to +\infty$ 时，可以验证 $\left(1+\dfrac{1}{x}\right)^x$ 是趋近于一个确定的无理数 $\mathrm{e} = 2.718\ 281\ 828\cdots$ 当 $x \to -\infty$ 时，函数 $\left(1+\dfrac{1}{x}\right)^x$ 有类似的变化趋势，只是它是逐渐减小而趋向于 e，如图 1.5-5 所示.

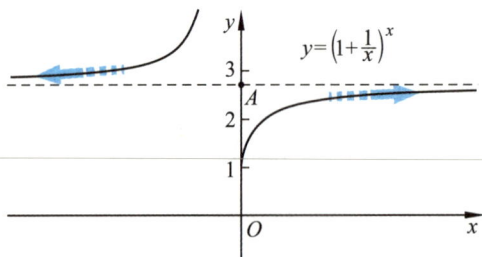

图 1.5-5　函数 $y = \left(1+\dfrac{1}{x}\right)^x$ 的极限

综上所述,得

$$\lim_{x \to \infty}\left(1+\frac{1}{x}\right)^x = \mathrm{e}.$$

案例 1.5.4　(利用第二个重要极限求函数极限)求 $\lim\limits_{x \to 0}\sqrt[x]{1-2x}$.

解　$\lim\limits_{x \to 0}\sqrt[x]{1-2x} = \lim\limits_{x \to 0}(1-2x)^{\frac{1}{x}} = \lim\limits_{x \to 0}\left\{[1+(-2x)]^{\frac{1}{-2x}}\right\}^{-2} = \mathrm{e}^{-2}.$

函数图像如图 1.5-6 所示.

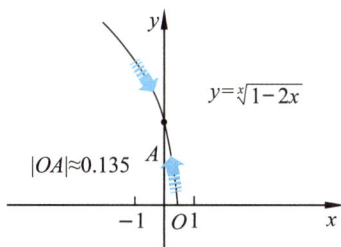

图 1.5-6　函数 $y = \sqrt[x]{1-2x}$ 的极限

案例 1.5.5　(利用第二个重要极限求函数极限)求 $\lim\limits_{x \to \infty}\left(\dfrac{x+1}{x-1}\right)^x$.

解　$\lim\limits_{x \to \infty}\left(\dfrac{x+1}{x-1}\right)^x = \lim\limits_{x \to \infty}\left(\dfrac{x-1+2}{x-1}\right)^x = \lim\limits_{x \to \infty}\left(1+\dfrac{2}{x-1}\right)^x = \lim\limits_{x \to \infty}\left[\left(1+\dfrac{2}{x-1}\right)^{\frac{x-1}{2}}\right]^{\frac{2x}{x-1}} = \mathrm{e}^2.$

函数图像如图 1.5-7 所示.

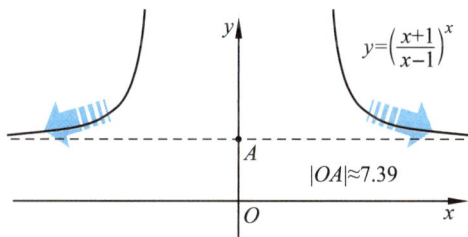

图 1.5-7　函数 $y = \left(\dfrac{x+1}{x-1}\right)^x$ 的极限

视频讲解	学习笔记

案例 1.5.6　(利用第二个重要极限求函数极限)求 $\lim\limits_{x \to +\infty}\left(1-\dfrac{1}{x}\right)^{\sqrt{x}}$.

解
$$\lim_{x \to +\infty} \left(1 - \frac{1}{x}\right)^{\sqrt{x}} = \lim_{x \to +\infty} \left[\left(1 + \frac{1}{-x}\right)^{-x}\right]^{-\frac{\sqrt{x}}{x}} = e^0 = 1.$$

1.5.2 复利

定义 1.5.1 所谓复利计息，就是将每期利息于每期之末加入该期本金，并以此为新本金再计算下期利息，也就是所谓的"利滚利".

设存入银行的本金为 A_0，银行的年利率为 r，如果将 1 年作为 1 个计息期，则 1 年末的本利和为
$$A_1 = A_0(1 + r);$$

2 年末的本利和为
$$A_2 = A_1(1 + r) = A_0(1 + r)^2;$$

n 年末的本利和为
$$A_n = A_{n-1}(1 + r) = A_0(1 + r)^n.$$

定义 1.5.2 设年利率为 r，不是 1 年计息 1 期，而是 1 年计息 t 期，且以 $\frac{r}{t}$ 为每期的利息来计算. 在这种情况下，易推得 n 年末的本利和为
$$A_n = A_0\left(1 + \frac{r}{t}\right)^{nt}.$$

上述计息的"期"是确定的时间间隔，因而 1 年计息次数为有限次. 上面的公式可以认为是按离散情况计算 n 年末本利和 A_n 的复利公式.

定义 1.5.3 若计息的"期"的时间间隔无限缩短，从而计息次数 $t \to \infty$. 这时，因为
$$A_n = \lim_{t \to \infty} A_0\left(1 + \frac{r}{t}\right)^{nt} = A_0 \cdot \lim_{t \to \infty}\left[\left(1 + \frac{r}{t}\right)^{\frac{t}{r}}\right]^{nr} = A_0 e^{nr},$$

所以，若以连续复利计息，其复利公式为
$$A_n = A_0 e^{nr}.$$

案例 1.5.7 （连续复利）已知现有本金 100 元，年利率 r 为 8%，1 年计息 1 期，1 年后的本利和为
$$A = 100 \times (1 + 0.08) = 108(\text{元});$$

1 年计息 2 期，1 年末的本利和为
$$A = 100 \times \left(1 + \frac{0.08}{2}\right)^2 = 108.16(\text{元});$$

1 年计息 12 期，1 年末的本利和为
$$A = 100 \times \left(1 + \frac{0.08}{12}\right)^{12} \approx 108.30(\text{元});$$

1 年计息 100 期，1 年末的本利和为
$$A = 100 \times \left(1 + \frac{0.08}{100}\right)^{100} \approx 108.325(\text{元});$$

连续复利计算，1 年末的本利和为

$$A = 100\mathrm{e}^{0.08} \approx 108.329(\text{元}).$$

由上例知,当年利率相同,而1年计息期数不同时,1年所得利息也不同.如1年计息1期,是按8%计息;1年计息12期,实际所得利息是约按8.30%计算;1年计息100期,实际所得利息是约按8.325%计算;若按连续复利计息,实际所得利息是约按8.329%计算.

定义 1.5.4 若年利率给定,对于1年内多次复利的情形,称年利率为名义利率或虚利率,而实际利息的利率为实利率.例如,在案例1.5.7中,8%为名义利率,8.325%为1年复利100期的实利率,8.329%为1年连续复利的实利率.

1.5.3 贴现

定义 1.5.5 现有本金 A_0 称为现在值,n 年末的本利和 A_n 称为未来值.已知现在值 A_0,求未来值 A_n,是复利问题;若已知未来值 A_n,求现在值 A_0,则为贴现问题,这时利率 r 称为贴现率.

由复利公式得,若以年为期贴现,贴现公式为

$$A_0 = A_n(1+r)^{-n};$$

若1年均分 t 期贴现,由复利公式可得贴现公式为

$$A_0 = A_n\left(1+\frac{r}{t}\right)^{-nt};$$

连续贴现公式为

$$A_0 = A_n\mathrm{e}^{-nr}.$$

案例 1.5.8 (贴现问题)设年贴现率为6.5%,按连续复利计息.现投资多少元,16年后可得1200元?

解 这是已知未来值求现在值,是贴现问题.

已知贴现率 $r = 6.5\%$,未来值 $A_{16} = 1200$,$n = 16$ 年,所以由连续贴现公式可得

$$A_0 = A_n\mathrm{e}^{-nr} = 1200 \times \mathrm{e}^{-0.065 \times 16} = \frac{1200}{\mathrm{e}^{1.04}} \approx \frac{1200}{2.8292} \approx 424.15(\text{元}).$$

习题 1.5

1. 求下列极限.

(1) $\lim\limits_{x \to 0} \dfrac{x}{\tan\frac{3}{2}x}$;　　(2) $\lim\limits_{x \to 0} \dfrac{\sin 2x}{\sin(-7x)}$;　　(3) $\lim\limits_{x \to 0} x\cot 2x$;　　(4) $\lim\limits_{x \to 0} \dfrac{1-\cos 2x}{x\sin x}$.

2. 求下列极限.

(1) $\lim\limits_{x \to 0}(1+x)^{\frac{1}{2x}}$;　　(2) $\lim\limits_{t \to 0}(1+3t)^{-\frac{1}{t}}$;　　(3) $\lim\limits_{x \to \infty}\left(1-\dfrac{1}{x}\right)^{kx}$;　　(4) $\lim\limits_{x \to \infty}\left(\dfrac{x}{x+1}\right)^x$.

3. 某人把2000元存入银行,按年利率6%进行连续复利计算,20年后的本利和为多少?

4. 有一笔8%的年利率投资按连续复利计算,20年后得到2100元,当初的投资额为多少?

思政课堂

	突出贡献	视频微课
 华罗庚	1910—1985，中国数学家．他在解析数论、典型群、矩阵几何学、自守函数论与多复变函数论等方面有深刻的研究和开创性的贡献．其主要著作有《堆垒素数论》《数论导引》《高等数学引论》《典型群》《典型域上的调和分析》《优选法平话及其补充》《统筹方法平话及补充》等．	

数学与生活

扫描二维码，获取"建模案例：选择手机上网流量包模型"的相关内容．

建模案例	学习笔记
	_____ _____ _____

第2章　导数及其经济应用

导数是微积分的重要组成部分,在各个领域有着广泛的应用,尤其在经济、管理领域. 本章主要介绍导数的概念,以及它在经济分析方面的应用.

§2.1　导数的概念

2.1.1　导数概念的引例

为了给出导数的概念,我们先看下面两个问题.

引例 2.1.1　(产品总产量的变化率)在生产过程中,产品总产量 Q 是时间 t 的函数,设 $Q=Q(t)$. 开始时刻 $t=t_0$ 的总产量为 $Q(t_0)$,从开始时刻到时刻 $t=t_0+\Delta t$ 的总产量改变量为 $\Delta Q=Q(t_0+\Delta t)-Q(t_0)$,产量的平均变化率为

$$\bar{s}=\frac{\Delta Q}{\Delta t}=\frac{Q(t_0+\Delta t)-Q(t_0)}{\Delta t}.$$

一般情况下,产量的平均变化率 $\bar{s}$ 与时间间隔 Δt 有关. 当时间间隔 Δt 很短时,可以用 $\bar{s}$ 近似表示总产量在时刻 $t=t_0$ 的变化情况,时间间隔 Δt 越短,近似程度就越高. 当 $\Delta t \to 0$ 时,若产量平均变化率 $\bar{s}$ 的极限存在,则称此极限 s 为总产量在时刻 $t=t_0$ 的变化率,即

$$s=\lim_{\Delta t \to 0}\frac{\Delta Q}{\Delta t}=\lim_{\Delta t \to 0}\frac{Q(t_0+\Delta t)-Q(t_0)}{\Delta t}.$$

比如,假设 $Q=t^2$,求总产量在 $t_0=1$ 时的变化率. 先取 $t_0=1$ 的临近左边时刻 $t=0.9$, $t=0.99,t=0.999$,然后再取邻近的右边时刻 $t=1.001,t=1.01,t=1.1$,计算出产量在各点的平均变化率

$$\bar{s}=\frac{\Delta Q}{\Delta t}=\frac{Q(t_0+\Delta t)-Q(t_0)}{\Delta t},$$

如表 2.1-1 所示.

表 2.1-1　产品总产量在各点的平均变化率

t	0.9	0.99	0.999	⋯	1	⋯	1.001	1.01	1.1
Δt	−0.1	−0.01	−0.001	⋯	0	⋯	0.001	0.01	0.1
$\bar{s}=\dfrac{\Delta Q}{\Delta t}$	1.9	1.99	1.999	⋯	2	⋯	2.001	2.01	2.1

从表 2.1-1 可以看出,不同的时间段内产品总产量的平均变化率不相等. 当时间段 Δt 很小时,平均变化率很接近某一确定的值 2,如图 2.1-1 所示.

经济应用数学（第3版）

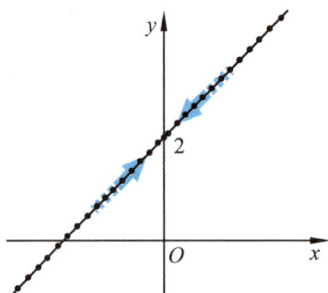

图 2.1-1　产品总产量的平均变化率

引例 2.1.2 （经济函数曲线的切线问题）经济管理中,经常用到经济函数曲线在某点的切线斜率,我们先来看切线的定义.

定义 2.1.1 设有经济函数曲线 C 及 C 上的一点 M,在点 M 附近取一点 N,作曲线 C 的割线 MN.当点 N 沿曲线 C 无限趋于点 M 时,割线 MN 趋于极限位置 MT,直线 MT 就称为曲线 C 在点 M 处的切线,如图 2.1-2(a)和图 2.1-2(b)所示.

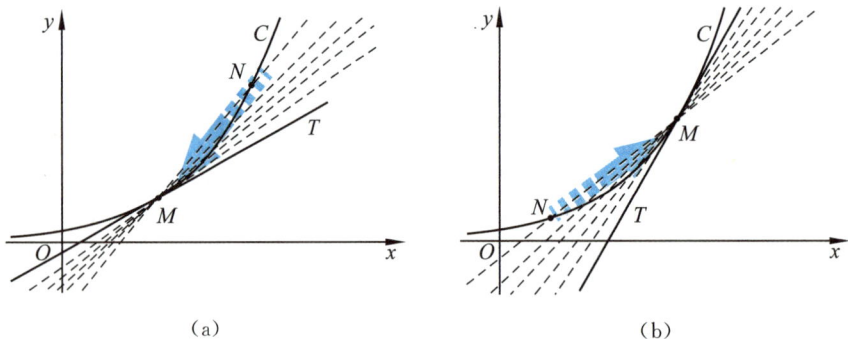

（a）

（b）

图 2.1-2　曲线在点 M 处的切线

下面求切线的方程,设 $M(x_0,y_0)$,则 $y_0=f(x_0)$,根据上述定义,需要求出切线的斜率.为此,设 $N(x,y)$,于是割线 MN 的斜率为

$$\tan\varphi=\frac{y-y_0}{x-x_0}=\frac{f(x)-f(x_0)}{x-x_0},$$

其中 φ 为割线 MN 的倾斜角,如图 2.1-3 所示.

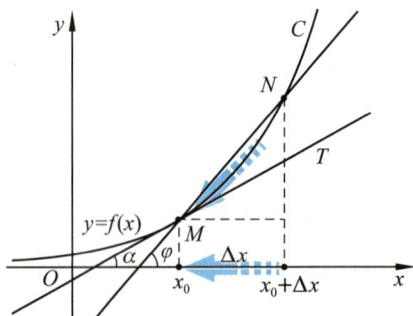

图 2.1-3　曲线在点 M 处的切线斜率示意图

令 $x-x_0=\Delta x$, 则 $x=x_0+\Delta x$, 当点 N 沿曲线 C 趋于点 M 时,即当 $x\to x_0$ 时,等价于 $\Delta x\to 0$ 时, $f(x)-f(x_0)=f(x_0+\Delta x)-f(x_0)$, 此时斜率 k 如果存在,则

$$k=\tan\alpha=\lim_{x\to x_0}\frac{f(x)-f(x_0)}{x-x_0}=\lim_{\Delta x\to 0}\frac{f(x_0+\Delta x)-f(x_0)}{\Delta x},$$

其中 α 是切线 MT 的倾斜角.通过点 $M(x_0,f(x_0))$ 且以 k 为斜率的直线 MT 便是曲线 C 在点 M 处的切线.

注意:

(1)与曲线只有一个交点的直线不一定是切线,如图 2.1-4 所示.

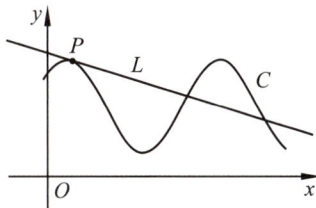

(2)曲线的切线可能与曲线有多个交点,如图 2.1-5 所示.

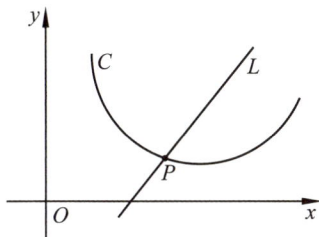

图 2.1-4　不是切线的直线与曲线只有一个交点　　图 2.1-5　曲线的切线与曲线有多个交点

(3)切线有可能穿过曲线,位于曲线的两侧,如图 2.1-6 所示.

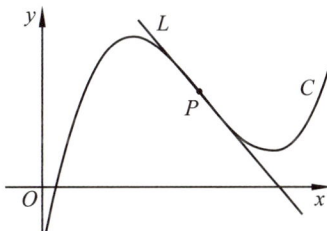

图 2.1-6　切线位于曲线的两侧

2.1.2　导数的定义

以上举例虽然实际意义不同,但它们的抽象数量关系却是相同的,都可以归结为:当自变量的改变量趋于 0 时,计算函数值的改变量与自变量的改变量比值的极限.

下面给出导数的一般定义.

1. 函数在某一点处的导数

定义 2.1.2　设函数 $y=f(x)$ 在点 x_0 的某个邻域内有定义,当自变量 x 在 x_0 处取得增量 Δx(点 $x_0+\Delta x$ 仍在该邻域内)时,相应的函数 y 取得增量 $\Delta y=f(x_0+\Delta x)-f(x_0)$;如果当 $\Delta x\to 0$ 时, Δy 与 Δx 之比的极限存在,则称函数 $y=f(x)$ 在点 x_0 处可导,并称这个极限为函数 $y=f(x)$ 在点 x_0 处的导数,记为 $f'(x_0)$,即

$$f'(x_0)=\lim_{\Delta x\to 0}\frac{\Delta y}{\Delta x}=\lim_{\Delta x\to 0}\frac{f(x_0+\Delta x)-f(x_0)}{\Delta x},$$

也可记作

$$y'\Big|_{x=x_0},\quad \frac{\mathrm{d}y}{\mathrm{d}x}\Big|_{x=x_0}\quad 或 \quad \frac{\mathrm{d}f(x)}{\mathrm{d}x}\Big|_{x=x_0}.$$

导数的定义中，极限的形式也可以换成下面等价的形式，

$$f'(x_0)=\lim_{x\to x_0}\frac{f(x)-f(x_0)}{x-x_0}.$$

从导数的定义可以看出，函数 $y=f(x)$ 在点 x_0 处的导数 $f'(x_0)$，就是曲线 $y=f(x)$ 在点 $(x_0,f(x_0))$ 处的切线的斜率，这就是导数的几何意义，如图 2.1-7 所示.

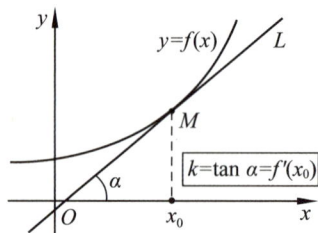

图 2.1-7　导数的几何意义示意图

视频讲解	学习笔记

2. 左导数、右导数

定义 2.1.3　若函数 $f(x)$ 在点 x_0 处的左极限、右极限

$$\lim_{\Delta x\to 0^-}\frac{f(x_0+\Delta x)-f(x_0)}{\Delta x},\quad \lim_{\Delta x\to 0^+}\frac{f(x_0+\Delta x)-f(x_0)}{\Delta x}$$

存在，则称函数分别在点 x_0 处存在左导数和右导数，记作

$$f'_-(x_0)=\lim_{\Delta x\to 0^-}\frac{f(x_0+\Delta x)-f(x_0)}{\Delta x};$$

$$f'_+(x_0)=\lim_{\Delta x\to 0^+}\frac{f(x_0+\Delta x)-f(x_0)}{\Delta x}.$$

显然，函数在点 x_0 处可导的充分必要条件是左导数 $f'_-(x_0)$ 和右导数 $f'_+(x_0)$ 都存在且相等，如图 2.1-8 和图 2.1-9 所示.

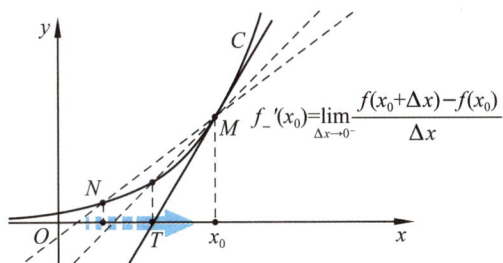

图 2.1-8　函数在点 x_0 处的左导数

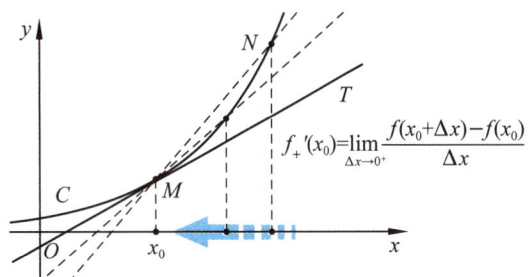

图 2.1-9　函数在点 x_0 处的右导数

3. 函数在区间上的导数

如果函数 $y = f(x)$ 在开区间 (a, b) 内的各点都有导数,此时每一个 $x \in (a, b)$,都对应着一个确定的导数 $f'(x)$,从而构成了一个新的函数 $f'(x)$. 这个函数 $f'(x)$ 称为函数 $y = f(x)$ 在开区间内的导函数,简称导数,可记作 y',即

$$f'(x) = y' = \lim_{\Delta x \to 0} \frac{f(x + \Delta x) - f(x)}{\Delta x}.$$

如果函数 $f(x)$ 在开区间 (a, b) 内可导,且 $f'_+(a)$ 及 $f'_-(b)$ 都存在,说明 $f(x)$ 在闭区间 $[a, b]$ 上可导,如图 2.1-10 所示.

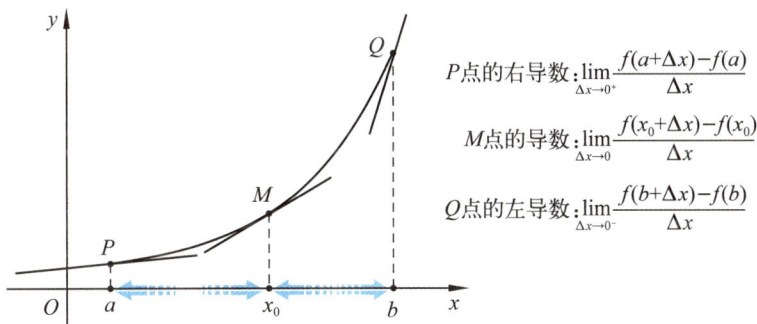

P 点的右导数: $\lim\limits_{\Delta x \to 0^+} \dfrac{f(a + \Delta x) - f(a)}{\Delta x}$

M 点的导数: $\lim\limits_{\Delta x \to 0} \dfrac{f(x_0 + \Delta x) - f(x_0)}{\Delta x}$

Q 点的左导数: $\lim\limits_{\Delta x \to 0^-} \dfrac{f(b + \Delta x) - f(b)}{\Delta x}$

图 2.1-10　函数在区间 $[a, b]$ 上的导数

2.1.3　基本初等函数的导数公式

法则 2.1.1　(常函数的导数)若函数 $f(x) = C$(C 为常数),则 $f'(x) = 0$,如图 2.1-11 所示.

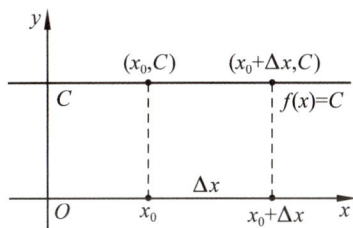

图 2.1-11　常函数的导数

法则 2.1.2 （幂函数的导数）一般地，对于幂函数 $f(x)=x^\mu$（μ 为常数），有

$$f'(x)=(x^\mu)'=\mu x^{\mu-1}.$$

例如，函数 $f(x)=x^3$ 的导数为 $f'(x)=3x^2$，如图 2.1-12 所示.

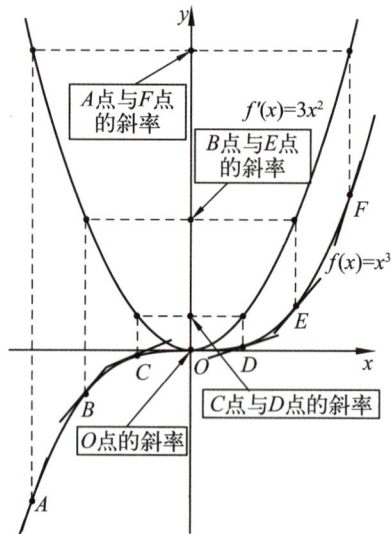

图 2.1-12　函数 $f(x)=x^3$ 与其导函数的关系图

当 $\mu=\dfrac{1}{2}$ 时，$y=x^{\frac{1}{2}}=\sqrt{x}$（$x>0$）的导数为 $(\sqrt{x})'=\dfrac{1}{2\sqrt{x}}$.

当 $\mu=-1$ 时，$y=x^{-1}=\dfrac{1}{x}$（$x\neq0$）的导数为 $\left(\dfrac{1}{x}\right)'=-\dfrac{1}{x^2}$.

法则 2.1.3 （指数函数的导数）一般地，对于指数函数 $f(x)=a^x$（$a>0,a\neq1$），有

$$f'(x)=(a^x)'=a^x\ln a,$$

如图 2.1-13 和图 2.1-14 所示.

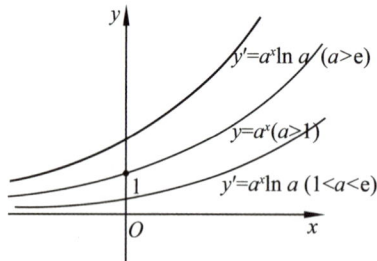

图 2.1-13　$a>1$ 时指数函数的导函数

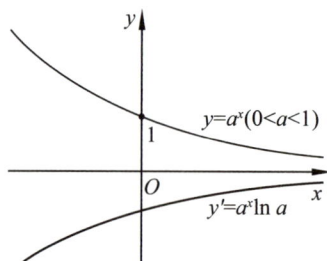

图 2.1-14　$0<a<1$ 时指数函数的导函数

特别地，当 $a=\mathrm{e}$ 时，有

$$(\mathrm{e}^x)'=\mathrm{e}^x.$$

法则 2.1.4 （对数函数的导数）一般地，对于对数函数 $f(x)=\log_a x$（$a>0,a\neq1$），有

$$f'(x)=(\log_a x)'=\frac{1}{x\ln a},$$

如图 2.1-15 和图 2.1-16 所示.

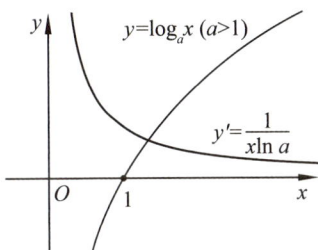

图 2.1-15　$a>1$ 时对数函数的导函数　　图 2.1-16　$0<a<1$ 时对数函数的导函数

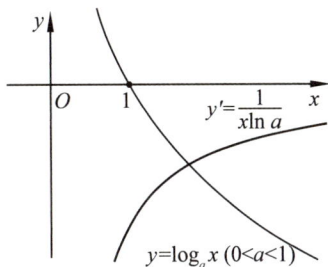

特别地,当 $a=\mathrm{e}$ 时,有

$$(\ln x)'=\frac{1}{x}.$$

法则 2.1.5　(三角函数的导数)一般地,对于三角函数 $f(x)=\sin x$,有

$$f'(x)=(\sin x)'=\cos x,$$

如图 2.1-17 所示.

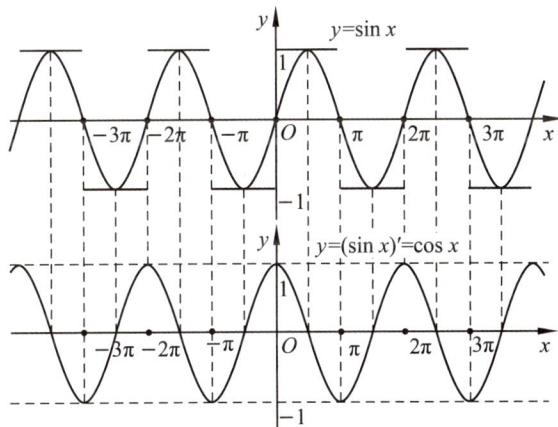

图 2.1-17　正弦函数的导数

三角函数的导数公式如表 2.1-2 所示.

表 2.1-2　三角函数的导数公式表

三角函数 $f(x)$	$\sin x$	$\cos x$	$\tan x$	$\cot x$	$\sec x$	$\csc x$
三角函数的导数 $f'(x)$	$\cos x$	$-\sin x$	$\sec^2 x$	$-\csc^2 x$	$\sec x\tan x$	$-\csc x\cot x$

法则 2.1.6　(反三角函数的导数)一般地,对于反三角函数 $f(x)=\arcsin x$,有

$$f'(x) = (\arcsin x)' = \frac{1}{\sqrt{1-x^2}},$$

如图 2.1-18 所示.

反三角函数的导数公式如表 2.1-3 所示,反余弦函数的导数、反正切函数的导数、反余切函数的导数分别如图 2.1-19 至图 2.1-21 所示.

表 2.1-3　反三角函数的导数公式表

反三角函数 $f(x)$	$\arcsin x$	$\arccos x$	$\arctan x$	$\text{arccot } x$
反三角函数的导数 $f'(x)$	$\dfrac{1}{\sqrt{1-x^2}}$	$-\dfrac{1}{\sqrt{1-x^2}}$	$\dfrac{1}{1+x^2}$	$-\dfrac{1}{1+x^2}$

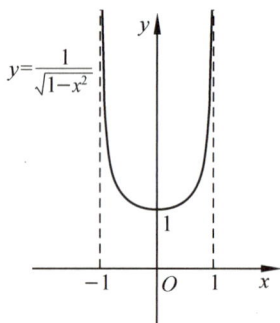

图 2.1-18　反正弦函数的导数

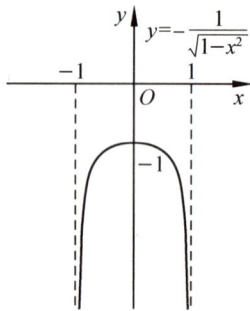

图 2.1-19　反余弦函数的导数

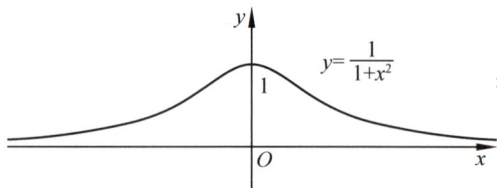

图 2.1-20　反正切函数的导数

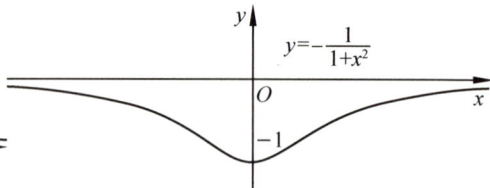

图 2.1-21　反余切函数的导数

案例 2.1.1　(利用导数的定义求极限)已知 $f'(x_0) = A$.

(1)求 $\lim\limits_{h \to 0} \dfrac{f(x_0 + 3h) - f(x_0)}{h}$;

(2)求 $\lim\limits_{h \to 0} \dfrac{f(x_0 + h) - f(x_0 - h)}{h}$.

解　(1) $\lim\limits_{h \to 0} \dfrac{f(x_0 + 3h) - f(x_0)}{h} = \lim\limits_{h \to 0} \dfrac{f(x_0 + 3h) - f(x_0)}{3h} \times 3 = 3f'(x_0) = 3A$;

(2) $\lim\limits_{h \to 0} \dfrac{f(x_0 + h) - f(x_0 - h)}{h} = \lim\limits_{h \to 0} \dfrac{f(x_0 + h) - f(x_0 - h)}{h - (-h)} \times 2 = 2f'(x_0) = 2A$.

习题 2.1

1. 假定下列各题中 $f'(x_0)$ 均存在,求下列极限.

(1) $\lim\limits_{\Delta x \to 0} \dfrac{f(x_0 - \Delta x) - f(x_0)}{\Delta x}$;

(2) $\lim\limits_{h \to 0} \dfrac{f(x_0 + h) - f(x_0 - h)}{2h}$.

2. 求下列函数的导数.

$(1) y = x^4$; $\qquad$ $(2) y = x^{\frac{1}{3}}$; $\qquad$ $(3) y = \dfrac{1}{x^3}$; $\qquad$ $(4) y = \dfrac{1}{\sqrt{x}}$.

3. 求下列函数在指定点的导数.

$(1) y = \sin x$, 求 $\left. \dfrac{\mathrm{d}y}{\mathrm{d}x} \right|_{x=\frac{\pi}{4}}$, $\left. \dfrac{\mathrm{d}y}{\mathrm{d}x} \right|_{x=\pi}$; $\qquad$ $(2) y = \cos x$, 求 $\left. \dfrac{\mathrm{d}y}{\mathrm{d}x} \right|_{x=0}$, $\left. \dfrac{\mathrm{d}y}{\mathrm{d}x} \right|_{x=\frac{\pi}{2}}$;

$(3) y = \log_2 x$, 求 $\left. \dfrac{\mathrm{d}y}{\mathrm{d}x} \right|_{x=1}$, $\left. \dfrac{\mathrm{d}y}{\mathrm{d}x} \right|_{x=\frac{1}{2}}$; $\qquad$ $(4) y = \ln x$, 求 $\left. \dfrac{\mathrm{d}y}{\mathrm{d}x} \right|_{x=\frac{1}{3}}$, $\left. \dfrac{\mathrm{d}y}{\mathrm{d}x} \right|_{x=\mathrm{e}}$.

§2.2 导数的计算

2.2.1 导数的四则运算法则

法则 2.2.1 （和差导数法则）设 $u(x),v(x)$ 在点 x 处可导，两个函数的代数和 $u(x)\pm v(x)$ 在点 x 处也可导，则

$$[u(x)\pm v(x)]'=u'(x)\pm v'(x).$$

特别地，有 $[Cu(x)]'=Cu'(x)$，其中 C 为常数.

案例 2.2.1 （求曲线的水平切线）求曲线 $y=x^4-6x^2-5$ 的水平切线.

解 $\qquad y'=(x^4-6x^2-5)'=(x^4)'-(6x^2)'-5'=4x^3-12x.$

令 $y'=0$，解关于 x 的方程，得

$$x=0,\pm\sqrt{3}.$$

所以，曲线 $y=x^4-6x^2-5$ 在 $x=0,x=\sqrt{3},x=-\sqrt{3}$ 处有水平切线，曲线上相应的点为 $(0,-5),(\sqrt{3},-14),(-\sqrt{3},-14)$，如图 2.2-1 所示.

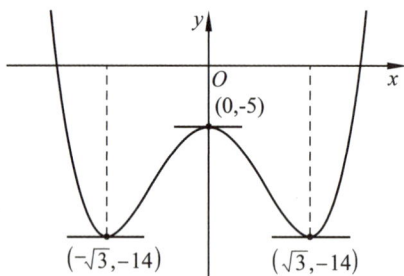

图 2.2-1 曲线的水平切线（注：两坐标轴单位长度不等）

法则 2.2.2 （积导数法则）设 $u(x),v(x)$ 在点 x 处可导，$u(x)v(x)$ 在点 x 处也可导，且

$$[u(x)v(x)]'=u'(x)v(x)+u(x)v'(x).$$

案例 2.2.2 （用积导数法则求导数）求 $y=2\sin x\ln x$ 的导数.

解 $y'=(2\sin x\ln x)'=2[(\sin x)'\ln x+\sin x(\ln x)']=2\cos x\ln x+\dfrac{2\sin x}{x}.$

法则 2.2.3 （商导数法则）设 $u(x),v(x)$ 在点 x 处可导，$\dfrac{u(x)}{v(x)}(v(x)\neq 0)$ 在点 x 处也可导，且

$$\left[\frac{u(x)}{v(x)}\right]'=\frac{u'(x)v(x)-u(x)v'(x)}{v^2(x)}.$$

特别地，有 $\qquad\left[\dfrac{1}{v(x)}\right]'=-\dfrac{v'(x)}{v^2(x)}.$

案例 2.2.3 （用商导数法则求导数）$y=\tan x$，求 y'.

解
$$y' = (\tan x)' = \left(\frac{\sin x}{\cos x} \right)' = \frac{(\sin x)' \cos x - \sin x (\cos x)'}{\cos^2 x}$$

$$= \frac{\cos^2 x + \sin^2 x}{\cos^2 x} = \frac{1}{\cos^2 x} = \sec^2 x ,$$

即
$$(\tan x)' = \sec^2 x .$$

用类似方法,还可求得

$$(\cot x)' = -\csc^2 x , \quad (\sec x)' = \sec x \tan x , \quad (\csc x)' = -\csc x \cot x .$$

2.2.2　复合函数的求导法则

法则 2.2.4　(复合函数导数法则)如果 $u = \varphi(x)$ 在点 x_0 处可导,而 $y = f(u)$ 在点 $u_0 = \varphi(x_0)$ 可导,则复合函数 $y = f[\varphi(x)]$ 在点 x_0 处可导,且其导数为

$$\frac{\mathrm{d}y}{\mathrm{d}x}\bigg|_{x=x_0} = f'(u_0)\varphi'(x_0).$$

复合函数的求导法则还可以推广到有多个中间变量的情形.

设 $y = f(u), u = \varphi(v), v = \psi(x)$,则复合函数 $y = f\{\varphi[\psi(x)]\}$ 的导数为

$$\frac{\mathrm{d}y}{\mathrm{d}x} = \frac{\mathrm{d}y}{\mathrm{d}u} \cdot \frac{\mathrm{d}u}{\mathrm{d}v} \cdot \frac{\mathrm{d}v}{\mathrm{d}x}.$$

案例 2.2.4　(用复合函数导数法则求导数)$y = \ln \cos(\mathrm{e}^x)$,求 $\dfrac{\mathrm{d}y}{\mathrm{d}x}$.

解　原函数可分解为 $y = \ln u, u = \cos v, v = \mathrm{e}^x$. 因

$$\frac{\mathrm{d}y}{\mathrm{d}u} = \frac{1}{u}, \quad \frac{\mathrm{d}u}{\mathrm{d}v} = -\sin v, \quad \frac{\mathrm{d}v}{\mathrm{d}x} = \mathrm{e}^x,$$

故

$$\frac{\mathrm{d}y}{\mathrm{d}x} = \frac{1}{u} \cdot (-\sin v) \cdot \mathrm{e}^x = -\frac{\sin(\mathrm{e}^x)}{\cos(\mathrm{e}^x)} \cdot \mathrm{e}^x = -\mathrm{e}^x \tan(\mathrm{e}^x).$$

视频讲解	学习笔记

2.2.3　隐函数的导数

定义 2.2.1　函数 $y = f(x)$ 表示两个变量 y 与 x 之间的对应关系,这种对应关系可以用不同的方式表达. 如果表达式等号左端是因变量的符号,而右端是含有自变量的式子,当自变量取定义域内任意值时,由这个式子确定对应的函数值. 用这种方式表达的函数称为 <u>显函数</u>. 例如,$y = \sin x, y = \ln x + \sqrt{1 - x^2}$ 等都是显函数.

有些函数是用形如方程 $F(x, y) = 0$ 的形式来表达. 例如,方程 $x + y^3 - 1 = 0$ 表示一个

函数.利用 $F(x,y)$ 表达的函数,当变量 x 在 $(-\infty,+\infty)$ 内取值时,变量 y 有唯一确定的值与之对应,这样的函数称为隐函数,如图 2.2-2 所示.

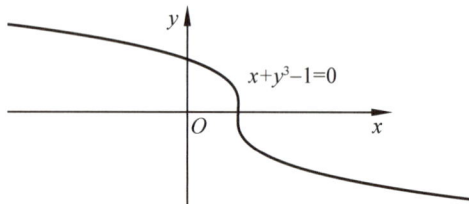

图 2.2-2　隐函数 $x+y^3-1=0$ 的图像

在对隐函数求导数时,可以把 y 作为 x 的函数来处理,然后利用导数的四则运算法则及复合函数求导法则对该方程的两边关于 x 求导,最后经由 x 和 y 一起解出 $\dfrac{\mathrm{d}y}{\mathrm{d}x}$,这种求解的方法我们称为隐函数求导法.

案例 2.2.5　（隐函数求导法）$xy+\mathrm{e}^y=\mathrm{e}$,确定了 y 是 x 的函数,求 $y'(0)$.

解　把方程两端对 x 求导,得

$$y+xy'+\mathrm{e}^y y'=0,$$

即

$$y'=-\frac{y}{x+\mathrm{e}^y}.$$

因为 $x=0$ 时 $y=1$,所以

$$y'(0)=-\frac{y}{x+\mathrm{e}^y}\bigg|_{\substack{x=0\\y=1}}=-\frac{1}{\mathrm{e}}.$$

函数图像如图 2.2-3 所示.

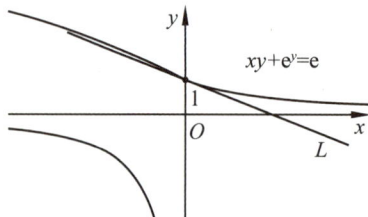

图 2.2-3　隐函数 $xy+\mathrm{e}^y=\mathrm{e}$ 在 $x=0$ 时的切线斜率

2.2.4　对数求导法

定义 2.2.2　对某些函数求导时,先对函数表达式两边取对数,转化成隐函数以后再求导,这种求导数的方法称为对数求导法.

例如,形如 $y=u(x)^{v(x)}$ 的函数既不是幂函数也不是指数函数,通常把它称为幂指函数.对这类函数不能用公式直接来求导,可以把方程两端取对数后,把幂指函数转化为隐函数,进而求出导数 y'.

案例 2.2.6　（对数求导法）求幂指函数 $y=x^x\ (x>0)$ 的导数.

解　两端取对数,得

$$\ln y = x \ln x,$$

方程两端对 x 求导,得

$$\frac{1}{y} \cdot y' = \ln x + x \cdot \frac{1}{x} = \ln x + 1,$$

于是

$$y' = y(\ln x + 1) = x^x(\ln x + 1).$$

2.2.5　高阶导数

定义 2.2.3　一般来讲,函数 $y = f(x)$ 的导函数 $y' = f'(x)$ 仍然是 x 的函数. 我们把 $y' = f'(x)$ 的导数称为函数 $y = f(x)$ 的**二阶导数**,记作 y'' 或 $\dfrac{d^2 y}{dx^2}$,即

$$y'' = (y')' \text{ 或 } \frac{d^2 y}{dx^2} = \frac{d}{dx}\left(\frac{dy}{dx}\right).$$

类似地,我们可以依次定义三阶导数,四阶导数……记作 y''',$y^{(4)}$,… 一般地,$(n-1)$ 阶导数的导数称为 n 阶导数,记作 $y^{(n)}$. 二阶及二阶以上的导数统称为**高阶导数**.

案例 2.2.7　(高阶导数)已知函数 $y = \ln(1+x)$,求 y''',$y^{(n)}$.

解
$$y' = \frac{1}{1+x} = (1+x)^{-1},$$
$$y'' = (-1)(1+x)^{-2},$$
$$y''' = (-1)(-2)(1+x)^{-3} = (-1)^2 2! \ (1+x)^{-3},$$
$$\cdots$$
$$y^{(n)} = (-1)^{n-1}(n-1)! \ (1+x)^{-n}.$$

📖 习题 2.2

1. 求下列函数的导数 y'.

(1) $y = ax^3 + bx^2 + cx + d$;

(2) $y = x^2(2+\sqrt{x})$;

(3) $y = \dfrac{3x^2 + 9x - 2}{5x + 8}$;

(4) $y = 2^x(x^2 + 5)$;

(5) $y = \sin 2 + x \cos x \tan x$;

(6) $y = \dfrac{\sin x}{x}$.

2. 求下列复合函数的导数.

(1) $y = \sqrt{x^2 + a^2}$;

(2) $y = \sin(2^x)$;

(3) $y = \sin^2\left(\dfrac{\pi}{4} - x\right)$;

(4) $y = e^{\frac{x^2}{2}}$;

(5) $y = \arctan e^{x^2}$;

(6) $y = (1 + \sin^2 x)^4$.

3. 求下列函数的二阶导数.

(1) $y = x^2 + \ln x$;

(2) $y = \ln(x + \sqrt{x^2 - 1})$.

4. 求下列方程所确定的隐函数的导数.

(1) $e^y x - 10 + y^2 = 0$；

(2) $e^{xy} + y \ln x = \cos 2x$.

5. 利用对数求导法求下列函数的导数.

(1) $y = (\cos x)^{\sin x}$；

(2) $y = x \sqrt{\dfrac{1-x}{1+x}}$.

§2.3　边际分析

　　边际分析理论是当代经济理论中数学方法的基础之一,可用来预测商品价格需求量或供给量,确定企业内部生产资料同劳动数量之间最合理的比例,确定企业的最佳生产规模,直至最合理地分配整个社会的资源.

　　边际概念是经济学中的一个重要概念,一般是指经济函数的变化率.利用导数研究经济量的边际变化的方法,称为边际分析法.

　　定义 2.3.1　设函数 $y = f(x)$ 在点 x 处可导,则其导数 $y' = f'(x)$ 在经济学中被称为函数 $f(x)$ 的边际函数.

　　当函数的自变量 x 在 x_0 处发生一个很小的变化 Δx 时,函数的增量为

$$\Delta y = f(x_0 + \Delta x) - f(x_0),$$

我们发现,当 Δx 很小,或 x 的改变量与 x_0 值相比较很小时,

$$\frac{\Delta y}{\Delta x} = \frac{f(x_0 + \Delta x) - f(x)}{\Delta x} \approx \lim_{\Delta x \to 0} \frac{f(x_0 + \Delta x) - f(x)}{\Delta x} = f'(x_0),$$

则以下近似式成立

$$\Delta y = f(x_0 + \Delta x) - f(x_0) \approx f'(x_0) \cdot \Delta x,$$

如图 2.3-1 所示.

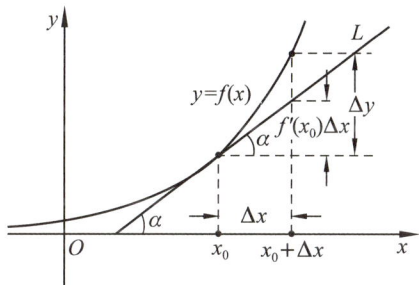

图 2.3-1　当 Δx 很小时,可用 $f'(x_0) \Delta x$ 近似代替 Δy

　　例如,对于 $y = x^2$,有 $f'(2) = 4$,在 $x = 2$ 点附近的变化,如表 2.3-1 所示.

表 2.3-1　函数 $f(x_0 + \Delta x) - f(x_0)$ 与 $f'(x_0) \cdot \Delta x$ 近似程度表

Δx	1	0.1	0.01	0.001	0.000 1	−0.000 1	−0.001	−0.01	−0.1	−1
$f(2 + \Delta x)$	9	4.41	4.040 1	4.004 001	4.000 400 01	3.999 600 01	3.996 001	3.960 1	3.61	1
$f(2 + \Delta x) - f(2)$	3	0.41	0.040 1	0.004 001	0.000 400 01	−0.000 399 99	−0.003 999 9	−0.039 9	−0.39	−3
$f'(2) \cdot \Delta x$	4	0.4	0.04	0.004	0.000 4	−0.000 4	−0.004	−0.04	−0.4	−4
绝对误差	1	0.01	0.000 1	0.000 001	0.000 000 01	0.000 000 01	0.000 001	0.000 1	0.01	1

　　由此可知,当自变量在 x_0 处产生一个很小的改变时,函数 $f(x)$ 的改变量可近似地用

$f'(x_0) \cdot \Delta x$ 来代替.

2.3.1 边际成本

某种产品产量为 Q 时所需的总成本,我们用成本函数 $C(Q)$ 表示,如果研究该产品的产量变化一个单位时,产品总成本的改变量,则需要引入边际成本的概念.

定义 2.3.2 某种产品的产量为 Q 时,产量再增加(或减少)一个单位时,总成本增加(或减少)的数量,称为边际成本,一般记为 MC.

当产量 Q 改变 ΔQ 时,总成本 $C(Q)$ 的改变量为

$$\Delta C(Q) = C(Q + \Delta Q) - C(Q).$$

若 $C(Q)$ 可导,则

$$\Delta C(Q) = C(Q + \Delta Q) - C(Q) \approx C'(Q) \cdot \Delta Q.$$

因为对于产品变化量 ΔQ 而言,最小改变量就是一个单位,所以令 $\Delta Q = 1$,则有

$$\Delta C(Q) = C(Q + 1) - C(Q) \approx C'(Q).$$

从数学的角度看,$C(Q)$ 在 Q 处,当 Q 变化一个单位时,$C(Q)$ 的改变量近似为 $C'(Q)$ 个单位.因此,边际成本近似是 $C(Q)$ 关于 Q 的导数,用 $MC = C'(Q)$ 表示.

在解释实际问题时,"近似"二字可以省略,所以边际成本的经济意义为当某种产品产量为 Q 时,再多(少)生产一个单位产品所增加(减少)的成本.

案例 2.3.1 (产品的边际成本)设总成本函数 $C(Q) = 0.001Q^3 - 0.3Q^2 + 40Q + 1\,000$(元).

(1)求边际成本函数;

(2)计算生产50个单位产品时的平均单位成本和边际成本值,并解释后者的经济意义.

解

(1)边际成本函数为

$$MC = C'(Q) = 0.003Q^2 - 0.6Q + 40;$$

(2)$Q = 50$ 时的平均单位成本为 $\dfrac{C(50)}{50} = 47.5$(元),$Q = 50$ 时的边际成本为

$$C'(50) = (0.003Q^2 - 0.6Q + 40)\big|_{Q=50} = 17.5(元).$$

当生产达到50个单位产品时,如果再多生产1个单位产品,成本增加 17.5 元.

案例 2.3.2 (产品的边际成本)某厂生产某种产品,总成本 C 是产量 Q 的函数:

$$C(Q) = 200 + 4Q + 0.05Q^2(元).$$

(1)指出固定成本和可变成本;

(2)求边际成本函数及产量 $Q = 200$ 时的边际成本,并说明其经济意义;

(3)如果对该厂征收固定税收,固定税收对产品的边际成本是否会有影响?为什么?试举例说明.

解

(1)固定成本为 200 元,可变成本为 $4Q + 0.05Q^2$;

(2)边际成本函数为

$$C'(Q) = 4 + 0.1Q,$$

$$C'(200) = 4 + 0.1 \times 200 = 24 \text{(元)}.$$

在产量为 200 个单位产品的基础上,再增加 1 个单位产品,总成本要增加 24 元.

(3)因国家对该厂征收的固定税收与产量 Q 无关,这种固定税收可列入固定成本,因而对边际成本没有影响.例如,国家征收的固定税收是 100 元,则总成本为

$$C(Q) = 200 + 100 + 4Q + 0.05Q^2,$$

边际成本函数仍为

$$C'(Q) = 4 + 0.1Q.$$

视频讲解	学习笔记

2.3.2　边际收益

总收益是生产者出售一定量产品所得到的全部收入.平均收益是生产者出售一定量产品,平均每单位产品所得到的收入,即单位商品的售价.

定义 2.3.3　设收益函数 $R = R(Q)$ 可导(其中 R 表示收益,Q 表示商品销售量),则其边际函数 $R'(Q)$ 称为边际收益函数,简称边际收益,记作 MR. 则 $MR = R'(Q_0)$,$R'(Q_0)$ 称为当商品销售量为 Q_0 时的边际收益.

边际收益的经济意义为销售量达到 Q 时,如果销售量增加(或减少)1 个单位产品,则收益相应增加(或减少)MR 个单位.

案例 2.3.3　(产品的边际收益)设产品的需求函数为 $Q = 100 - 5P$,其中 P 为价格,Q 为需求量. 求边际收入函数,以及 $Q = 20, 50, 70$ 时的边际收益,并解释所得结果的经济意义.

解　总收益函数为

$$R = Q \cdot P(Q).$$

由题设中的需求函数可得

$$P = \frac{1}{5}(100 - Q).$$

于是,总收益函数为

$$R = Q \cdot P(Q) = Q \cdot \frac{1}{5}(100 - Q) = 20Q - \frac{1}{5}Q^2.$$

所以,边际收益函数为

$$MR = R'(Q) = 20 - \frac{2}{5}Q,$$

$$R'(20) = 12, \quad R'(50) = 0, \quad R'(70) = -8.$$

由所得结果可知,当销售量即需求量为20个单位时,再增加销售可以使总收入增加,再多销售1个单位,总收入约增加12个单位;当销售量为50个单位时,总收入达到最大值,再扩大销售总收入不会增加;当销售量为70个单位时,再多销售1个单位,反而使总收入减少8个单位,或者说,若少销售1个单位,将使总收入少损失8个单位.

2.3.3　边际利润

定义 2.3.4　设 $L(Q)$ 是利润函数,由总成本、总收入和总利润之间的关系,可得

$$L(Q)=R(Q)-C(Q),$$

两边求导,得

$$L'(Q)=R'(Q)-C'(Q),$$

$L'(Q)$ 称为边际利润.

边际利润的经济意义为当产量为 Q 个单位时,再增加(或减少)1个单位产品,总利润增加(或减少)的数量.

案例 2.3.4　(产品的边际利润)某工厂生产一批产品的固定成本为 2 000 元,每生产1吨产品的成本为50元.设该产品的市场需求规律为 $Q=1\ 100-10P$(P 为价格),产销平衡.试求产量为100吨时的边际利润.

解　由于 $P=110-\dfrac{Q}{10}$,故总收入为

$$R=P \cdot Q=110Q-\frac{Q^2}{10},$$

又因为

$$C=2\ 000+50Q,$$

所以

$$L=R-C=60Q-\frac{Q^2}{10}-2\ 000,$$

因此边际利润为

$$L'=60-\frac{Q}{5}.$$

当产量为100吨时,边际利润为

$$L'(100)=60-\frac{100}{5}=40(元).$$

视频讲解	学习笔记

2.3.4　边际需求

定义 2.3.5　边际需求是需求函数 $Q(P)$ 的导数 $Q'(P)$.

边际需求的经济意义是当价格为 P 时,价格上涨(或下跌)1 个单位时,需求量将减少(或增加)的数量.

案例 2.3.5　(产品的边际需求)某商品的需求函数 $Q=Q(P)=75-P^2$,求当 $P=4$ 时的边际需求,并说明其经济意义.

解　边际需求为

$$Q'(P)=(75-P^2)'=-2P.$$

当 $P=4$ 时的边际需求为

$$Q'(P)\big|_{P=4}=-8.$$

它表示价格为 4 时,价格上涨(或下跌)1 个单位时,需求量将减少(或增加)8 个单位.

习题 2.3

1. 设某商品的总收益 R 关于销售量 Q 的函数

$$R(Q)=104Q-0.4Q^2.$$

(1)求销售量为 Q 时,总收入的边际收入;

(2)计算销售量 $Q=50$ 个单位时,总收入的边际收入.

2. 某化工厂日产能力最高为 1 000 吨,每日产品的总成本 C(单位:元)是日产量 x(单位:吨)的函数

$$C=C(x)=1\,000+7x+50\sqrt{x},\quad x\in[0,1\,000].$$

(1)计算当日产量为 100 吨时的边际成本;

(2)计算当日产量为 100 吨时的平均单位成本.

3. 某商品的价格 P 关于需求量 Q 的函数

$$P=10-\frac{Q}{5}.$$

(1)求总收益函数、平均收益函数和边际收益函数;

(2)计算当 $Q=20$ 个单位时的总收益、平均收益和边际收益.

4. 某厂每周生产 Q 个单位(单位:百件)产品的总成本 C(单位:千元)是产量的函数

$$C=C(Q)=100+12Q+Q^2.$$

如果每百件产品销售价格为 4 万元,试写出利润函数及边际利润为 0 时的每周产量.

5. 设巧克力糖每周的需求量 Q(单位:kg)是价格 P(单位:元)的函数

$$Q=f(P)=\frac{1\,000}{(2P+1)^2}.$$

求当 $P=10$(元)时,巧克力糖的边际需求量,并说明其经济意义.

§2.4 弹性分析

前面讨论的导数即变化率是函数的绝对改变量与自变量的绝对改变量的比率.在分析经济问题时,仅仅研究经济函数的绝对改变量是不够的,还需要研究经济函数的相对改变量.弹性概念就是用来定量地描述一个经济变量对另一个经济变量变化的反应速度,或者说一个经济变量变动百分之一会使另一个经济变量变动百分之几.

2.4.1 弹性的概念

引例 2.4.1 假设一台电视机的价格为 1 000 元,1 kg 水果的价格为 1 元.现在两件商品都涨价 1 元,两件商品价格的绝对改变量都是 1 元.但各与其原价相比,两者涨价的百分比却有很大的不同,电视机涨了 0.1%,而水果涨了 100%.因此,仅仅考虑变量的绝对增长对经济函数的影响是不全面的,有时要用相对改变量来表现其变化情况.

定义 2.4.1 设函数 $f(x)$ 在点 x_0 的某邻域内有定义,且 $f(x_0) \neq 0$.如果极限

$$\lim_{\Delta x \to 0} \frac{\dfrac{\Delta y}{f(x_0)}}{\dfrac{\Delta x}{x_0}} = \lim_{\Delta x \to 0} \frac{\dfrac{f(x_0 + \Delta x) - f(x_0)}{f(x_0)}}{\dfrac{\Delta x}{x_0}}$$

存在,则称此极限值为函数 $y = f(x)$ 在点 x_0 处的点弹性(也称相对变化率),记为

$$\frac{\mathrm{E}y}{\mathrm{E}x}\bigg|_{x=x_0};$$

而称比值

$$\frac{\dfrac{\Delta y}{f(x_0)}}{\dfrac{\Delta x}{x_0}} = \frac{\dfrac{f(x_0 + \Delta x) - f(x_0)}{f(x_0)}}{\dfrac{\Delta x}{x_0}}$$

为函数 $y = f(x)$ 在点 x_0 与 $x_0 + \Delta x$ 之间的弧弹性(也称平均相对变化率).

由定义可知

$$\frac{\mathrm{E}y}{\mathrm{E}x}\bigg|_{x=x_0} = \frac{x_0}{f(x_0)} \cdot \frac{\mathrm{d}y}{\mathrm{d}x}\bigg|_{x=x_0} = \frac{x_0}{f(x_0)} \cdot f'(x_0).$$

如果函数 $y = f(x)$ 在区间 (a, b) 内可导,且 $f(x) \neq 0$,则称

$$\frac{\mathrm{E}y}{\mathrm{E}x} = \frac{x}{f(x)} \cdot f'(x)$$

为函数 $y = f(x)$ 在区间 (a, b) 内的弹性函数.

函数 $y = f(x)$ 在点 x 处的弹性 $\dfrac{\mathrm{E}y}{\mathrm{E}x}$ 反映了在点 x 处,函数值 $f(x)$ 的相对变化量 $\dfrac{\Delta y}{y}$ 与 x 的相对变化量 $\dfrac{\Delta x}{x}$ 的比率,也就是 x 相对改变 1% 时,$f(x)$ 相对改变的百分数.或者说,弹性 $\dfrac{\mathrm{E}y}{\mathrm{E}x}$

反映了 $f(x)$ 的百分比变化相对于 x 的百分比变化的强烈程度或灵敏度. 例如, 当 $\dfrac{\mathrm{E}y}{\mathrm{E}x}=2$ 时, 表明当 x 变化 1% 时, $f(x)$ 会变化 2%.

另外, 由定义可知, 函数的弹性与量纲无关, 即与各有关变量所用的计量单位无关. 弹性概念之所以在经济学中得到广泛应用, 就是因为经济中各种商品的计量单位是不尽相同的, 比较不同的商品的弹性时, 可不受计量单位的限制.

案例 2.4.1　(函数的弹性)求函数 $y=2\mathrm{e}^{3x}$ 的弹性函数 $\dfrac{\mathrm{E}y}{\mathrm{E}x}$, 以及 $x=2$ 时 $\dfrac{\mathrm{E}y}{\mathrm{E}x}$ 的值.

解
$$y'=6\mathrm{e}^{3x},$$
$$\frac{\mathrm{E}y}{\mathrm{E}x}=\frac{x}{f(x)}\cdot f'(x)=\frac{x}{2\mathrm{e}^{3x}}\cdot 6\mathrm{e}^{3x}=3x.$$

当 $x=2$ 时,
$$\frac{\mathrm{E}y}{\mathrm{E}x}\bigg|_{x=2}=3\times 2=6.$$

它表示在 $x=2$ 处, 当 x 变动 1% 时, 函数 y 改变 6%.

2.4.2　需求弹性

定义 2.4.2　设某商品的市场需求量为 Q, 价格为 P, 需求函数 $Q=Q(P)$ 可导, 则定义
$$\eta=\frac{\mathrm{E}Q}{\mathrm{E}P}=\frac{P}{Q(P)}\cdot Q'(P)$$

为该产品在价格为 P 时的需求价格弹性, 简称需求弹性. 故需求弹性 η 近似地表示在价格为 P 时, 价格变动 1%, 需求量将变化 $\eta\%$. 它反映产品需求量对价格变动反应的强烈程度(灵敏度).

一般地, 需求函数是单调递减函数, 需求量随价格的提高而减少(当 $\Delta P>0$ 时, $\Delta Q<0$), 故
$$Q'(P)=\lim_{\Delta P\to 0}\frac{\Delta Q}{\Delta P}<0,$$

需求弹性
$$\eta=\frac{\mathrm{E}Q}{\mathrm{E}P}=\frac{P}{Q(P)}\cdot Q'(P)<0,$$

所以, 需求弹性一般是负值. 这表明, 当商品的价格上涨(或下跌)1% 时, 其需求量将减少(或增加)约 $|\eta|\%$. 因此, 在经济学中, 比较商品需求弹性的大小, 是指比较弹性的绝对值 $|\eta|$. 我们说某商品的需求价格弹性大, 是指其绝对值大.

假设两种产品的需求函数分别为 $Q_1=15-P^2$, $Q_2=10\mathrm{e}^{-\frac{P}{4}}$, 如图 2.4-1 所示, 分别求出两种产品的需求弹性函数, 如图 2.4-2 所示.

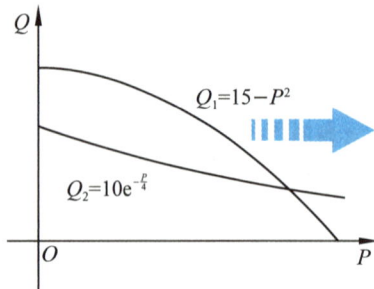

图 2.4-1 两种产品的需求函数图像

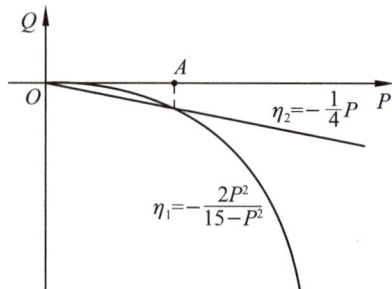

图 2.4-2 两种产品的需求弹性比较

从图 2.4-2 中可以比较出当两种产品价格变化时,对需求量所产生的影响.

案例 2.4.2 （产品的需求弹性）设某商品的需求函数为 $Q = e^{-\frac{P}{30}}$.

(1)求需求弹性函数;

(2)分别计算 $P = 21$,$P = 30$,$P = 45$ 时的需求弹性,并解释其经济意义.

解

$$(1)\eta = \frac{EQ}{EP} = \frac{P}{Q(P)} \cdot Q'(P) = \frac{P}{e^{-\frac{P}{30}}} \cdot \left(-\frac{1}{30}e^{-\frac{P}{30}}\right) = -\frac{P}{30};$$

$$(2)\eta(21) = -\frac{21}{30} = -0.7, \quad \eta(30) = -\frac{30}{30} = -1, \quad \eta(45) = -\frac{45}{30} = -1.5.$$

$|\eta(21)| = 0.7 < 1$,说明当 $P = 21$ 时,价格上涨(或下跌)1%,需求将减少(或增加) 0.7%. 即 $P = 21$ 时,需求变动的幅度小于价格变动的幅度.

$|\eta(30)| = 1$,说明当 $P = 30$ 时,价格上涨(或下跌)1%,需求将减少(或增加)1%. 即 $P = 30$ 时,需求变动的幅度与价格变动的幅度相等.

$|\eta(45)| = 1.5 > 1$,说明当 $P = 45$ 时,价格上涨(或下跌)1%,需求将减少(或增加) 1.5%. 即 $P = 45$ 时,需求变动的幅度大于价格变动的幅度.

视频讲解	学习笔记

2.4.3 供给弹性

定义 2.4.3 假设某商品供给函数 $S = S(P)$ 在 $P = P_0$ 处可导,则定义

$$\varepsilon = \frac{ES}{EP} = \frac{P}{S(P)} \cdot S'(P)$$

为该产品在价格为 P 时的供给弹性.

由于供给函数是单调递增函数,供给量随价格的提高而增加(当 $\Delta P > 0$ 时,$\Delta S > 0$),故

供给弹性 ε 近似地表示当价格为 P 时,价格上涨(或下跌)1%,供给量将增加(或减少)ε%.

案例 2.4.3 (产品的供给弹性)设某商品的供给函数为 $S = e^{\frac{P}{2}}$.

(1)求供给弹性函数;

(2)计算 $P = 3$ 时的供给弹性,并说明其经济意义.

解

$$(1)\varepsilon = \frac{ES}{EP} = \frac{P}{S(P)} \cdot S'(P) = \frac{P}{e^{\frac{P}{2}}} \cdot \left(\frac{1}{2}e^{\frac{P}{2}}\right) = \frac{P}{2};$$

$(2)\varepsilon(3) = \frac{3}{2} = 1.5$,说明当 $P = 3$ 时,价格上涨(下跌)1%,供给将增加(减少)1.5%.

$\varepsilon(3) = 1.5 > 1$,即当 $P = 3$ 时,供给变动的幅度大于价格变动的幅度.

习题 2.4

1. 求下列函数的边际函数与弹性函数.

$(1)x^2 e^{-x}$;　　　　　　　$(2)\dfrac{e^x}{x}$;　　　　　　　$(3)x^a e^{-b(x+c)}$.

2. 设某商品的需求函数为 $Q = e^{-\frac{P}{5}}$.

(1)求需求弹性函数;

(2)分别计算 $P = 3,5,6$ 时的需求弹性,并说明其经济意义.

3. 设某商品的需求函数为 $Q = f(P) = 12 - \dfrac{P}{2}$.

(1)求需求弹性函数;

(2)求 $P = 6$ 时的需求弹性;

(3)当 $P = 6$ 时,若价格上涨 1%,总收益增加还是减少? 将变化百分之几?

4. 设某商品的供给函数为 $S = 4 + 5P$,求供给弹性函数及 $P = 2$ 时的供给弹性.

5. 设某企业生产一种商品,年需求量 Q 是价格 P 的线性函数,$Q = a - bP$,其中 $a,b > 0$.

(1)求需求弹性函数;

(2)计算需求弹性等于 1 时的价格.

§2.5 函数的极值

2.5.1 利用导数判断函数的单调性

如果函数 $y = f(x)$ 在 (a,b) 内单调增加，那么它的图形是一条沿 x 轴正向上升的曲线．其上各点切线对 x 轴的倾斜角都是锐角，因此它们的斜率是正的，即 $f'(x) = \tan \alpha > 0$，如图 2.5-1 所示．

如果函数 $y = f(x)$ 在 (a,b) 内单调递减，那么它的图形是一条沿 x 轴正向下降的曲线．其上各点切线对 x 轴的倾斜角都是钝角，因此它们的斜率是负的，即 $f'(x) = \tan \alpha < 0$，如图 2.5-2 所示．

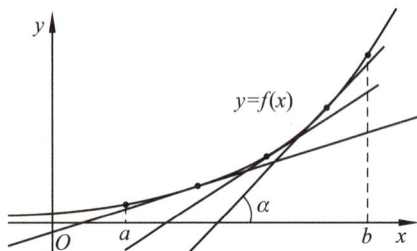

图 2.5-1　单调递增函数　　　　图 2.5-2　单调递减函数

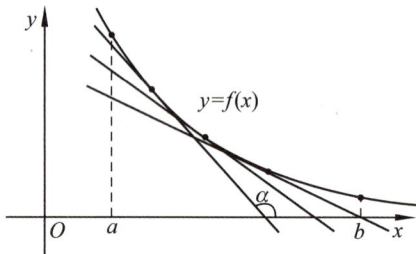

由此可见，可导函数的单调性与导数的符号有着密切的关系．

定理 2.5.1 设 $f(x)$ 在 (a,b) 内可导，则：

(1) $f(x)$ 在 $[a,b]$ 上单调递增的充分必要条件是 $f'(x) \geqslant 0$；

(2) $f(x)$ 在 $[a,b]$ 上单调递减的充分必要条件是 $f'(x) \leqslant 0$．

案例 2.5.1 （判断函数的单调性）讨论 $f(x) = 3x - x^3$ 的单调性．

解 因为

$$f'(x) = 3 - 3x^2 = 3(1-x)(1+x)，$$

令 $f'(x) = 0$，解得 $x_1 = -1, x_2 = 1$．

(1) 当 $-\infty < x < -1$ 时，$f'(x) < 0$，所以 $f(x)$ 在 $(-\infty, -1)$ 上单调递减；

(2) 当 $-1 < x < 1$ 时，$f'(x) > 0$，所以 $f(x)$ 在 $[-1, 1]$ 上单调递增；

(3) 当 $1 < x < +\infty$ 时，$f'(x) < 0$，所以 $f(x)$ 在 $(1, +\infty)$ 上单调递减．

函数图像如图 2.5-3 所示．

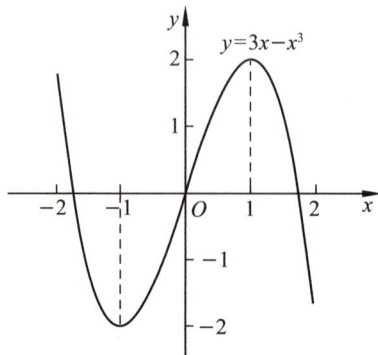

图 2.5-3　函数 $f(x) = 3x - x^3$ 的单调性

案例 2.5.2 （平均成本函数的单调性）已知某产品的平均成本函数为

$$\overline{C}(Q) = 4 + \frac{1}{5}Q + \frac{20}{Q} \quad (Q > 0),$$

试讨论其单调性.

解　因为

$$\overline{C}'(Q) = \frac{1}{5} - \frac{20}{Q^2},$$

令 $\overline{C}'(Q) > 0$，即 $\frac{1}{5} - \frac{20}{Q^2} > 0$，解得 $Q > 10$；

令 $\overline{C}'(Q) < 0$，即 $\frac{1}{5} - \frac{20}{Q^2} < 0$，解得 $0 < Q < 10$.

所以，当 $Q > 10$ 时，平均成本函数单调递增；当 $0 < Q < 10$ 时，平均成本函数单调递减.
函数图像如图 2.5-4 所示.

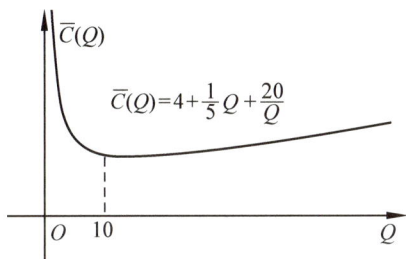

图 2.5-4　平均成本函数的单调性

2.5.2　函数的极值

1. 极值的定义

定义 2.5.1　设函数 $y = f(x)$ 在 x_0 的某一邻域内有定义，对于该邻域内异于 x_0 的任意点 x，如果恒有 $f(x) < f(x_0)$，则称 x_0 是函数的一个极大值点，$f(x_0)$ 是函数的一个极大值；如果在 x_0 的某一邻域内恒有 $f(x) > f(x_0)$，则称 x_0 是函数的一个极小值点，$f(x_0)$ 是函数的一个极小值.

函数的极大值和极小值统称为极值，极大值点和极小值点统称为极值点，如图 2.5-5 所示.

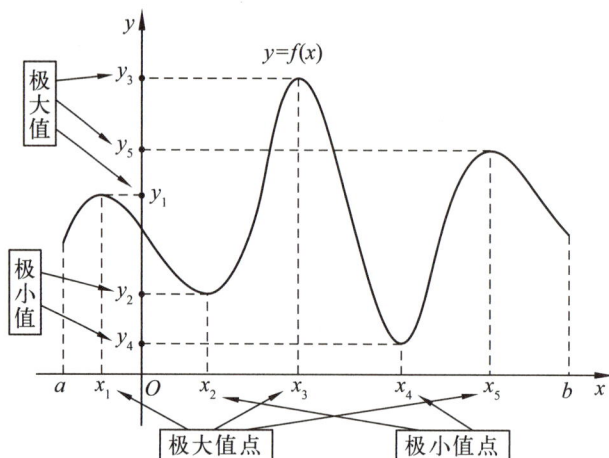

图 2.5-5　函数的极值和极值点

函数的极大值和极小值是一个局部性概念,如果 $f(x_0)$ 是函数 $f(x)$ 的一个极大值(极小值),那只是就 x_0 附近的一个局部范围来说,但就 $f(x)$ 的整个定义域来说,$f(x_0)$ 不一定是最大值(最小值).

视频讲解	学习笔记

2. 极值存在的必要条件

在函数取得极值处,如果曲线存在切线,那么切线一定是水平的,如图 2.5-6 所示.

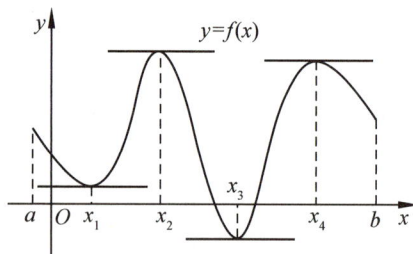

图 2.5-6　可导的极值点切线水平

定理 2.5.2　(极值存在的必要条件)设函数 $f(x)$ 在点 x_0 处可导,且在 x_0 处取得极值,那么 $f'(x_0)=0$.

定义 2.5.2　使一阶导数等于 0 的点 x_0 称为函数的驻点.

注意,$f'(x_0)=0$ 仅仅是函数在点 x_0 可导,且在点 x_0 取得极值的必要条件,而非充分条件.

例如,函数 $y=x^3$,函数在 $x=0$ 处可导,且一阶导数等于 0,但它不是极值点,如图 2.5-7 所示.

另外,函数的极值点也并不一定只在驻点处取得,有时候不可导点也有可能是函数的极值点.例如,函数 $y=|x|$,如图 2.5-8 所示.

在 $x=0$ 处,显然是函数的极小值点,但在 $x=0$ 处函数的导数不存在.

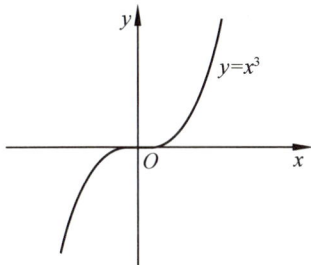

图 2.5-7　$f'(x_0)=0$ 但 $x=0$ 不是极值点　　**图 2.5-8　$x=0$ 不可导却是极小值点**

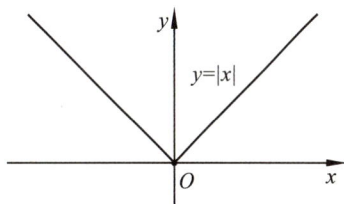

以上说明,要找函数的极值点,应当先找到函数的驻点和不可导点,因为这些点又不一定是极值点,所以应该用一定的方法来进一步确定这些点究竟是不是极值点.

3. 极值存在的充分条件

定理 2.5.3　(极值存在的第一充分条件)设函数 $f(x)$ 在点 x_0 的某个邻域 $U(x_0,\delta)$ 内连续,且可导.

(1)如果在 x_0 的左邻域 $(x_0-\delta,x_0)$ 内 $f'(x)>0$,在 x_0 的右邻域 $(x_0,x_0+\delta)$ 内 $f'(x)<0$,那么函数 $f(x)$ 在点 x_0 处取得极大值,如图 2.5-9(a)所示;

(2)如果在 x_0 的左邻域 $(x_0-\delta,x_0)$ 内 $f'(x)<0$,在 x_0 的右邻域 $(x_0,x_0+\delta)$ 内 $f'(x)>0$,那么函数 $f(x)$ 在点 x_0 处取得极小值,如图 2.5-9(b)所示;

(3)如果在 x_0 的某一邻域内 $f'(x_0)$ 正负值不发生变化,那么点 x_0 不是函数的极值点,如图 2.5-9(c)和图 2.5-9(d)所示.

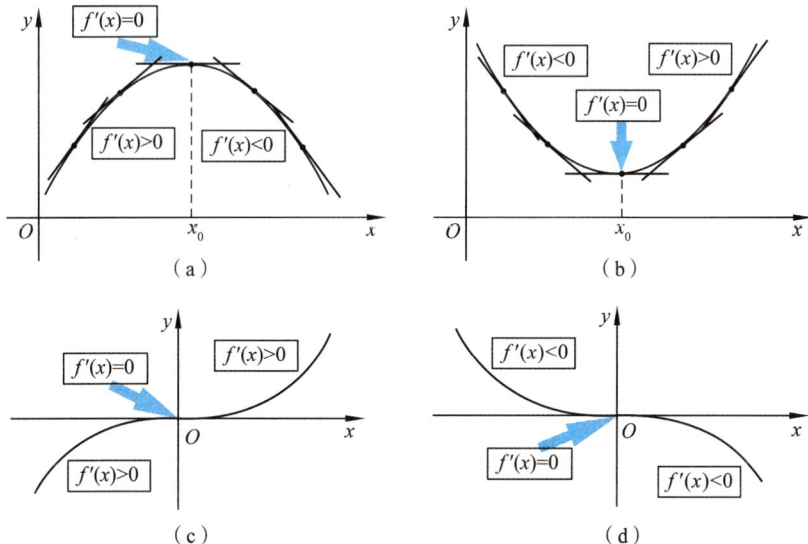

图 2.5-9　极值存在的第一充分条件示意图

案例 2.5.3 （用第一充分条件求极值）求函数 $f(x)=x^3-3x^2-9x+5$ 的极值.

解 $f'(x)=3x^2-6x-9=3(x+1)(x-3)$,

令 $f'(x)=0$,得驻点

$$x_1=-1, \quad x_2=3.$$

函数的极值判别,如表 2.5-1 所示.

表 2.5-1　函数 $f(x)=x^3-3x^2-9x+5$ 的极值判别表

x	$(-\infty,-1)$	-1	$(-1,3)$	3	$(3,+\infty)$
$f'(x)$	+	0	−	0	+
$f(x)$	↗	极大值	↘	极小值	↗

所以,函数的极大值为 $f(-1)=10$,极小值为 $f(3)=-22$,如图 2.5-10 所示.

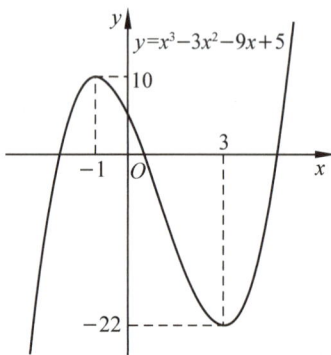

图 2.5-10　$f(x)=x^3-3x^2-9x+5$ 的极值

案例 2.5.4 （用第一充分条件求极值）求函数 $f(x)=1-(x-2)^{\frac{2}{3}}$ 的极值.

解 $$f'(x)=-\frac{2}{3}(x-2)^{-\frac{1}{3}}\ (x\neq 2).$$

很明显,函数在 $x=2$ 处导数不存在,但在该点连续,没有驻点.

当 $x<2$ 时,$f'(x)>0$;当 $x>2$ 时,$f'(x)<0$.由定理 2.5.3 可得,$x=2$ 是函数的极大值点,极大值为 $f(2)=1$,如图 2.5-11 所示.

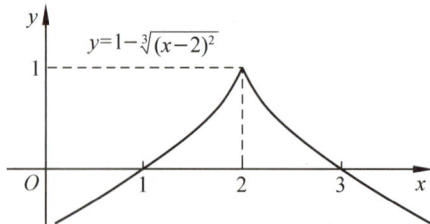

图 2.5-11　函数 $f(x)=1-(x-2)^{\frac{2}{3}}$ 的极值

定理 2.5.4 （极值存在的第二充分条件）设函数 $f(x)$ 在点 x_0 处具有二阶导数,且 $f'(x_0)=0$.

(1)当 $f''(x_0)<0$ 时,函数 $f(x)$ 在点 x_0 处取得极大值;

(2)当 $f''(x_0)>0$ 时,函数 $f(x)$ 在点 x_0 处取得极小值;

(3)当 $f''(x_0)=0$ 时,不能判断.

对于当 $f''(x_0)=0$ 时不能判断的情况,以 $y=x^4$,$y=-x^4$,$y=x^3$,$y=-x^3$ 为例,如图 2.5-12 所示.

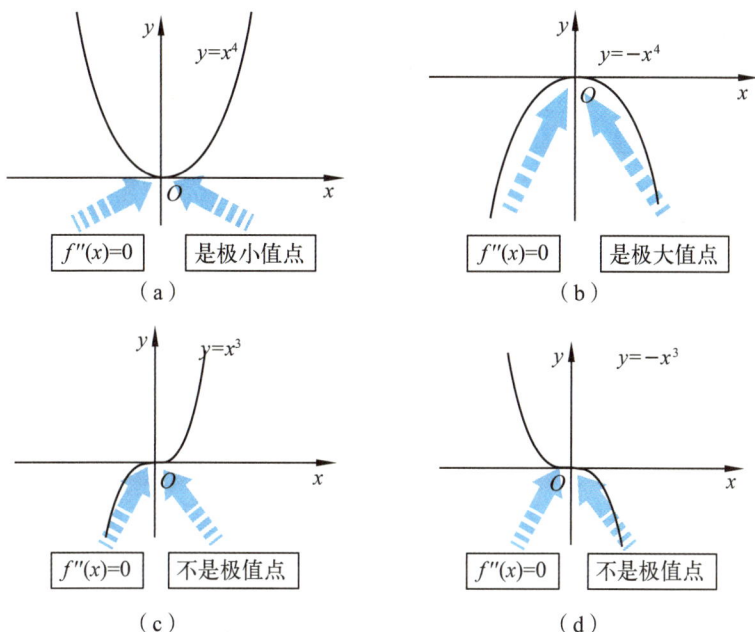

图 2.5-12　对于 $f''(x_0)=0$ 时极值的判断

案例 2.5.5　(用第二充分条件求极值)求函数 $f(x)=x^3+3x^2-24x-20$ 的极值.

解　$f'(x)=3x^2+6x-24=3(x+4)(x-2)$,

令 $f'(x)=0$,得驻点

$$x_1=-4,x_2=2,$$

因为　$f''(x)=6x+6$,

$f''(-4)=-18<0$,所以 $x=-4$ 是函数的极大值点,极大值为 $f(-4)=60$;

$f''(2)=18>0$,所以 $x=2$ 是函数的极小值点,极小值为 $f(2)=-48$.

函数图像如图 2.5-13 所示.

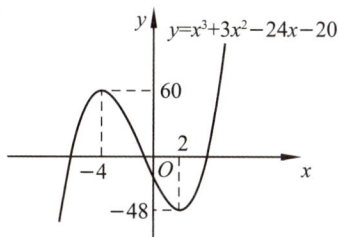

图 2.5-13　函数 $f(x)=x^3+3x^2-24x-20$ 的极值

第一充分条件和第二充分条件在使用的时候各有优缺点. 第一充分条件在使用时较为烦琐,但应用范围广,是一般方法;第二充分条件使用较为简单,但只能适用于驻点,对不可导点和二阶导数为 0 的点只能再用第一充分条件来判断.

视频讲解	学习笔记

习题 2.5

1. 判定函数 $f(x) = \arctan x - x$ 的单调性.

2. 确定下列函数的单调区间.

(1) $y = x^3 - 3x$;

(2) $y = 2x^3 - 9x^2 + 12x - 3$.

3. 求下列函数的极值.

(1) $f(x) = x - \ln(1+x)$;

(2) $f(x) = \dfrac{\ln^2 x}{x}$.

§2.6　最优化分析

引例 2.6.1　（最佳存款利息问题）某家银行，准备新设某种定期存款业务．假设存款量与利息成正比，经预测贷款投资的收益率为 r，那么存款利息定为多少时，才能收到最大的贷款纯收益？

银行的贷款纯收益等于贷款投资总收益减去储户银行存款利息．因为存款量与利息成正比，所以当存款利率增大时，可以提高存款量，从而增加贷款收益．但是，利率提高就意味着付给储户的利息提高．究竟应当把利率定为多少，才能使贷款纯收益最高，这是一个最优化问题，如图 2.6-1 所示．

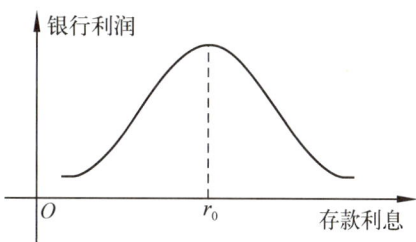

图 2.6-1　银行最佳存款利息

类似的问题还有如企业生产经营中何时利润最大、何时平均成本最低等，这类问题统称为最优化问题．在学习最优化问题之前，我们先学习有关最值的知识．

2.6.1　函数的最大值与最小值

我们在处理一些经济问题时，常常会遇到这样一类问题：在某种条件下，可以使"产量最多""用料最省""成本最低""效率最高"等．这类问题在数学上有时可归结为求某一函数（通常称为目标函数）的最大值或最小值问题．

设 $f(x)$ 为闭区间 $[a,b]$ 上的连续函数，由函数极值的讨论可知，$f(x)$ 的最大值、最小值只能在区间端点、驻点及不可导点处取得．因此，只需将上述特殊点的函数值进行比较，其中最大者就是 $f(x)$ 在 $[a,b]$ 上的最大值（记作 M），最小者就是 $f(x)$ 在 $[a,b]$ 上的最小值（记作 m）．

函数 $f(x)$ 在 $[a,b]$ 上的最大值和最小值的求法可分为以下几步．

(1) 求出函数在开区间 (a,b) 内所有驻点和不可导点的函数值；

(2) 求出 $f(a)$，$f(b)$ 的值；

(3) 把这些值进行比较，其中最大的为最大值，最小的为最小值．

当函数 $f(x)$ 在 (a,b) 内只有唯一驻点 x_0，并且 x_0 是函数 $f(x)$ 的极值点，那么，当 $f(x_0)$ 是极大（小）值时，$f(x_0)$ 也是 $f(x)$ 在 (a,b) 内的最大（小）值．

案例 2.6.1　（求函数的最值）求 $f(x)=x-x\sqrt{x}$ 在区间 $[0,4]$ 上的最大值与最小值．

解
$$f'(x)=1-\frac{3}{2}\sqrt{x},$$

令 $f'(x)=0$，得驻点 $x=\dfrac{4}{9}$，其函数值为 $f\left(\dfrac{4}{9}\right)=\dfrac{4}{27}$．

区间两个端点的函数值为
$$f(0)=0,f(4)=-4.$$

故函数 $f(x)$ 在 $[0,4]$ 上最大值 $f\left(\dfrac{4}{9}\right)=\dfrac{4}{27}$，最小值 $f(4)=-4$，如图 2.6-2 所示.

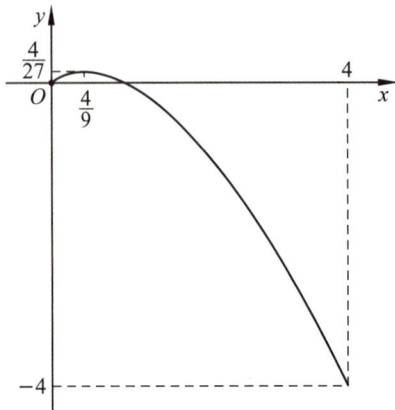

图 2.6-2 函数 $f(x)=x-x\sqrt{x}$ 的最值

2.6.2 最优化分析

在经济管理中，需要寻求企业的最小生产成本或制定获得最大利润的一系列价格策略等. 这些问题都可归结为求函数的最大值和最小值问题. 下面举例说明函数最值在经济上的应用.

1. 最小平均成本

案例 2.6.2（最小平均成本）某工厂生产某种产品，产量为 Q（件）时生产该种产品的成本函数（元）为

$$C(Q)=9\,000+40Q+0.001Q^2.$$

该厂生产多少件产品时，平均成本达到最小？求出其最小平均成本和相应的边际成本.

解 平均成本函数为

$$\overline{C}(Q)=\frac{C(Q)}{Q}=\frac{9\,000}{Q}+40+0.001Q,$$

$$\overline{C}'(Q)=-\frac{9\,000}{Q^2}+0.001,\quad \overline{C}''(Q)=\frac{18\,000}{Q^3}>0,$$

令 $\overline{C}'(Q)=0$，得 $Q=3\,000$，从而驻点唯一，又因为 $\overline{C}''(Q)>0$，故 $Q=3\,000$ 是区间 $(0,+\infty)$ 内的唯一极小值点. 当产量 $Q=3\,000$ 时，平均成本达到最小，且最小平均成本为

$$\overline{C}(3\,000)=46(\text{元/件}).$$

而边际成本函数为

$$C'(Q)=40+0.002Q,$$

故 $Q=3\,000$ 时，相应的边际成本为

$$C'(3\,000)=46(\text{元/件}).$$

显然，最小平均成本等于其相应的边际成本.

2. 最大利润

设总成本函数为 $C(Q)$，总收益函数为 $R(Q)$，其中 Q 为产量，则在假设产量和销量一致的情况下，总利润函数为

$$L(Q)=R(Q)-C(Q).$$

假设产量为 Q 时，利润达到最大，则由极值的必要条件和极值的第二充分条件，$L(Q)$ 必定满足

$$L'(Q)=R'(Q)-C'(Q)=0,$$
$$L''(Q)=R''(Q)-C''(Q)<0.$$

可见，当产量水平为 Q 时获得最大利润，边际收益等于边际成本，即

$$R'(Q)=C'(Q),$$

如图 2.6-3 所示.

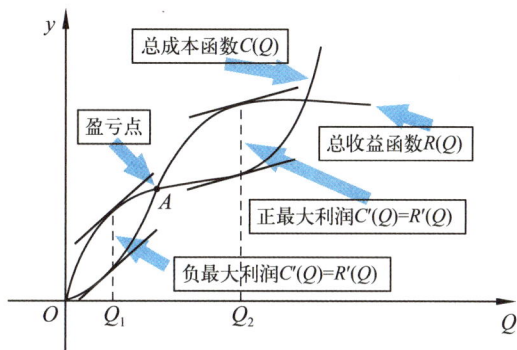

图 2.6-3 最大利润原则：边际收益等于边际成本

案例 2.6.3 （最大利润）某商家销售某种商品的价格（单位：万元/吨）满足关系 $P=7-0.2Q$，且 Q 为销售量（单位：吨），商品的成本函数为

$$C(Q)=3Q+1.$$

(1)若每销售 1 吨商品，应纳税额为 t（单位：万元），求该商家获得最大利润时的销售量；

(2)t 为何值时，总应纳税额最大？

解 (1)当该商品的销售量为 Q 时，商品销售总收入为

$$R=PQ=7Q-0.2Q^2.$$

设总应纳税额为 T，则有 $T=tQ$，且利润函数为

$$L=R-T-C=-0.2Q^2+(4-t)Q-1.$$

令 $L'=-0.4Q+(4-t)=0$，得驻点 $Q=\dfrac{5}{2}(4-t)$.

$L''=-0.4<0$，且驻点 $Q=\dfrac{5}{2}(4-t)$ 唯一，故 L 在 $Q=\dfrac{5}{2}(4-t)$ 时取得最大值. 即 $Q=\dfrac{5}{2}(4-t)$ 是使商家获得最大利润的销售量.

（2）由（1）的结果知，总应纳税额为

$$T = t \cdot Q = t \cdot \frac{5}{2}(4-t) = 10 - \frac{5}{2}(t-2)^2.$$

显然，当 $t=2$ 时，总应纳税额最大．但须指出的是，为了使商家在纳税的情况下仍能获得最大利润，就应使

$$Q = \frac{5}{2}(4-t) > 0,$$

即 t 满足 $0 < t < 4$，显然 $t=2$ 并未超出 t 的限制范围．

视频讲解	学习笔记

3. 最佳存款利息

案例 2.6.4　（最佳存款利息）引例 2.6.1 提出的问题.

解　设存款利率为 x，存款总额为 M，则由 M 与 x 成正比，得 $M = kx$（k 是大于 0 的常数）.

若贷款总额为 M，则银行的贷款收益为

$$Mr = krx.$$

这笔贷款要付给储户的利息为

$$Mx = kx^2.$$

银行的贷款纯收益为

$$f(x) = krx - kx^2.$$

令 $f'(x) = kr - 2kx = 0$，得 $x = \dfrac{r}{2}$．又因为 $f''(x) = -2k < 0$，且驻点 $x = \dfrac{r}{2}$ 唯一，故当存款利率为 $\dfrac{r}{2}$ 时，可贷款纯收益最高．

习题 2.6

1. 求下列函数的最大值和最小值.

（1）$f(x) = x^4 - 2x^2 + 5$　$(-2 \leqslant x \leqslant 2)$；

（2）$f(x) = x + \sqrt{1-x}$　$(-5 \leqslant x \leqslant 1)$.

2. 某工厂生产的某种产品，固定成本为 400 万元，每生产 1 件产品，成本增加 10 万元．设该产品产销平衡且产品的需求函数为

$$x = 1\,000 - 50p \quad (x \text{ 为产品产量}, p \text{ 为价格}).$$

该厂生产多少单位产品时，所获利润最大？最大利润是多少？

§2.7　边际分析中的近似计算

在经济问题中,我们不仅研究经济量的变化率,还常计算经济量的改变量.由于有时遇到的函数比较复杂,计算函数改变量的过程比较烦琐,所以我们希望找到一种比较简洁的计算方法,能较高精度地计算这些经济量的改变量,这就是我们下面要介绍的微分的知识.

微分是微分学中除导数以外的另一个重要概念,它提供了一种计算函数改变量近似值的简便方法.

2.7.1　微分的定义

引例 2.7.1　(面积改变量的近似计算)如图 2.7-1 所示,一个正方形金属薄片受温度影响,其边长由 x_0 变到 $x_0+\Delta x$.该金属薄片的面积大约改变了多少?

要求金属薄片面积改变量的近似值,可以先用函数改变量的定义式 $\Delta y=f(x_0+\Delta x)-f(x_0)$ 求其精确值,再分析如何更快捷地求其近似值.

设此金属薄片的边长为 x,面积为 A,则 A 是 x 的函数

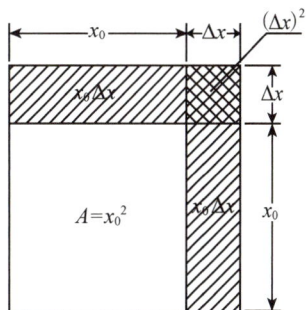

图 2.7-1　受热金属薄片面积改变量

$$A(x)=x^2.$$

正方形金属薄片面积的改变量,可以看作当自变量 x 自 x_0 取得增量 Δx 时,函数 A 相应的增量 ΔA,即

$$\Delta A=(x_0+\Delta x)^2-x_0^2=2x_0\Delta x+(\Delta x)^2.$$

从上式可以看出,ΔA 分成两部分.第一部分是 $2x_0\Delta x=A'(x_0)\Delta x$,是 Δx 的线性函数,在图 2.7-1 中对应带有斜线的两个矩形面积之和;第二部分是 $(\Delta x)^2$,在图 2.7-1 中是带有交叉斜线的小正方形的面积.

当 $\Delta x\to 0$ 时,第二部分 $(\Delta x)^2$ 比第一部分 $2x_0\Delta x=A'(x_0)\Delta x$ 小得多.由此可见,如果 $|\Delta x|$ 很小,金属薄片面积的改变量 ΔA 可近似地用第一部分来代替,即

$$\Delta A\approx A'(x_0)\Delta x.$$

拓展到一般情况可知,求这类近似值问题的总体思路为:若已知某一函数 $y=f(x)$ 在点 x 有改变量 Δx,求 y 的相应改变量 Δy.只要 $f'(x)$ 存在,则

$$\Delta y\approx f'(x)\Delta x\quad(\Delta x\to 0).$$

上式的右边即我们通常定义的微分.

定义 2.7.1　一般地,如果函数 $y=f(x)$ 在点 x_0 处导数 $f'(x_0)$ 存在,则称 $f'(x_0)\Delta x$ 为函数在点 x_0 处的微分,记为 $\mathrm{d}y$,即

$$\mathrm{d}y=f'(x_0)\Delta x.$$

通常,把自变量 x 的改变量 Δx 称为自变量的微分,记作 $\mathrm{d}x$,即 $\mathrm{d}x=\Delta x$.于是,函数在点 x_0 处的微分一般记为

$$\mathrm{d}y = f'(x_0)\mathrm{d}x.$$

如果函数 $y = f(x)$ 在区间 (a,b) 内任意一点 x 的微分都存在，则称该函数在区间 (a,b) 内可微，记作

$$\mathrm{d}y = f'(x)\mathrm{d}x.$$

从微分的定义可以看出，导数就是 y 和 x 两个变量微分的商，即

$$f'(x) = \frac{\mathrm{d}y}{\mathrm{d}x}.$$

对于可导函数 $y = f(x)$，当 $|\Delta x|$ 很小时，微分是计算函数改变量 Δy 近似值的简便算法。用 $\mathrm{d}y$ 近似代替 Δy 有两个优点：一是 $\mathrm{d}y$ 是 Δx 的线性函数，这保证了微分计算的简便性；二是 $\mathrm{d}y$ 与 Δy 相差很小，这保证了用微分计算函数改变量的近似程度高。

对于微分学中的两个概念"导数"和"微分"，大家要理解它们的不同和联系。导数概念能反映函数相对于自变量的变化快慢程度，用来研究函数的变化率问题；而微分概念能表现自变量发生微小变化时，相应的函数改变了多少，用来研究函数的改变量问题。导数和微分是不同的两个概念，但是它们之间又有密切的联系，函数的微分可以借助函数的导数进行计算。

2.7.2 微分的计算

要学会利用函数的微分进行近似计算，前提是必须熟悉函数微分的计算方法。根据上述微分的定义，求函数的微分，可先求该函数的导数，然后按定义写出微分即可。

案例 2.7.1 （函数的微分）求函数 $y = \ln x^2$ 的微分。

解 因为

$$f'(x) = \frac{2x}{x^2} = \frac{2}{x},$$

所以

$$\mathrm{d}y = \frac{2}{x}\mathrm{d}x.$$

案例 2.7.2 （函数在一点处的微分）求函数 $y = \mathrm{e}^x \sin^2 x$ 在点 $x = \frac{\pi}{4}$ 处的微分。

解 因为

$$y' = \mathrm{e}^x \sin^2 x + \mathrm{e}^x (2\sin x \cos x) = \mathrm{e}^x (\sin^2 x + \sin 2x),$$

且

$$y'|_{x = \frac{\pi}{4}} = \mathrm{e}^{\frac{\pi}{4}} \left(\sin^2 \frac{\pi}{4} + \sin \frac{\pi}{2} \right) = \frac{3}{2}\mathrm{e}^{\frac{\pi}{4}},$$

所以

$$\mathrm{d}y|_{x = \frac{\pi}{4}} = y'|_{x = \frac{\pi}{4}} \mathrm{d}x = \left(\frac{3}{2}\mathrm{e}^{\frac{\pi}{4}} \right)\mathrm{d}x.$$

2.7.3 微分在近似计算中的应用

当自变量的改变量趋于 0 时，可用微分近似代替函数的改变量，且这种近似计算比较简便。因此，微分公式被广泛应用于计算函数改变量的近似值。

如果 $y = f(x)$ 在点 x_0 处的导数 $f'(x_0) \neq 0$，且 $|\Delta x|$ 很小时。

公式 1：

$$\Delta y \approx \mathrm{d}y = f'(x_0)\Delta x.$$

这个公式也可以写为

$$\Delta y = f(x_0 + \Delta x) - f(x_0) \approx f'(x_0)\Delta x,$$

或

$$f(x_0 + \Delta x) \approx f(x_0) + f'(x_0)\Delta x.$$

令 $x = x_0 + \Delta x$,即 $\Delta x = x - x_0$,则有

公式 2：

$$f(x) = f(x_0 + \Delta x) \approx f(x_0) + f'(x_0)(x - x_0).$$

如果 $f(x_0)$ 与 $f'(x_0)$ 都容易计算,那么,可利用公式 1 来近似计算 Δy,利用公式 2 来近似计算 $f(x)$.

案例 2.7.3　(月收入的增加量)某公司开发新型的软件程序,若 x 为公司 1 个月的产量(单位:套),则收入函数为 $R(x) = 3\,600x - 5x^2$(单位:元). 如果该公司 2020 年 12 月的产量从 250 套增加到 260 套,请估计该公司 12 月的收入增加了多少.

解　该公司 12 月产量的增加量为 $\Delta x = 260 - 250 = 10$(套),用 $\mathrm{d}R$ 来估计 12 月收入的增加量

$$\Delta R \approx \mathrm{d}R = (3\,600x - 5x^2)'\Delta x\big|_{x=250,\Delta x=10} = (3\,600 - 10x)\Delta x\big|_{x=250,\Delta x=10} = 11\,000(元).$$

即该公司 2020 年 12 月的收入大约增加了 11 000 元.

案例 2.7.4　(国民经济消费量)设某国国民经济消费模型为

$$y = 100 + 4x + 0.1\sqrt{x}.$$

其中,y 为国民经济总消费(单位:亿元),x 为可支配收入(单位:亿元). 当 $x = 100.05$ 时,国民经济总消费是多少?

解　令 $x_0 = 100$,$\Delta x = 0.05$. 因为 Δx 相对于 x_0 较小,由公式 2 得

$$f(x) = f(x_0 + \Delta x) \approx f(x_0) + f'(x_0)(x - x_0)$$

$$= (100 + 4 \times 100 + 0.1 \times \sqrt{100}) + (100 + 4x + 0.1\sqrt{x})'\big|_{x=100} \cdot \Delta x$$

$$= 501 + \left(4 + \frac{0.1}{2\sqrt{x}}\right)\bigg|_{x=100} \times 0.05 = 501.200\,25(亿元).$$

🖊 习题 2.7

1.将适当的函数填入下列括号内,使等式成立.

(1)$\mathrm{d}(\qquad) = 4\mathrm{d}x$;　　　　　　　(2)$\mathrm{d}(\qquad) = \sin t\,\mathrm{d}t$;

(3)$\mathrm{d}(\qquad) = -\dfrac{2}{x^2}\mathrm{d}x$;　　　　　(4)$\mathrm{d}(\qquad) = \dfrac{1}{x}\mathrm{d}x$;

(5)$\mathrm{d}(\qquad) = \mathrm{e}^{-x}\mathrm{d}x$;　　　　　(6)$\mathrm{d}(\qquad) = \sec^2 2t\,\mathrm{d}t$;

(7)$\mathrm{d}(\qquad) = \dfrac{1}{\sqrt{x}}\mathrm{d}x$;　　　　　(8)$\mathrm{d}(\qquad) = \dfrac{1}{\sqrt{1-x^2}}\mathrm{d}x$.

2.求下列函数的微分.

(1)$y = x^2\cos 2x$;　　　　　　　(2)$y = \tan^2(1 + 3x^2)$.

3.半径为 10 cm 的实心金属球受热后,半径伸长了 0.05 cm,求金属球体积增大的近似值.

 **思政课堂**

	突出贡献	视频微课
 陈景润	1933－1996,中国数学家.他在短期任中学教师后调入厦门大学任资料员,同时研究数论.1956 年调入中国科学院数学研究所,主要研究解析数论.1966 年发表《大偶数表为一个素数及一个不超过二个素数的乘积之和》,成为哥德巴赫猜想研究上的里程碑.著有《初等数论》等.	

 **数学与生活**

扫描二维码,获取"建模案例:网课销售模型"的相关内容.

建模案例	学习笔记
	_____ _____ _____

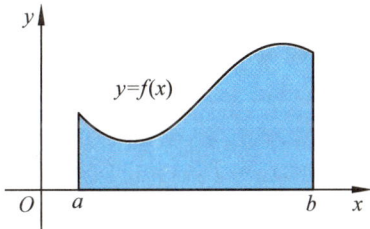

第3章　积分及其经济应用

定积分和不定积分是微积分的内容,同时也是解决经济问题的重要方法和工具,在经济学中有着广泛的应用.本章主要介绍定积分和不定积分的原理、使用及处理经济问题的原则和方法.

§3.1　定积分的概念

3.1.1　定积分概念的引例

引例 3.1.1　（曲边梯形的面积）设 $y = f(x)$ 是在 $[a, b]$ 上的连续非负函数,由直线 $x = a$,$x = b$,x 轴及曲线 $y = f(x)$ 所围成的图形,称为曲边梯形,如图 3.1-1 所示.

下面以 $y = x^2$ 在区间 $[-1, 2]$ 上围成的曲边梯形为例来讨论其面积的求法,如图 3.1-2 所示.

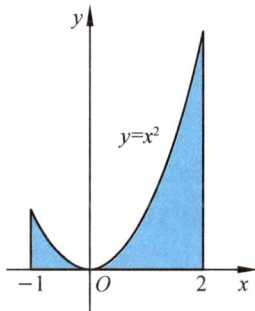

图 3.1-1　曲边梯形

图 3.1-2　$y = x^2$ 在区间 $[-1, 2]$ 上围成的曲边梯形

曲边梯形的一边是沿 $y = x^2$ 不断变化的,但在很小的一段区间上它的变化不大.如果把区间 $[-1, 2]$ 划分为许多个小区间,那么曲边梯形也相应地被划分成许多小曲边梯形.在每一个小区间上用其中某一点的函数值来代替同一区间上曲边梯形的所有边长,则每个小曲边梯形也就近似看作小矩形.我们可以把所有小矩形的面积之和作为曲边梯形面积的近似值,且当把区间无限细分下去的时候,所有小矩形面积之和的极限就是我们要求的曲边梯形的面积,如图 3.1-3 所示.

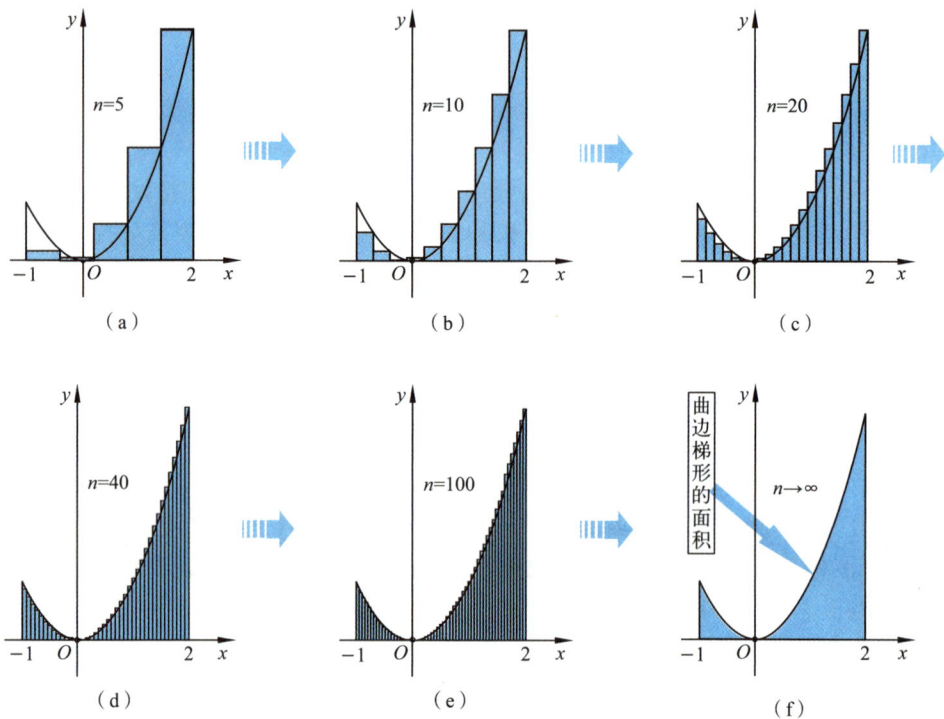

图 3.1-3　曲边梯形面积的计算

引例 3.1.2　（某时间间隔内的产品数量）已知产品总产量在任意时刻 t 的变化率 $Q = Q(t)$，我们来考虑在时间段 $[T_1, T_2]$ 上产品的产量 X.

先在 $[T_1, T_2]$ 内任意插入若干个分点

$$T_1 = t_0 < t_1 < t_2 < \cdots < t_{n-1} < t_n = T_2,$$

再把 $[T_1, T_2]$ 分成 n 个小区间

$$[t_0, t_1], [t_1, t_2], \cdots, [t_{n-1}, t_n],$$

各小段的时长依次为

$$\Delta t_1 = t_1 - t_0, \quad \Delta t_2 = t_2 - t_1, \quad \cdots, \quad \Delta t_n = t_n - t_{n-1}.$$

在每个小区间 $[t_{i-1}, t_i]$ 上任取一点 ξ_i，我们假定在这个小的时间间隔内，产品产量的变化率是不变的，即 $Q = Q(\xi_i)$，则在该时间段内产品的产量为

$$\Delta Q_i = Q(\xi_i) \cdot \Delta t_i.$$

设相应各时间段的产品产量为

$$\Delta Q_1, \Delta Q_2, \Delta Q_3, \cdots, \Delta Q_n,$$

进一步得到在 $[T_1, T_2]$ 内的产品总量为

$$X \approx Q(\xi_1) \cdot \Delta t_1 + Q(\xi_2) \cdot \Delta t_2 + \cdots + Q(\xi_n) \cdot \Delta t_n = \sum_{i=1}^{n} Q(\xi_i) \cdot \Delta t_i.$$

令 $\lambda = \max\{\Delta t_1, \Delta t_2, \cdots, \Delta t_n\}$，当 $\lambda \to 0$ 时，得

$$X = \lim_{\lambda \to 0} \sum_{i=1}^{n} Q(\xi_i) \cdot \Delta t_i.$$

3.1.2　定积分的定义

定义 3.1.1　设函数 $f(x)$ 在 $[a,b]$ 上有界,把 $[a,b]$ 分成 n 个小区间,即 $[x_0,x_1]$, $[x_1,x_2]$,$\cdots$,$[x_{n-1},x_n]$ $(a=x_0,b=x_n)$,并设 $[x_{i-1},x_i]$ 的区间长度为 $\Delta x_i=x_i-x_{i-1}$,在每个小区间 $[x_{i-1},x_i]$ 上任取一点 $\xi_i(x_{i-1}\leqslant\xi_i\leqslant x_i)$,作函数值 $f(\xi_i)$ 与小区间长度 Δx_i 的乘积,并求出乘积之和 $S=\sum\limits_{i=1}^{n}f(\xi_i)\cdot\Delta x_i$.

记 $\lambda=\max\{\Delta x_1,\Delta x_2,\cdots,\Delta x_n\}$,当 $\lambda\to 0$ 时,S 总趋于确定的极限 I,这时我们称函数 $f(x)$ 在 $[a,b]$ 上**可积**,这个极限 I 为函数 $f(x)$ 在区间 $[a,b]$ 上的**定积分**(简称积分),记作
$$\int_a^b f(x)\,\mathrm{d}x,$$
即
$$\int_a^b f(x)\,\mathrm{d}x=I=\lim_{\lambda\to 0}\sum_{i=1}^{n}f(\xi_i)\cdot\Delta x_i,$$
读作"函数 $f(x)$ 从 a 到 b 的定积分".

定积分各部分的名称,如图 3.1-4 所示.

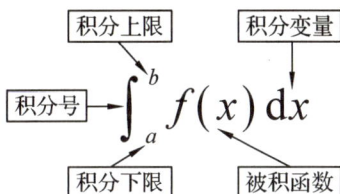

图 3.1-4　定积分各部分的名称

应当注意的是,定积分与积分变量用什么字母表示无关,即
$$\int_a^b f(x)\,\mathrm{d}x=\int_a^b f(t)\,\mathrm{d}t=\int_a^b f(u)\,\mathrm{d}u.$$

视频讲解	学习笔记

案例 3.1.1　(产品的总产量)设某企业的某种产品总产量 Q 的年增长率为 $Q'=2t+7$.求第一个 5 年和第二个 5 年的总产量各为多少.

解　设总产量为 Q,根据定积分的概念,第一个 5 年的总产量为
$$Q_1=\int_0^5(2t+7)\,\mathrm{d}t=60,$$
第二个 5 年的总产量为
$$Q_2=\int_5^{10}(2t+7)\,\mathrm{d}t=110,$$

函数图像如图 3.1-5 所示.

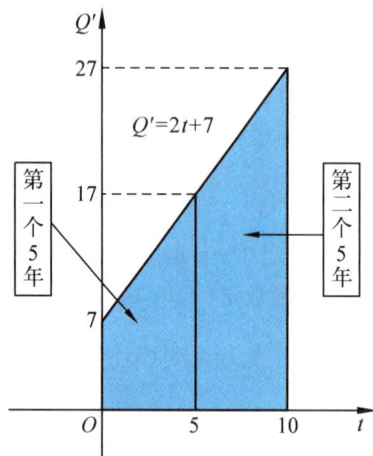

图 3.1-5　产品在两个 5 年的总产量

案例 3.1.2　（追加成本）生产某产品的边际成本为 $C'(x)=150-0.2x$. 当产量由 200 增加到 300 时,需要追加多少成本?

解　设产量由 200 增加到 300 时,追加的成本为 C. 根据定积分的概念,有

$$C=\int_{200}^{300}(150-0.2x)\,\mathrm{d}x.$$

3.1.3　定积分的几何意义

(1)由定积分的定义,当 $f(x)\geqslant 0$ 时,定积分 $\int_a^b f(x)\,\mathrm{d}x$ 表示曲线 $y=f(x)$,直线 $x=a$,$x=b(a<b)$ 及 x 轴所围成的曲边梯形的面积.

特别地,若在区间 $[a,b]$ 上,$f(x)\equiv 1$,从几何上看,$\int_a^b f(x)\,\mathrm{d}x$ 表示以区间 $[a,b]$ 为底、高为 1 的矩形的面积,即 $\int_a^b f(x)\,\mathrm{d}x=\int_a^b \mathrm{d}x=b-a$,如图 3.1-6 所示.

(2) 当 $f(x)<0$,曲线 $y=f(x)$,直线 $x=a$,$x=b(a<b)$ 及 x 轴所围成的曲边梯形,如图 3.1-7 所示.此时 $\int_a^b f(x)\,\mathrm{d}x\leqslant 0$,所以 $\int_a^b f(x)\,\mathrm{d}x$ 表示曲边梯形面积的相反数.

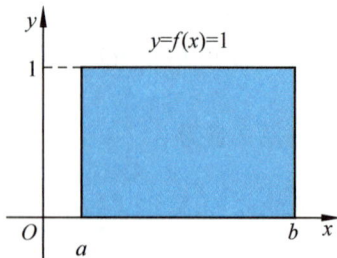

图 3.1-6　$f(x)\equiv 1$ 时定积分的几何意义

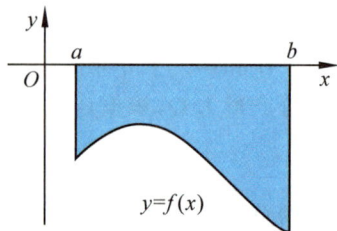

图 3.1-7　$f(x)<0$ 时定积分的几何意义

（3）当 $f(x)$ 有时正有时负时,定积分 $\int_a^b f(x)\,\mathrm{d}x$ 表示曲边梯形的面积的代数和,如图 3.1-8 所示.

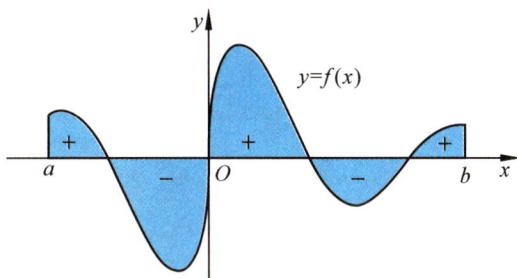

图 3.1-8　一般情形下定积分的几何意义

3.1.4　定积分的性质

为方便定积分计算及应用,作如下补充规定.

（1）当 $a=b$ 时,$\int_a^b f(x)\,\mathrm{d}x=0$;

（2）当 $a>b$ 时,$\int_a^b f(x)\,\mathrm{d}x=-\int_b^a f(x)\,\mathrm{d}x$.

性质 3.1.1　（和与差）函数和（差）的定积分等于它们的定积分的和（差）,即
$$\int_a^b [f(x)\pm g(x)]\,\mathrm{d}x=\int_a^b f(x)\,\mathrm{d}x\pm\int_a^b g(x)\,\mathrm{d}x.$$

由此可得:
$$\int_a^b [f_1(x)+f_2(x)+\cdots+f_n(x)]\,\mathrm{d}x$$
$$=\int_a^b f_1(x)\,\mathrm{d}x+\int_a^b f_2(x)\,\mathrm{d}x+\cdots+\int_a^b f_n(x)\,\mathrm{d}x.$$

性质 3.1.2　（常倍数）被积函数的常数可以提到积分号外面,即
$$\int_a^b kf(x)\,\mathrm{d}x=k\int_a^b f(x)\,\mathrm{d}x \quad (k\text{ 是常数}).$$

性质 3.1.3　（积分区间的可加性）如果将积分区间 $[a,b]$ 分成 $[a,c]$ 和 $[c,b]$ 两部分,则在整个区间上的定积分等于这两个区间上的定积分之和,如图 3.1-9 所示.

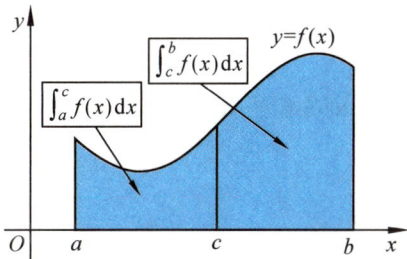

图 3.1-9　定积分的性质之积分区间的可加性

设 $a < c < b$，则
$$\int_a^b f(x)\,\mathrm{d}x = \int_a^c f(x)\,\mathrm{d}x + \int_c^b f(x)\,\mathrm{d}x.$$

应当注意的是，若 c 不是介于 a 与 b 之间，结论仍然成立. 比如设 $a < b < c$ 时，有
$$\int_a^b f(x)\,\mathrm{d}x + \int_b^c f(x)\,\mathrm{d}x = \int_a^c f(x)\,\mathrm{d}x,$$

所以
$$\int_a^b f(x)\,\mathrm{d}x = \int_a^c f(x)\,\mathrm{d}x - \int_b^c f(x)\,\mathrm{d}x$$
$$= \int_a^c f(x)\,\mathrm{d}x + \int_c^b f(x)\,\mathrm{d}x.$$

性质 3.1.4 （比较性质）如果在 $[a,b]$ 上，$f(x) \leqslant g(x)$，则
$$\int_a^b f(x)\,\mathrm{d}x \leqslant \int_a^b g(x)\,\mathrm{d}x \quad (a < b).$$

函数图像如图 3.1-10 所示.

性质 3.1.5 （估值定理）设 M 与 m 分别是函数 $f(x)$ 在 $[a,b]$ 上的最大值及最小值，则
$$m(b-a) \leqslant \int_a^b f(x)\,\mathrm{d}x \leqslant M(b-a) \quad (a < b).$$

函数图像如图 3.1-11 所示.

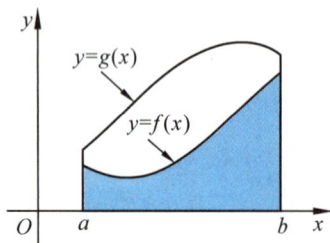

图 3.1-10　定积分的性质之比较大小

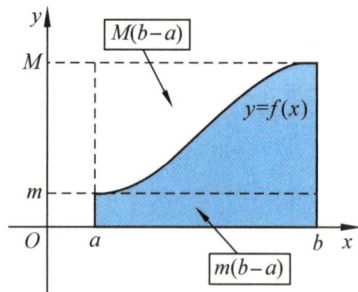

图 3.1-11　定积分的性质之估值定理

习题 3.1

1. 利用定积分的几何意义，说明下列等式成立.

(1) $\int_0^2 x\,\mathrm{d}x = 2$；　　　　　　(2) $\int_{-\frac{\pi}{2}}^{\frac{\pi}{2}} \sin x\,\mathrm{d}x = 0$.

2. 利用估值定理估计下列积分的值.

(1) $\int_{\frac{\pi}{4}}^{\frac{5}{4}\pi} (1 + \sin^2 x)\,\mathrm{d}x$；　　　　(2) $\int_{-\frac{\sqrt{2}}{2}}^{\frac{\sqrt{2}}{2}} \mathrm{e}^{-x^2}\,\mathrm{d}x$.

3. 利用定积分的性质比较下列各组积分值的大小.

(1) $\int_1^2 \ln\,\mathrm{d}x$ 与 $\int_1^2 (\ln x)^4\,\mathrm{d}x$；　　(2) $\int_5^7 \ln x\,\mathrm{d}x$ 与 $\int_5^7 (\ln x)^4\,\mathrm{d}x$.

§3.2　微积分的基本公式

定积分是一种和式的极限,用定义计算定积分十分烦琐.本节主要通过引入原函数与不定积分的概念,介绍一种计算定积分的简便方法.

3.2.1　原函数与不定积分的概念

引例 3.2.1　(已知边际收益函数,求收益函数)设某产品的边际收益函数为 $R'(Q)=10-0.02Q$.试求收益函数.

解　因为
$$(10Q-0.01Q^2+C)'=10-0.02Q \quad (C \text{ 为任意常数}),$$
所以收益函数为
$$R=10Q-0.01Q^2+C.$$
又因为当 $Q=0$ 时,$R=0$,代入上式得 $C=0$,
所以
$$R=10Q-0.01Q^2.$$

引例 3.2.2　(已知总成本的变化率,求总成本)生产某仪器的总成本 C(单位:万元)的变化率是产量 Q(单位:台)的函数,$C'(Q)=6+\dfrac{Q}{3}$,且 $C(0)=6$.求 $C(Q)$.

解　因为
$$\left(6Q+\frac{1}{6}Q^2+C\right)'=6+\frac{Q}{3} \quad (C \text{ 为任意常数}),$$
所以
$$C(Q)=6Q+\frac{1}{6}Q^2+C.$$

又因为 $C(0)=6$,代入上式得 $C=6$,
所以
$$C(Q)=6Q+\frac{1}{6}Q^2+6.$$

定义 3.2.1　设 $f(x)$ 是定义在区间 I 上的一个函数,如果对任意 $x\in I$,都有
$$F'(x)=f(x) \text{ 或 } \mathrm{d}F(x)=f(x)\mathrm{d}x,$$
则称 $F(x)$ 为 $f(x)$ 在区间 I 上的一个 原函数.

例如,$(\sin x)'=\cos x$,即 $\sin x$ 是 $\cos x$ 的一个原函数,同时,$\sin x+1$ 也是 $\cos x$ 的一个原函数;$(\ln x)'=\dfrac{1}{x}$,即 $\ln x$ 是 $\dfrac{1}{x}$ 的一个原函数,$\ln x-3$ 也是 $\dfrac{1}{x}$ 的一个原函数.因此,如果 $f(x)$ 有一个原函数,则 $f(x)$ 就有无穷多个原函数.

设 $F(x)$ 是 $f(x)$ 的一个原函数,则 $(F(x)+C)'=f(x)$,即 $F(x)+C$ 也为 $f(x)$ 的原函数,其中 C 为任意常数.$F(x)+C$ 可表示 $f(x)$ 的任意一个原函数.

定义 3.2.2 在区间 I 上，$F(x)$ 是 $f(x)$ 的原函数，则 $f(x)$ 的带有任意常数项的原函数 $F(x)+C$，称为 $f(x)$ 在区间 I 上的**不定积分**，记为 $\int f(x)\,\mathrm{d}x$. 不定积分各部分的名称，如图 3.2-1 所示.

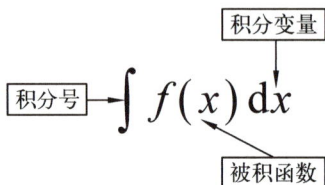

图 3.2-1 不定积分各部分的名称

如果 $F(x)$ 为 $f(x)$ 的一个原函数，则

$$\int f(x)\,\mathrm{d}x = F(x)+C \quad (C \text{ 为任意常数}).$$

案例 3.2.1 （求不定积分）求 $\int x^2\,\mathrm{d}x$.

解 因为 $\left(\dfrac{x^3}{3}\right)' = x^2$，所以

$$\int x^2\,\mathrm{d}x = \frac{x^3}{3} + C.$$

案例 3.2.2 （求不定积分）求 $\int x^2\sqrt{x}\,\mathrm{d}x$.

解 因为 $x^2\sqrt{x} = x^{\frac{5}{2}}$，而 $\left(\dfrac{2}{7}x^{\frac{7}{2}}\right)' = x^{\frac{5}{2}}$，所以

$$\int x^2\sqrt{x}\,\mathrm{d}x = \int x^{\frac{5}{2}}\,\mathrm{d}x = \frac{2}{7}x^{\frac{7}{2}} + C.$$

由此可得

$$\int x^\mu\,\mathrm{d}x = \frac{x^{\mu+1}}{\mu+1} + C \quad (\mu \neq -1).$$

案例 3.2.3 （求不定积分）求 $\int \dfrac{1}{x}\,\mathrm{d}x$.

解 因为当 $x>0$ 时，

$$(\ln x)' = \frac{1}{x},$$

当 $x<0$ 时，

$$[\ln(-x)]' = \frac{1}{-x}(-x)' = \frac{1}{x},$$

所以

$$(\ln|x|)' = \frac{1}{x}.$$

因此有

$$\int \frac{1}{x} \mathrm{d}x = \ln|x| + C.$$

案例 3.2.4　(求不定积分)已知某产品产量对时间的变化率是时间 t 的函数

$$q(t) = Q'(t) = \frac{1}{4}t + 10,$$

且 $Q(0) = 0$,求 $Q(t)$.

解　因为

$$\left(\frac{1}{8}t^2 + 10t\right)' = \frac{1}{4}t + 10,$$

所以 $\frac{1}{8}t^2 + 10t$ 是 $q(t)$ 的一个原函数.

由此可得

$$Q(t) = \int \left(\frac{1}{4}t + 10\right)\mathrm{d}t = \frac{1}{8}t^2 + 10t + C,$$

将 $Q(0) = 0$ 代入上式得 $C = 0$,
所以

$$Q(t) = \frac{1}{8}t^2 + 10t.$$

3.2.2　不定积分的几何意义与性质

不定积分表示的是一族函数.从几何上看,它们代表一族曲线,称为被积函数 $f(x)$ 的**积分曲线族**.其中任何一条曲线都可以由某一条积分曲线沿 y 轴方向向上或向下平移得到;在积分曲线族上横坐标相同的点 x_0 处作切线,这些切线都是平行的,其斜率均为 $f(x_0)$($F(x)$ 是 $f(x)$ 的原函数),如图 3.2-2 所示.

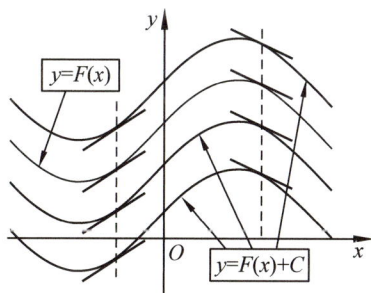

图 3.2-2　不定积分的几何意义

根据原函数和不定积分的概念,可得不定积分的如下几个性质.

性质 3.2.1　$\int kf(x)\mathrm{d}x = k\int f(x)\mathrm{d}x$　(k 为常数,$k \neq 0$).

性质 3.2.2　$\int [f(x) \pm g(x)]\mathrm{d}x = \int f(x)\mathrm{d}x \pm \int g(x)\mathrm{d}x.$

性质 3.2.3 $\int F'(x)\,\mathrm{d}x = F(x) + C.$

性质 3.2.4 $\dfrac{\mathrm{d}}{\mathrm{d}x}\int f(x)\,\mathrm{d}x = f(x).$

3.2.3 基本积分表

不定积分基本积分表,如表 3.2-1 所示.

表 3.2-1 不定积分基本积分表

序号	不定积分	相对应的导数公式
1	$\int k\,\mathrm{d}x = kx + C\,(k\ 为常数)$	$(kx)' = k$
2	$\int x^{\mu}\,\mathrm{d}x = \dfrac{x^{\mu+1}}{\mu+1} + C\,(\mu \neq -1)$	$\left(\dfrac{x^{\mu+1}}{\mu+1}\right)' = x^{\mu}$
3	$\int \dfrac{\mathrm{d}x}{x} = \ln|x| + C$	$(\ln x)' = \dfrac{1}{x}\,(x>0)$；$[\ln(-x)]' = \dfrac{1}{x}\,(x<0)$
4	$\int \dfrac{\mathrm{d}x}{1+x^2} = \arctan x + C$	$(\arctan x)' = \dfrac{1}{1+x^2}$
5	$\int \dfrac{\mathrm{d}x}{\sqrt{1-x^2}} = \arcsin x + C$	$(\arcsin x)' = \dfrac{1}{\sqrt{1-x^2}}$
6	$\int \cos x\,\mathrm{d}x = \sin x + C$	$(\sin x)' = \cos x$
7	$\int \sin x\,\mathrm{d}x = -\cos x + C$	$(-\cos x)' = \sin x$
8	$\int \dfrac{\mathrm{d}x}{\cos^2 x} = \int \sec^2 x\,\mathrm{d}x = \tan x + C$	$(\tan x)' = \sec^2 x = \dfrac{1}{\cos^2 x}$
9	$\int \dfrac{\mathrm{d}x}{\sin^2 x} = \int \csc^2 x\,\mathrm{d}x = -\cot x + C$	$(-\cot x)' = \csc^2 x = \dfrac{1}{\sin^2 x}$
10	$\int \sec x\tan x\,\mathrm{d}x = \sec x + C$	$(\sec x)' = \sec x\tan x$
11	$\int \csc x\cot x\,\mathrm{d}x = -\csc x + C$	$(-\csc x)' = \csc x\cot x$
12	$\int \mathrm{e}^x\,\mathrm{d}x = \mathrm{e}^x + C$	$(\mathrm{e}^x)' = \mathrm{e}^x$
13	$\int a^x\,\mathrm{d}x = \dfrac{a^x}{\ln a} + C$	$\left(\dfrac{a^x}{\ln a}\right)' = a^x$

案例 3.2.5 （利用积分表求不定积分）求 $\int(\mathrm{e}^x - 3\cos x + 2^x\mathrm{e}^x)\,\mathrm{d}x.$

解 $\int(\mathrm{e}^x - 3\cos x + 2^x\mathrm{e}^x)\,\mathrm{d}x = \int\mathrm{e}^x\,\mathrm{d}x - 3\int\cos x\,\mathrm{d}x + \int(2\mathrm{e})^x\,\mathrm{d}x$

$$= \mathrm{e}^x - 3\sin x + \frac{(2\mathrm{e})^x}{1 + \ln 2} + C.$$

案例 3.2.6　（利用积分表求不定积分）求 $\displaystyle\int \sqrt{x}\,(x^2 - 5)\,\mathrm{d}x.$

解　$\displaystyle\int \sqrt{x}\,(x^2 - 5)\,\mathrm{d}x = \int (x^{\frac{5}{2}} - 5x^{\frac{1}{2}})\,\mathrm{d}x = \int x^{\frac{5}{2}}\,\mathrm{d}x - 5\int x^{\frac{1}{2}}\,\mathrm{d}x = \frac{2}{7}x^{\frac{7}{2}} - \frac{10}{3}x^{\frac{3}{2}} + C.$

案例 3.2.7　（利用积分表求不定积分）求 $\displaystyle\int \frac{1 + x + x^2}{x(1 + x^2)}\,\mathrm{d}x.$

解　$\displaystyle\int \frac{1 + x + x^2}{x(1 + x^2)}\,\mathrm{d}x = \int \frac{(1 + x^2) + x}{x(1 + x^2)}\,\mathrm{d}x = \int \frac{1}{x}\,\mathrm{d}x + \int \frac{1}{1 + x^2}\,\mathrm{d}x$

$$= \ln|x| + \arctan x + C.$$

视频讲解	学习笔记

案例 3.2.8　（利用积分表求不定积分）求 $\displaystyle\int \sin^2 \frac{x}{2}\,\mathrm{d}x.$

解　$\displaystyle\int \sin^2 \frac{x}{2}\,\mathrm{d}x = \int \frac{1 - \cos x}{2}\,\mathrm{d}x = \int \frac{1}{2}\,\mathrm{d}x - \frac{1}{2}\int \cos x\,\mathrm{d}x = \frac{1}{2}(x - \sin x) + C.$

3.2.4　微积分基本公式（牛顿-莱布尼茨公式）

如果函数 $F(x)$ 是连续函数 $f(x)$ 在区间 $[a, b]$ 上的一个原函数，则

$$\int_a^b f(x)\,\mathrm{d}x = F(b) - F(a).$$

通常，把 $F(b) - F(a)$ 记作 $F(x)\big|_a^b.$

案例 3.2.9　（用微积分基本公式求定积分）求 $\displaystyle\int_0^1 x^2\,\mathrm{d}x.$

解　$\displaystyle\int_0^1 x^2\,\mathrm{d}x = \frac{x^3}{3}\bigg|_0^1 = \frac{1^3}{3} - \frac{0^3}{3} = \frac{1}{3}.$

案例 3.2.10　（用微积分基本公式求定积分）求 $\displaystyle\int_0^{\frac{\pi}{3}} \frac{1 + \sin^2 x}{\cos^2 x}\,\mathrm{d}x.$

解　$\displaystyle\int_0^{\frac{\pi}{3}} \frac{1 + \sin^2 x}{\cos^2 x}\,\mathrm{d}x = \int_0^{\frac{\pi}{3}} (\sec^2 x + \tan^2 x)\,\mathrm{d}x = \int_0^{\frac{\pi}{3}} (2\sec^2 x - 1)\,\mathrm{d}x = (2\tan x - x)\bigg|_0^{\frac{\pi}{3}}$

$$= 2\sqrt{3} - \frac{\pi}{3}.$$

视频讲解	学习笔记

📘 **习题 3.2**

1. 设 $f(x)$ 的一个原函数是 e^{x^2}，求 $\int f'(x)\,\mathrm{d}x$.

2. 设 e^{-x} 是 $f(x)$ 的一个原函数，求 $\int x^2 f(\ln x)\,\mathrm{d}x$.

3. 已知曲线上任意一点 (x,y) 处切线的斜率为 2，且曲线经过点 $(1,-3)$. 求此曲线的方程.

4. 求下列不定积分.

(1) $\displaystyle\int \frac{x^2}{x^2+1}\mathrm{d}x$；

(2) $\displaystyle\int \frac{\sqrt{x}-x+x^2 e^x}{x^2}\mathrm{d}x$；

(3) $\displaystyle\int \frac{e^{2x}-1}{e^x-1}\mathrm{d}x$；

(4) $\displaystyle\int \frac{\cos 2x}{\cos x - \sin x}\mathrm{d}x$；

(5) $\displaystyle\int \frac{1}{1+\cos 2x}\mathrm{d}x$；

(6) $\displaystyle\int \left(2-\cos^2 \frac{x}{2}\right)\mathrm{d}x$.

§3.3　换元积分法

3.3.1　不定积分的换元积分法

1. 第一换元积分法

引例 3.3.1　(求不定积分)求 $\int \sin^2 x \cos x \, dx$.

被积函数 $\sin^2 x \cos x$ 可以看作两个函数的乘积：$(\sin^2 x) \cdot (\cos x)$. 其中, $\sin^2 x$ 可以理解为关于 $\sin x$ 的函数, $\cos x$ 是 $\sin x$ 的导数, 即 $\cos x = (\sin x)'$. 于是

$$\int \sin^2 x \cos x \, dx = \int \sin^2 x \cdot (\sin x)' dx \quad (被积函数分成有导数关系的两部分)$$

$$= \int \sin^2 x \, d(\sin x) \quad (凑微分)$$

$$= \int t^2 dt \quad (换元：令 \sin x = t)$$

$$= \frac{1}{3} t^3 + C \quad (用积分公式求解)$$

$$= \frac{1}{3} \sin^3 x + C. \quad (变量还原)$$

这种求不定积分的方法称为**第一换元积分法**. 应用此方法的关键是被积函数具有 $f[\varphi(x)] \cdot \varphi'(x)$ 的形式. 利用换元法时, 要把被积函数分解出 $\varphi'(x) dx$, 并凑成 $d\varphi(x)$. 因此, 这种方法也称为**凑微分法**.

定理 3.3.1　(不定积分的第一换元积分法)设 $F(u)$ 为 $f(u)$ 的原函数, 即 $\int f(\mu) dx = F(\mu) + C$, 且 $u = \varphi(x)$ 可导, 则

$$\int f[\varphi(x)] \varphi'(x) dx = F[\varphi(x)] + C.$$

视频讲解	学习笔记

案例 3.3.1　(第一换元积分法求不定积分)求 $\int \dfrac{1}{3+2x} dx$.

解　$\int \dfrac{1}{3+2x} dx = \dfrac{1}{2} \int \dfrac{1}{3+2x} (3+2x)' dx = \dfrac{1}{2} \int \dfrac{1}{3+2x} d(3+2x) = \dfrac{1}{2} \ln |3+2x| + C.$

案例 3.3.2 （第一换元积分法求不定积分）求 $\int x e^{-x^2} dx$.

解 $\int x e^{-x^2} dx = -\frac{1}{2} \int e^{-x^2} \cdot (-x^2)' dx = -\frac{1}{2} \int e^{-x^2} d(-x^2) = -\frac{1}{2} e^{-x^2} + C$.

案例 3.3.3 （第一换元积分法求不定积分）求 $\int \frac{1}{a^2 + x^2} dx$.

解 $\int \frac{1}{a^2+x^2} dx = \frac{1}{a^2} \int \frac{1}{1+\left(\frac{x}{a}\right)^2} dx = \frac{1}{a} \int \frac{1}{1+\left(\frac{x}{a}\right)^2} d\left(\frac{x}{a}\right) = \frac{1}{a} \arctan \frac{x}{a} + C$.

案例 3.3.4 （第一换元积分法求不定积分）求 $\int \cos^2 x \, dx$.

解 $\int \cos^2 x \, dx = \int \frac{1+\cos 2x}{2} dx = \frac{1}{2} \left(\int dx + \int \cos 2x \, dx \right)$

$= \frac{x}{2} + \frac{1}{4} \int \cos 2x \, d2x = \frac{x}{2} + \frac{1}{4} \sin 2x + C$.

第一换元积分法常用的换元公式，如表 3.3-1 所示.

表 3.3-1　第一换元积分法公式

序号	公式
1	$\int f(ax+b) dx = \frac{1}{a} \int f(ax+b) d(ax+b)$　$(a \neq 0)$
2	$\int x^n f(x^{n+1}) dx = \frac{1}{n+1} \int f(x^{n+1}) dx^{n+1}$　$(n \neq -1)$
3	$\int f(\sin x) \cos x \, dx = \int f(\sin x) d\sin x$
4	$\int f(\cos x) \sin x \, dx = -\int f(\cos x) d\cos x$
5	$\int e^x f(e^x) dx = \int f(e^x) de^x$
6	$\int a^x f(a^x) dx = \frac{1}{\ln a} \int f(a^x) da^x$
7	$\int \frac{1}{x} f(\ln x) dx = \int f(\ln x) d\ln x$
8	$\int \frac{1}{x} f(\log_a x) dx = \ln a \int f(\log_a x) d\log_a x$
9	$\int \sec^2 x f(\tan x) dx = \int f(\tan x) d\tan x$
10	$\int \csc^2 x f(\cot x) dx = -\int f(\cot x) d\cot x$
11	$\int f(\arcsin x) \frac{1}{\sqrt{1-x^2}} dx = \int f(\arcsin x) d\arcsin x$

续表

序号	公式
12	$\displaystyle\int f(\arctan x)\frac{1}{1+x^2}\mathrm{d}x=\int f(\arctan x)\,\mathrm{d}\arctan x$
13	$\displaystyle\int f(\sqrt{1+x^2})\frac{x\,\mathrm{d}x}{\sqrt{1+x^2}}=\int f(\sqrt{1+x^2})\,\mathrm{d}\sqrt{1+x^2}$
14	$\displaystyle\int\frac{\varphi'(x)}{\varphi(x)}\mathrm{d}x=\int\frac{\mathrm{d}\varphi(x)}{\varphi(x)}=\ln|\varphi(x)|+C$

2. 第二换元积分法

引例 3.3.2　(求不定积分)求 $\displaystyle\int\frac{\sqrt{x-1}}{x}\mathrm{d}x$.

被积函数中含有根式 $\sqrt{x-1}$,若利用换元,令 $\sqrt{x-1}=t$,则被积函数中的根式可以去掉,积分变量 x 可以用新变量 t 表示出来,整个积分转化为关于另一个变量的积分,从而达到求解的目的.

$$
\begin{aligned}
\int\frac{\sqrt{x-1}}{x}\mathrm{d}x &=\int\frac{t}{1+t^2}\cdot 2t\,\mathrm{d}t && (\text{换元：令}\sqrt{x-1}=t)\\
&=2\int\left(1-\frac{1}{1+t^2}\right)\mathrm{d}t && (\text{整理化简})\\
&=2(t-\arctan t)+C && (\text{用积分公式求解})\\
&=2(\sqrt{x-1}-\arctan\sqrt{x-1})+C. && (\text{还原}\ t=\sqrt{x-1})
\end{aligned}
$$

这种求不定积分的方法称为第二换元积分法.这种解法的基本思路是把积分变量用另外一个变量表示出来,通过化简,把原积分变成关于另一个变量的积分,达到求解的目的.

定理 3.3.2　(不定积分的第二换元积分法)设 $x=\varphi(t)$ 是单调、可导的函数,并且 $\varphi'(x)\neq 0$,又设 $f[\varphi(t)]\varphi'(t)$ 具有原函数 $F(t)$,则有换元公式

$$
\int f(x)\,\mathrm{d}x=\int f[\varphi(t)]\varphi'(t)\,\mathrm{d}t=F(t)+C=F[\varphi^{-1}(x)]+C,
$$

其中 $\varphi^{-1}(x)$ 是 $x=\varphi(t)$ 的反函数.

案例 3.3.5　(第二换元积分法求不定积分)求 $\displaystyle\int\frac{x^2}{\sqrt{2-x}}\mathrm{d}x$.

解　令 $\sqrt{2-x}=t$,则 $x=2-t^2$,$\mathrm{d}x=-2t\,\mathrm{d}t$,代入原式得

$$
\begin{aligned}
\int\frac{4-4t^2+t^4}{t}(-2t)\,\mathrm{d}t &=-2\int(4-4t^2+t^4)\,\mathrm{d}t=-8t+\frac{8}{3}t^3-\frac{2}{5}t^5+C\\
&=-8(2-x)^{\frac{1}{2}}+\frac{8}{3}(2-x)^{\frac{3}{2}}-\frac{2}{5}(2-x)^{\frac{5}{2}}+C.
\end{aligned}
$$

像上述引例 3.3.2 和案例 3.3.5 中,将被积函数中所含根式换元成另一新变量,又将变

量 x 用新变量表示出来,再求换元后的新积分的方法,称为<u>根式代换法</u>.一般来说,当被积函数中含有根式 $\sqrt[n]{ax+b}$ 时,可用根式代换法,令 $\sqrt[n]{ax+b}=t$.

案例 3.3.6 （第二换元积分法求不定积分）求 $\displaystyle\int \frac{\mathrm{d}x}{x^2\sqrt{1-x^2}}$.

解 令 $x=\sin t,t\in\left(-\dfrac{\pi}{2},\dfrac{\pi}{2}\right)$,则 $\mathrm{d}x=\cos t\,\mathrm{d}t$,代入原式得

$$\int \frac{\cos t\,\mathrm{d}t}{\sin^2 t\cos t}=\int \frac{1}{\sin^2 t}\mathrm{d}t=-\cot t+C,$$

又 $x=\sin t,\cos t=\sqrt{1-x^2},\cot t=\dfrac{\sqrt{1-x^2}}{x}$,故

$$原式=-\frac{\sqrt{1-x^2}}{x}+C.$$

上例中,积分变量用一个三角函数代换的方法,我们称为<u>三角代换法</u>.本书中常用的三角代换公式表,如表 3.3-2 所示(a 为大于 0 的常数).

表 3.3-2　常用的三角代换公式表

序号	根号形式	三角代换	积分形式
1	$\sqrt{a^2-x^2}$	$x=a\sin t$	$\displaystyle\int f\left(\sqrt{a^2-x^2}\right)\mathrm{d}x=a\int f(a\cos t)\cos t\,\mathrm{d}t$
2	$\sqrt{x^2-a^2}$	$x=a\sec t$	$\displaystyle\int f\left(\sqrt{x^2-a^2}\right)\mathrm{d}x=a\int f(a\tan t)\tan t\sec t\,\mathrm{d}t$
3	$\sqrt{a^2+x^2}$	$x=a\tan t$	$\displaystyle\int f\left(\sqrt{a^2+x^2}\right)\mathrm{d}x=a\int f(a\sec t)\sec^2 t\,\mathrm{d}t$

利用换元积分法计算出来的一些题目,我们可以作为公式使用,列举如表 3.3-3 所示.

表 3.3-3　不定积分的补充公式

序号	不定积分	序号	不定积分
1	$\displaystyle\int \tan x\,\mathrm{d}x=-\ln|\cos x|+C$	6	$\displaystyle\int \frac{\mathrm{d}x}{x^2-a^2}=\frac{1}{2a}\ln\left|\frac{x-a}{x+a}\right|+C$
2	$\displaystyle\int \cot x\,\mathrm{d}x=\ln|\sin x|+C$	7	$\displaystyle\int \frac{\mathrm{d}x}{a^2-x^2}=\frac{1}{2a}\ln\left|\frac{a+x}{a-x}\right|+C$
3	$\displaystyle\int \sec x\,\mathrm{d}x=\ln|\sec x+\tan x|+C$	8	$\displaystyle\int \frac{1}{\sqrt{a^2-x^2}}\mathrm{d}x=\arcsin\frac{x}{a}+C$
4	$\displaystyle\int \csc x\,\mathrm{d}x=\ln|\csc x-\cot x|+C$	9	$\displaystyle\int \frac{1}{\sqrt{x^2\pm a^2}}\mathrm{d}x=\ln\left|x+\sqrt{x^2\pm a^2}\right|+C$
5	$\displaystyle\int \frac{1}{a^2+x^2}\mathrm{d}x=\frac{1}{a}\arctan\frac{x}{a}+C$		

3.3.2　定积分的换元积分法

根据牛顿-莱布尼茨公式,要计算定积分,先要求出被积函数的一个原函数,也就是求函数的不定积分,然后求出这个原函数在积分上限和积分下限之间的函数值的差,就是函数在积分区间上的定积分.因此,定积分的换元积分法与不定积分的方法非常相似,只是多了一个关于积分上限和积分下限的四则运算.

定理 3.3.3　(定积分的换元积分法)假设函数 $f(x)$ 在 $[a,b]$ 上连续,函数 $x=\varphi(t)$ 满足下列条件.

(1)$\varphi(t)$ 是区间 $[\alpha,\beta]$ 上的单调连续函数;

(2)$\varphi(t)$ 在 $[\alpha,\beta]$(或 $[\beta,\alpha]$)上具有连续导数 $\varphi'(t)$;

(3)$\varphi(\alpha)=a$,$\varphi(\beta)=b$.

令 $x=\varphi(t)$,$\mathrm{d}x=\varphi'(t)\mathrm{d}t$,则有

$$\int_a^b f(x)\,\mathrm{d}x=\int_\alpha^\beta f[\varphi(t)]\varphi'(t)\,\mathrm{d}t.$$

案例 3.3.7　(换元积分法求定积分)求 $\displaystyle\int_0^{\frac{\pi}{2}}\cos^5 x\sin x\,\mathrm{d}x$.

解　设 $t=\cos x$,则

$$原式=-\int_0^{\frac{\pi}{2}}\cos^5 x\,\mathrm{d}\cos x=-\int_1^0 t^5\,\mathrm{d}t=\int_0^1 t^5\,\mathrm{d}t=\left(\frac{t^6}{6}\right)\bigg|_0^1=\frac{1}{6}.$$

视频讲解	学习笔记

案例 3.3.8　(换元积分法求定积分)求 $\displaystyle\int_2^4\frac{\mathrm{d}x}{x\sqrt{x-1}}$.

解　设 $t=\sqrt{x-1}$,则 $x=1+t^2$,$\mathrm{d}x=2t\,\mathrm{d}t$,且当 $x=2$ 时,$t=1$;当 $x=4$ 时,$t=\sqrt{3}$,所以

$$原式=\int_1^{\sqrt{3}}\frac{2t\,\mathrm{d}t}{t(1+t^2)}=2\int_1^{\sqrt{3}}\frac{1}{1+t^2}\,\mathrm{d}t=2\arctan t\,\bigg|_1^{\sqrt{3}}=\frac{\pi}{6}.$$

定理 3.3.4　(对称区间上奇函数、偶函数的积分公式)

(1) 若 $f(x)$ 在 $[a,b]$ 上连续且为奇函数,则 $\displaystyle\int_{-a}^a f(x)\,\mathrm{d}x=0$;

(2) 若 $f(x)$ 在 $[a,b]$ 上连续且为偶函数,则 $\displaystyle\int_{-a}^a f(x)\,\mathrm{d}x=2\int_0^a f(x)\,\mathrm{d}x$.

奇函数的定积分图像和偶函数的定积分图像,分别如图 3.3-1 和图 3.3-2 所示.

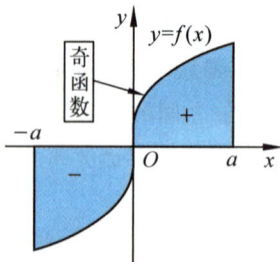

图 3.3-1　奇函数的定积分

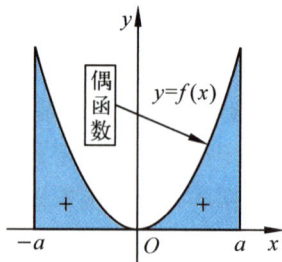

图 3.3-2　偶函数的定积分

案例 3.3.9 （利用对称性求定积分）求 $\displaystyle\int_{-2}^{2} \frac{x^5+7x^4+x^3-5x^2-2}{x^3+x}\mathrm{d}x$.

解　原式 $=\displaystyle\int_{-2}^{2}\left(\frac{x^5+x^3}{x^3+x}+\frac{7x^4-5x^2-2}{x^3+x}\right)\mathrm{d}x=\int_{-2}^{2}x^2\mathrm{d}x+\int_{-2}^{2}\frac{7x^4-5x^2-2}{x^3+x}\mathrm{d}x$

$=2\displaystyle\int_{0}^{2}x^2\mathrm{d}x+0=\frac{2}{3}x^3\,\Big|_{0}^{2}=\frac{16}{3}.$

习题 3.3

1. 求下列不定积分.

(1) $\displaystyle\int \frac{1}{\sqrt[7]{3-5x}}\mathrm{d}x$;

(2) $\displaystyle\int x\sin x^2\mathrm{d}x$;

(3) $\displaystyle\int \frac{1}{x^2}\csc^2\frac{1}{x}\mathrm{d}x$;

(4) $\displaystyle\int \frac{\tan\sqrt{x}}{\sqrt{x}}\mathrm{d}x$;

(5) $\displaystyle\int 3^{\sin x}\cos x\,\mathrm{d}x$;

(6) $\displaystyle\int \frac{(\arctan x)^3}{1+x^2}\mathrm{d}x$;

(7) $\displaystyle\int \frac{\ln x+2}{x}\mathrm{d}x$;

(8) $\displaystyle\int \sin^5 x\cos^3 x\,\mathrm{d}x$;

(9) $\displaystyle\int \frac{1}{1+\sqrt{2x}}\mathrm{d}x$;

(10) $\displaystyle\int \frac{x^2}{\sqrt{2-x^2}}\mathrm{d}x$.

2. 计算下列定积分.

(1) $\displaystyle\int_{-1}^{1} \frac{\mathrm{d}x}{(5+4x)^2}$;

(2) $\displaystyle\int_{0}^{3} \frac{x}{\sqrt{x+1}}\mathrm{d}x$;

(3) $\displaystyle\int_{0}^{\frac{\pi}{2}} \frac{\sin x}{3+\sin^2 x}\mathrm{d}x$;

(4) $\displaystyle\int_{0}^{\frac{\pi}{2}} \cos^5 2x\sin 4x\,\mathrm{d}x$;

(5) $\displaystyle\int_{1}^{16} \frac{1}{\sqrt[4]{t}+\sqrt{t}}\mathrm{d}t$;

(6) $\displaystyle\int_{0}^{2\ln 2} \sqrt{\mathrm{e}^x-1}\,\mathrm{d}x$.

3. 利用函数的奇偶性计算下列积分.

(1) $\displaystyle\int_{-1}^{1} \left(x+\sqrt{1-x^2}\right)^2\mathrm{d}x$;

(2) $\displaystyle\int_{-\sqrt{3}}^{\sqrt{3}} \frac{1+\sin x}{1+x^2}\mathrm{d}x$.

§3.4　分部积分法

3.4.1　不定积分的分部积分法

引例 3.4.1　（求不定积分）求 $\int x \cos x \, \mathrm{d}x$.

被积函数是两个函数 x 和 $\cos x$ 的乘积,因为

$$(x \sin x)' = \sin x + x \cos x,$$

两端同时取不定积分,得

$$x \sin x = \int \sin x \, \mathrm{d}x + \int x \cos x \, \mathrm{d}x,$$

移项,得

$$\int x \cos x \, \mathrm{d}x = x \sin x - \int \sin x \, \mathrm{d}x.$$

这样,我们把求解积分 $\int x \cos x \, \mathrm{d}x$ 的过程转化为求解另一个积分 $\int \sin x \, \mathrm{d}x$,因为后者比前者更容易求出原函数. 这种求积分的方法称为分部积分法.

定理 3.4.1　（不定积分的分部积分法）设 $u = u(x)$, $v = v(x)$ 有连续的导数,由 $(uv)' = u'v + uv'$,得 $uv' = (uv)' - u'v$,两边积分,有 $\int uv' \mathrm{d}x = \int (uv)' \mathrm{d}x - \int u'v \mathrm{d}x$,即

$$\int u \, \mathrm{d}v = uv - \int v \, \mathrm{d}u.$$

此公式称为分部积分公式. 分部积分公式就是将不易求出的积分 $\int u \, \mathrm{d}v$ 转化为较易求出的积分 $\int v \, \mathrm{d}u$,而关键是把积分 $\int f(x)\mathrm{d}x$ 写成 $\int u \, \mathrm{d}v$ 的形式,即正确地选取 $u = u(x)$, $v = v(x)$,使积分 $\int v \, \mathrm{d}u$ 比积分 $\int u \, \mathrm{d}v$ 更容易求出.

视频讲解	学习笔记

案例 3.4.1　（用分部积分法求不定积分）求 $\int x \mathrm{e}^x \, \mathrm{d}x$.

解　设 $u = x$, $\mathrm{d}v = \mathrm{e}^x \mathrm{d}x$,则 $v = \mathrm{e}^x$,所以

$$\int x \mathrm{e}^x \, \mathrm{d}x = \int x \, \mathrm{d}\mathrm{e}^x = x \mathrm{e}^x - \int \mathrm{e}^x \, \mathrm{d}x = x \mathrm{e}^x - \mathrm{e}^x + C.$$

案例 3.4.2　（用分部积分法求不定积分）求 $\int x^2 \ln x \, dx$.

解　为使 v 容易求得，选取 $u = \ln x$, $dv = x^2 dx = d\left(\frac{1}{3}x^3\right)$，则 $v = \frac{1}{3}x^3$，所以

$$\int x^2 \ln x \, dx = \frac{1}{3}\int \ln x \, dx^3 = \frac{1}{3}x^3 \ln x - \frac{1}{3}\int x^3 d(\ln x) = \frac{1}{3}x^3 \ln x - \frac{1}{3}\int x^2 dx$$

$$= \frac{1}{3}x^3 \ln x - \frac{1}{9}x^3 + C.$$

案例 3.4.3　（用分部积分法求不定积分）求 $\int \arctan x \, dx$.

解　设 $u = \arctan x$, $dv = dx$，则 $v = x$，

$$\int \arctan x \, dx = x \arctan x - \int x \, d(\arctan x) = x \arctan x - \int x \cdot \frac{1}{1+x^2} dx$$

$$= x \arctan x - \frac{1}{2}\int \frac{1}{1+x^2} d(1+x^2) = x \arctan x - \frac{1}{2}\ln(1+x^2) + C.$$

案例 3.4.4　（用分部积分法求不定积分）求 $\int x \arctan x \, dx$.

解
$$\int x \arctan x \, dx = \int \arctan x \, d\left(\frac{1}{2}x^2\right) = \frac{1}{2}x^2 \arctan x - \frac{1}{2}\int x^2 d(\arctan x)$$

$$= \frac{1}{2}x^2 \arctan x - \frac{1}{2}\int x^2 \cdot \frac{1}{1+x^2} dx$$

$$= \frac{1}{2}x^2 \arctan x - \frac{1}{2}\int \left(1 - \frac{1}{1+x^2}\right) dx$$

$$= \frac{1}{2}x^2 \arctan x - \frac{1}{2}(x - \arctan x) + C.$$

3.4.2　定积分的分部积分法

定理 3.4.2　设 $u(x)$, $v(x)$ 在 $[a,b]$ 上具有连续导数 $u'(x)$, $v'(x)$，则有
$$\int_a^b u \, dv = (uv)\Big|_a^b - \int_a^b v \, du.$$

这就是定积分的分部积分公式，其用面积表示的含义如图 3.4-1 所示.

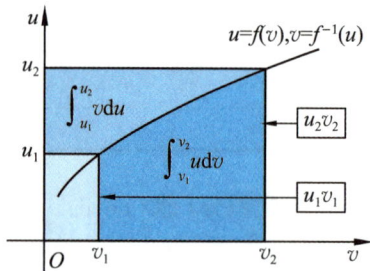

图 3.4-1　定积分分部积分公式的面积解释

从图中可以看到,曲线下方区域的面积 $\int_{v_1}^{v_2} u\,\mathrm{d}v$ 等于大矩形的面积 $u_2 v_2$ 减去小矩形的面积 $u_1 v_1$ 后,再减去曲线上方区域的面积 $\int_{u_1}^{u_2} v\,\mathrm{d}u$,即

$$\int_{v_1}^{v_2} u\,\mathrm{d}v = (u_2 v_2 - u_1 v_1) - \int_{u_1}^{u_2} v\,\mathrm{d}u.$$

案例 3.4.5　(用分部积分法求定积分) 求 $\int_0^{\frac{1}{2}} \arcsin x\,\mathrm{d}x$.

解　设 $u = \arcsin x$,则

$$\int_0^{\frac{1}{2}} \arcsin x\,\mathrm{d}x = (x \arcsin x)\Big|_0^{\frac{1}{2}} - \int_0^{\frac{1}{2}} x \cdot \frac{1}{\sqrt{1-x^2}}\,\mathrm{d}x$$

$$= \frac{1}{2}\arcsin\frac{1}{2} + \frac{1}{2}\int_0^{\frac{1}{2}} \frac{1}{\sqrt{1-x^2}}\,\mathrm{d}(1-x^2)$$

$$= \frac{\pi}{12} + \sqrt{1-x^2}\,\Big|_0^{\frac{1}{2}} = \frac{\pi}{12} + \frac{\sqrt{3}}{2} - 1.$$

视频讲解	学习笔记

案例 3.4.6　(用分部积分法求定积分) 求 $\int_0^1 x\,\mathrm{e}^x\,\mathrm{d}x$.

解　$\int_0^1 x\,\mathrm{e}^x\,\mathrm{d}x = \int_0^1 x\,\mathrm{d}\mathrm{e}^x = (x\,\mathrm{e}^x)\Big|_0^1 - \int_0^1 \mathrm{e}^x\,\mathrm{d}x = \mathrm{e} - \mathrm{e}^x\Big|_0^1 = \mathrm{e} - \mathrm{e} + 1 = 1.$

案例 3.4.7　(用分部积分法求定积分) 求 $\int_1^{\mathrm{e}} x\ln x\,\mathrm{d}x$.

解　$\int_1^{\mathrm{e}} x\ln x\,\mathrm{d}x = \int_1^{\mathrm{e}} \ln x\,\mathrm{d}\left(\frac{x^2}{2}\right) = \left(\frac{x^2}{2}\ln x\right)\Big|_1^{\mathrm{e}} - \int_1^{\mathrm{e}} \frac{x^2}{2} \cdot \frac{1}{x}\,\mathrm{d}x = \frac{\mathrm{e}^2}{2} - \frac{1}{2}\int_1^{\mathrm{e}} x\,\mathrm{d}x$

$$= \frac{\mathrm{e}^2}{2} - \frac{1}{4}x^2\Big|_1^{\mathrm{e}} = \frac{\mathrm{e}^2}{2} - \frac{1}{4}(\mathrm{e}^2 - 1) = \frac{1}{4}(\mathrm{e}^2 + 1).$$

案例 3.4.8　(用分部积分法求定积分) 求 $\int_0^1 x\arctan x\,\mathrm{d}x$.

解　$\int_0^1 x\arctan x\,\mathrm{d}x = \int_0^1 \arctan x\,\mathrm{d}\left(\frac{x^2}{2}\right) = \left(\frac{x^2}{2}\arctan x\right)\Big|_0^1 - \int_0^1 \frac{x^2}{2} \cdot \frac{1}{1+x^2}\,\mathrm{d}x$

$$= \frac{\pi}{8} - \frac{1}{2}\int_0^1 \left(1 - \frac{1}{1+x^2}\right)\mathrm{d}x = \frac{\pi}{8} - \frac{1}{2}(x - \arctan x)\Big|_0^1 = \frac{\pi}{4} - \frac{1}{2}.$$

习题 3.4

1. 求下列不定积分.

(1) $\int x e^{-4x} \, dx$；

(2) $\int x \cot^2 x \, dx$；

(3) $\int x^2 \ln x \, dx$；

(4) $\int \arctan \dfrac{1}{x} \, dx$.

2. 求下列定积分.

(1) $\int_0^3 \ln(x+3) \, dx$；

(2) $\int_1^4 \dfrac{\ln^2 x}{\sqrt{x}} \, dx$；

(3) $\int_1^e \cos(\ln x) \, dx$.

§3.5　定积分的经济应用

3.5.1　生产效益问题

已知总成本函数 $C=C(Q)$，总收益函数 $R=R(Q)$（通称总函数），由微分法可得边际成本函数和边际收益函数分别为

$$MC=\frac{\mathrm{d}C}{\mathrm{d}Q}, \quad MR=\frac{\mathrm{d}R}{\mathrm{d}Q}.$$

积分法是微分法的逆运算.已知边际成本函数 MC 和边际收益函数 MR 时，利用积分法可求得总成本函数和总收益函数分别为

$$C(Q)=\int (MC)\,\mathrm{d}Q,$$

$$R(Q)=\int (MR)\,\mathrm{d}Q.$$

求不定积分时含有一个任意常数，因此，必须知道确定积分常数的条件.一般在求总成本函数时，题设中给出固定成本 $C_0=C(0)$ 作为条件；在求总收益函数时，确定任意常数的条件是 $R(0)=0$，即尚未销售出产品时，总收益为 0. 即

$$C(Q)=\int_0^Q (MC)\,\mathrm{d}Q+C_0,$$

$$R(Q)=\int_0^Q (MR)\,\mathrm{d}Q.$$

由此，进一步得到，成本函数、收益函数和利润函数在产量 x 的变动区间 $[a,b]$ 上的改变量（增量）就等于它们各自的边际函数在区间 $[a,b]$ 上的定积分：

$$C(b)-C(a)=\int_a^b (MC)\,\mathrm{d}x,$$

$$R(b)-R(a)=\int_a^b (MR)\,\mathrm{d}x,$$

$$L(b)-L(a)=\int_a^b (ML)\,\mathrm{d}x.$$

案例 3.5.1　（收入、成本、利润的增量）已知某商品边际收入为 $R'(Q)=-0.08Q+25$（万元/吨），边际成本为 5（万元/吨）.求产量 x 从 250 吨增加到 300 吨时销售收入 $R(Q)$、总成本 $C(Q)$、利润 $L(Q)$ 改变量（增量）.

解　先求边际利润 $ML=MR-MC=-0.08Q+25-5=-0.08Q+20$.

由公式得

$$R(300)-R(250)=\int_{250}^{300} (MR)\,\mathrm{d}Q=\int_{250}^{300} (-0.08Q+25)\,\mathrm{d}Q=150（万元），$$

$$C(300)-C(250)=\int_{250}^{300} (MC)\,\mathrm{d}Q=\int_{250}^{300} 5\,\mathrm{d}Q=250（万元），$$

$$L(300)-L(250)=\int_{250}^{300} (ML)\,\mathrm{d}Q=\int_{250}^{300} (-0.08Q+20)\,\mathrm{d}Q=-100（万元）.$$

视频讲解	学习笔记

3.5.2 平均变化率问题

定义 3.5.1 设某经济函数的变化率为 $f(t)$，则称

$$\frac{\int_{t_1}^{t_2} f(t)\,dt}{t_2 - t_1}$$

为该经济函数在时间间隔 $[t_1, t_2]$ 内的平均变化率.

案例 3.5.2 （平均利息率）某银行的利息连续计算，利息率是时间 t（单位：年）的函数 $r(t)=0.08+0.015\sqrt{t}$．求在开始 2 年，即时间间隔 $[0,2]$ 内的平均利息率.

解 由于

$$\int_0^2 r(t)\,dt = \int_0^2 (0.08+0.015\sqrt{t})\,dt = 0.16+0.01 \cdot t\sqrt{t}\,\Big|_0^2 = 0.16+0.02\sqrt{2},$$

所以，开始 2 年的平均利息率为

$$r = \frac{\int_0^2 r(t)\,dt}{2-0} = 0.08+0.01\sqrt{2} \approx 0.094.$$

案例 3.5.3 （利润的平均变化率）某公司运行 t（年）所获利润为 $L(t)$（单位：元），利润的年变化率为 $L'(t)=3\times10^5\sqrt{t+1}$（单位：元/年）．求利润从第三年年初到第八年年末，即时间间隔 $[3,8]$ 内的年平均变化率.

解 由于

$$\int_3^8 L'(t)\,dt = \int_3^8 3\times10^5\sqrt{t+1}\,dt = 2\times10^5 \cdot (t+1)^{\frac{3}{2}}\,\Big|_3^8 = 38\times10^5,$$

所以，从第三年年初到第八年年末，利润的年平均变化率为

$$\frac{\int_3^8 L'(t)\,dt}{8-3} = 7.6\times10^5 \text{（元/年）},$$

即在这 5 年内公司每年平均获利 7.6×10^5 元.

3.5.3 由贴现率求总贴现值在时间区间上的增量

定义 3.5.2 设某工程总投资在竣工时的贴现值为 A（万元），竣工后的年收入预计为 a（万元），年利率为 r，银行利息连续计算．在进行动态经济分析时，把竣工后收入的总贴现值达到 A，即使关系式 $\int_0^T a e^{-rt}\,dt = A$ 成立的时间 T（年）称为该项工程的投资回收期.

案例3.5.4　（投资回收期）某工程总投资在竣工时的贴现值为 1 000 万元,竣工后的年收入预计为 200 万元,年利息率为 0.08.求该工程的投资回收期.

解　$A = 1\,000, a = 200, r = 0.08$,则该工程竣工后 T 年内收入的总贴现值为

$$\int_0^T 200\mathrm{e}^{-0.08t}\,\mathrm{d}t = \frac{200}{-0.08}\mathrm{e}^{-0.08t}\bigg|_0^T = 2\,500(1 - \mathrm{e}^{-0.08T}),$$

令

$$2\,500(1 - \mathrm{e}^{-0.08T}) = 1\,000,$$

即得该工程回收期为

$$T = -\frac{1}{0.08}\ln\left(1 - \frac{1\,000}{2\,500}\right) = -\frac{1}{0.08}\ln 0.6 \approx 6.39(\text{年}).$$

习题 3.5

1. 已知某产品产量的变化率是时间 t（单位:月）的函数
$$f(t) = 2t + 5, \quad t \geqslant 0.$$
求第一个 5 月和第二个 5 月的总产量各是多少.

2. 已知边际成本为 $C'(x) = 100 - 2x$.求当产量由 $x = 20$ 增加到 $x = 30$ 时,应追加的成本数.

3. 某地区居民购买冰箱的消费支出 $W(x)$ 的变化率是居民总收入 x 的函数.
$$W'(x) = \frac{1}{200\sqrt{x}}.$$
求当居民收入由 4 亿元增加至 9 亿元时,购买冰箱的消费支出增加多少.

4. 某厂生产某产品 Q（百台）的总成本 C（万元）的变化率为 $C'(Q) = 2$（设固定成本为 0）,总收入 R（万元）的变化率为产量 Q（百台）的函数 $R'(Q) = 7 - 2Q$.

(1) 当生产量为多少时,总利润最大? 最大利润为多少?

(2) 在利润最大的基础上又生产了 50 台,总利润减少了多少?

5. 某项目的投资成本为 100 万元,在 10 年中每年收益 25 万元,年利率为 5%.求这 10 年中该投资的纯收入的现值.

6. 已知某产品的边际成本 $C'(x) = 2$（元/件）,固定成本为 0,边际收益
$$R'(x) = 12 - 0.02x.$$

(1) 当产量为多少时利润最大?

(2) 在最大利润产量的基础上再生产 50 件,利润将会发生什么样的变化?

思政课堂

	突出贡献	视频微课
 苏步青	1902—2003,中国数学家、教育家.他创建了中国微分几何学派,在射影曲线论、曲面论、共轭网论方面有重要贡献.引进并决定了仿射铸曲面和旋转曲面,以"苏锥面"著称.发表数学论文160多篇和专著10余部.	

数学与生活

扫描二维码,获取"建模案例:森林救火模型"的相关内容.

建模案例	学习笔记

第 **4** 章　矩阵与行列式

　　矩阵由英国数学家凯莱于 1855 年作为一个独立概念引入数学中,是从许多实际问题的计算中抽象出来的一个数学概念,是研究线性代数的有力工具.它在自然科学、工程技术和经济管理等许多学科中有着广泛的应用.有些性质完全不同、表面上毫无联系的问题,归结为矩阵模式后,却是相同的.行列式产生于线性方程组的求解,但它在其他数学问题中又有新的应用,因而成为线性代数的基本概念之一.

§4.1　矩阵的概念与运算

4.1.1　矩阵的概念

引例 4.1.1　已知 n 元线性方程组

$$\begin{cases} a_{11}x_1 + a_{12}x_2 + \cdots + a_{1n}x_n = b_1, \\ a_{21}x_1 + a_{22}x_2 + \cdots + a_{2n}x_n = b_2, \\ \qquad\qquad\qquad \vdots \\ a_{m1}x_1 + a_{m2}x_2 + \cdots + a_{mn}x_n = b_m \end{cases}$$

的系数及常数项可以排成 m 行、$n+1$ 列的表格

$$\begin{pmatrix} a_{11} & a_{12} & \cdots & a_{1n} & b_1 \\ a_{21} & a_{22} & \cdots & a_{2n} & b_2 \\ \vdots & \vdots & & \vdots & \vdots \\ a_{m1} & a_{m2} & \cdots & a_{mn} & b_m \end{pmatrix}.$$

　　此表格完全确定了线性方程组,方程组也唯一地确定了一个由系数和常数确定的表格,所以可以通过对这个表格的研究来判断方程组的解.

　　引例 4.1.2　某厂 1 ～ 3 月生产 4 种产品的数量,如表 4.1-1 所示.

表 4.1-1　4 种产品的产量表

月份	产品			
	产品 1	产品 2	产品 3	产品 4
1 月	105	98	110	123
2 月	99	113	134	121
3 月	109	90	124	134

数表

$$A = \begin{pmatrix} 105 & 98 & 110 & 123 \\ 99 & 113 & 134 & 121 \\ 109 & 90 & 124 & 134 \end{pmatrix}$$

具体描述了这个厂家的 4 种产品在 $1 \sim 3$ 月的生产数量,同时也揭示了产量随月份变化的规律.

定义 4.1.1 由 $m \times n$ 个数 $a_{ij}(i=1,2,\cdots,m;j=1,2,\cdots,n)$ 排成的 m 行 n 列的表格

$$A = \begin{pmatrix} a_{11} & a_{12} & \cdots & a_{1n} \\ a_{21} & a_{22} & \cdots & a_{2n} \\ \vdots & \vdots & & \vdots \\ a_{m1} & a_{m2} & \cdots & a_{mn} \end{pmatrix}_{m \times n}$$

矩阵的行数

矩阵的列数

称为 m 行 n 列矩阵,简称 $m \times n$ 矩阵 $A_{m \times n}$,简记为 $A = (a_{ij})_{m \times n}$,其中 a_{ij} 称为矩阵 A 的元素.

几种常见的特殊矩阵,如表 4.1-2 所示.

表 4.1-2　常见的特殊矩阵

序号	名称	表示形式
1	行矩阵	$A = (a_1, a_2, \cdots, a_n)_{1 \times n}$
2	列矩阵	$A = \begin{pmatrix} a_1 \\ a_2 \\ \vdots \\ a_m \end{pmatrix}_{m \times 1}$
3	零矩阵	$O = (0)_{m \times n}$
4	方阵	$A = (a_{ij})_{m \times n}$,其中 $m = n$
5	单位矩阵	$E_n = \begin{pmatrix} 1 & 0 & \cdots & 0 \\ 0 & 1 & \cdots & 0 \\ \vdots & \vdots & & \vdots \\ 0 & 0 & \cdots & 1 \end{pmatrix}_{n \times n}$
6	同型矩阵	$A = (a_{ij})_{m \times n}, B = (b_{ij})_{m \times n}$ 行数与列数相同
7	相等矩阵	$\begin{pmatrix} a_{11} & a_{12} & \cdots & a_{1n} \\ a_{21} & a_{22} & \cdots & a_{2n} \\ \vdots & \vdots & & \vdots \\ a_{m1} & a_{m2} & \cdots & a_{mn} \end{pmatrix} = \begin{pmatrix} b_{11} & b_{12} & \cdots & b_{1n} \\ b_{21} & b_{22} & \cdots & b_{2n} \\ \vdots & \vdots & & \vdots \\ b_{m1} & b_{m2} & \cdots & b_{mn} \end{pmatrix}$ 其中 $a_{ij} = b_{ij}(i=1,2,\cdots,m;j=1,2,\cdots,n)$

4.1.2　矩阵的运算

1. 矩阵的加法和减法

设

$$A = \begin{pmatrix} a_{11} & a_{12} & \cdots & a_{1n} \\ a_{21} & a_{22} & \cdots & a_{2n} \\ \vdots & \vdots & & \vdots \\ a_{m1} & a_{m2} & \cdots & a_{mn} \end{pmatrix}_{m \times n}, \quad B = \begin{pmatrix} b_{11} & b_{12} & \cdots & b_{1n} \\ b_{21} & b_{22} & \cdots & b_{2n} \\ \vdots & \vdots & & \vdots \\ b_{m1} & b_{m2} & \cdots & b_{mn} \end{pmatrix}_{m \times n},$$

则

$$A \pm B = \begin{pmatrix} a_{11} \pm b_{11} & a_{12} \pm b_{12} & \cdots & a_{1n} \pm b_{1n} \\ a_{21} \pm b_{21} & a_{22} \pm b_{22} & \cdots & a_{2n} \pm b_{2n} \\ \vdots & \vdots & & \vdots \\ a_{m1} \pm b_{m1} & a_{m2} \pm b_{m2} & \cdots & a_{mn} \pm b_{mn} \end{pmatrix}_{m \times n}.$$

案例 4.1.1　（矩阵加减法）已知矩阵

$$A = \begin{pmatrix} 1 & -2 & 0 \\ 1 & 3 & -2 \\ 5 & 3 & -1 \end{pmatrix}, \quad B = \begin{pmatrix} 6 & 2 & -1 \\ 1 & -3 & -2 \\ 2 & 1 & 1 \end{pmatrix},$$

求 $A + B, A - B$.

解　$A + B = \begin{pmatrix} 1 & -2 & 0 \\ 1 & 3 & -2 \\ 5 & 3 & -1 \end{pmatrix} + \begin{pmatrix} 6 & 2 & -1 \\ 1 & -3 & -2 \\ 2 & 1 & 1 \end{pmatrix} = \begin{pmatrix} 1+6 & -2+2 & 0+(-1) \\ 1+1 & 3+(-3) & -2+(-2) \\ 5+2 & 3+1 & -1+1 \end{pmatrix}$

$$= \begin{pmatrix} 7 & 0 & -1 \\ 2 & 0 & -4 \\ 7 & 4 & 0 \end{pmatrix};$$

$$A - B = \begin{pmatrix} 1 & -2 & 0 \\ 1 & 3 & -2 \\ 5 & 3 & -1 \end{pmatrix} - \begin{pmatrix} 6 & 2 & -1 \\ 1 & -3 & -2 \\ 2 & 1 & 1 \end{pmatrix} = \begin{pmatrix} 1-6 & -2-2 & 0-(-1) \\ 1-1 & 3-(-3) & -2-(-2) \\ 5-2 & 3-1 & -1-1 \end{pmatrix}$$

$$= \begin{pmatrix} -5 & -4 & 1 \\ 0 & 6 & 0 \\ 3 & 2 & -2 \end{pmatrix}.$$

案例 4.1.2　（矩阵的加法）设将物资（单位:吨）从四个产地运往两个销地的两次调运方案分别用矩阵 A 和矩阵 B 表示为

$$A = \begin{pmatrix} 6 & 5 \\ 4 & 1 \\ 2 & 3 \\ 8 & 5 \end{pmatrix}, \quad B = \begin{pmatrix} 5 & 3 \\ 4 & 0 \\ 1 & 7 \\ 8 & 6 \end{pmatrix}.$$

那么,从各产地运往各销地的两次调运的总调运方案如何表示?

解　从各产地运往各销地的两次调运的总方案是矩阵 A 与矩阵 B 的和，即

$$A + B = \begin{pmatrix} 6 & 5 \\ 4 & 1 \\ 2 & 3 \\ 8 & 5 \end{pmatrix} + \begin{pmatrix} 5 & 3 \\ 4 & 0 \\ 1 & 7 \\ 8 & 6 \end{pmatrix} = \begin{pmatrix} 11 & 8 \\ 8 & 1 \\ 3 & 10 \\ 16 & 11 \end{pmatrix}.$$

案例 4.1.3　（产品的利润）设某工厂生产的甲、乙、丙、丁四种产品，今年一季度的销售收入（单位：万元）和生产成本（单位：万元）分别用矩阵 A 和矩阵 B 表示为

$$A = (35 \quad 24 \quad 30 \quad 18), \quad B = (30 \quad 19 \quad 24 \quad 13).$$

那么，该厂今年一季度生产这四种产品的利润如何表示？

解　该厂今年一季度生产这四种产品的利润是矩阵 A 和矩阵 B 的差，即

$$A - B = (35 \quad 24 \quad 30 \quad 18) - (30 \quad 19 \quad 24 \quad 13) = (5 \quad 5 \quad 6 \quad 5).$$

由矩阵加法的定义，容易推出矩阵加法满足表 4.1-3 中的运算律.

表 4.1-3　矩阵加法运算律

运算律的名称	公式表示
交换律	$A + B = B + A$
结合律	$(A + B) + C = A + (B + C)$

2. 矩阵的数量乘法

定义 4.1.2　设

$$A = \begin{pmatrix} a_{11} & a_{12} & \cdots & a_{1n} \\ a_{21} & a_{22} & \cdots & a_{2n} \\ \vdots & \vdots & & \vdots \\ a_{m1} & a_{m2} & \cdots & a_{mn} \end{pmatrix}_{m \times n},$$

k 为任意实数，则定义 kA 仍为矩阵，且

$$kA = \begin{pmatrix} ka_{11} & ka_{12} & \cdots & ka_{1n} \\ ka_{21} & ka_{22} & \cdots & ka_{2n} \\ \vdots & \vdots & & \vdots \\ ka_{m1} & ka_{m2} & \cdots & ka_{mn} \end{pmatrix}_{m \times n}.$$

矩阵的数量乘法满足的运算律如表 4.1-4 所示，其中 A, B 为任意同型矩阵，$k, \lambda \in \mathbf{R}$.

表 4.1-4　矩阵的数乘运算律

运算律名称	公式表示
结合律	$(k\lambda)A = k(\lambda A)$
关于常数的分配律	$(k + \lambda)A = kA + \lambda A$
关于矩阵的分配律	$k(A + B) = kA + kB$

案例 4.1.4　（产品的成本）设某厂 4 个车间每月生产 3 种产品的成本（单位：万元）为

$$A = \begin{pmatrix} 40 & 60 & 10 \\ 50 & 30 & 90 \\ 20 & 70 & 50 \\ 80 & 50 & 40 \end{pmatrix},$$

现在产品的成本变为原来的 2 倍. 那么,各车间生产的产品成本为

$$2A = \begin{pmatrix} 2\times40 & 2\times60 & 2\times10 \\ 2\times50 & 2\times30 & 2\times90 \\ 2\times20 & 2\times70 & 2\times50 \\ 2\times80 & 2\times50 & 2\times40 \end{pmatrix} = \begin{pmatrix} 80 & 120 & 20 \\ 100 & 60 & 180 \\ 40 & 140 & 100 \\ 160 & 100 & 80 \end{pmatrix}.$$

案例 4.1.5（矩阵的四则运算）设矩阵 $A = \begin{pmatrix} 1 & 2 & 3 \\ 4 & 5 & 6 \end{pmatrix}$，$B = \begin{pmatrix} 2 & 0 & -1 \\ 3 & 1 & 2 \end{pmatrix}$，试求 $2A - 3B$.

解　因为

$$2A = \begin{pmatrix} 2\times1 & 2\times2 & 2\times3 \\ 2\times4 & 2\times5 & 2\times6 \end{pmatrix} = \begin{pmatrix} 2 & 4 & 6 \\ 8 & 10 & 12 \end{pmatrix},$$

$$3B = \begin{pmatrix} 3\times2 & 3\times0 & 3\times(-1) \\ 3\times3 & 3\times1 & 3\times2 \end{pmatrix} = \begin{pmatrix} 6 & 0 & -3 \\ 9 & 3 & 6 \end{pmatrix},$$

所以

$$2A - 3B = \begin{pmatrix} 2-6 & 4-0 & 6-(-3) \\ 8-9 & 10-3 & 12-6 \end{pmatrix} = \begin{pmatrix} -4 & 4 & 9 \\ -1 & 7 & 6 \end{pmatrix}.$$

3. 矩阵的乘法

引例 4.1.3（产品的原材料关系）已知某公司生产 y_1,y_2 两种产品需要三种元件 x_1,x_2,x_3 的数量满足以下关系

$$\begin{cases} y_1 = a_{11}x_1 + a_{12}x_2 + a_{13}x_3, \\ y_2 = a_{21}x_1 + a_{22}x_2 + a_{23}x_3, \end{cases} \quad (\text{I})$$

其系数矩阵为

$$A = \begin{pmatrix} a_{11} & a_{12} & a_{13} \\ a_{21} & a_{22} & a_{23} \end{pmatrix};$$

又知道三种元件 x_1,x_2,x_3 所需两种原材料 t_1,t_2 的数量满足以下关系

$$\begin{cases} x_1 = b_{11}t_1 + b_{12}t_2, \\ x_2 = b_{21}t_1 + b_{22}t_2, \\ x_3 = b_{31}t_1 + b_{32}t_2, \end{cases} \quad (\text{II})$$

其系数矩阵为

$$B = \begin{pmatrix} b_{11} & b_{12} \\ b_{21} & b_{22} \\ b_{31} & b_{32} \end{pmatrix}.$$

现求 y_1,y_2 两种产品分别所需的两种原材料 t_1,t_2 的对应关系.

将（Ⅱ）代入（Ⅰ），可得从 t_1, t_2 到 y_1, y_2 的关系为

$$\begin{cases} y_1 = (a_{11}b_{11} + a_{12}b_{21} + a_{13}b_{31})t_1 + (a_{11}b_{12} + a_{12}b_{22} + a_{13}b_{32})t_2, \\ y_2 = (a_{21}b_{11} + a_{22}b_{21} + a_{23}b_{31})t_1 + (a_{21}b_{12} + a_{22}b_{22} + a_{23}b_{32})t_2, \end{cases} \quad （Ⅲ）$$

称（Ⅲ）为（Ⅰ）与（Ⅱ）的乘积，记作

$$\boldsymbol{AB} = \begin{pmatrix} a_{11} & a_{12} & a_{13} \\ a_{21} & a_{22} & a_{23} \end{pmatrix} \begin{pmatrix} b_{11} & b_{12} \\ b_{21} & b_{22} \\ b_{31} & b_{32} \end{pmatrix}$$

$$= \begin{pmatrix} a_{11}b_{11} + a_{12}b_{21} + a_{13}b_{31} & a_{11}b_{12} + a_{12}b_{22} + a_{13}b_{32} \\ a_{21}b_{11} + a_{22}b_{21} + a_{23}b_{31} & a_{21}b_{12} + a_{22}b_{22} + a_{23}b_{32} \end{pmatrix} = \boldsymbol{C}.$$

定义 4.1.3 设 $\boldsymbol{A} = (a_{ij})_{m \times s}$，$\boldsymbol{B} = (b_{ij})_{s \times n}$，则规定 $\boldsymbol{A}$ 与 $\boldsymbol{B}$ 的乘积是一个 $m \times n$ 矩阵 $\boldsymbol{C} = (c_{ij})_{m \times n}$，其中，

$$c_{ij} = a_{i1}b_{1j} + a_{i2}b_{2j} + \cdots + a_{is}b_{sj}$$
$$= \sum_{k=1}^{s} a_{ik}b_{kj} \ (i = 1, 2, \cdots, m; j = 1, 2, \cdots, n),$$

并记作 $\boldsymbol{AB} = \boldsymbol{C}$. 即

从以上定义不难看出，只有 $\boldsymbol{A}$ 的列数等于 $\boldsymbol{B}$ 的行数时，$\boldsymbol{AB}$ 才有意义. 即

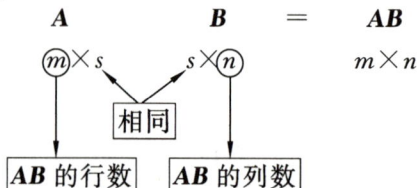

案例 4.1.6 （矩阵的乘法）设 $\boldsymbol{A}, \boldsymbol{B}$ 分别是 $n \times 1$ 和 $1 \times n$ 矩阵

$$\boldsymbol{A}=\begin{pmatrix}a_1\\a_2\\\vdots\\a_n\end{pmatrix},\quad \boldsymbol{B}=(b_1\quad b_2\quad \cdots\quad b_n),$$

计算 $\boldsymbol{AB}$ 和 $\boldsymbol{BA}$.

解　$\boldsymbol{AB}=\boldsymbol{A}_{n\times1}\boldsymbol{B}_{1\times n}=\begin{pmatrix}a_1\\a_2\\\vdots\\a_n\end{pmatrix}(b_1\quad b_2\quad\cdots\quad b_n)=\begin{pmatrix}a_1b_1&a_1b_2&\cdots&a_1b_n\\a_2b_1&a_2b_2&\cdots&a_2b_n\\\vdots&\vdots&&\vdots\\a_nb_1&a_nb_2&\cdots&a_nb_n\end{pmatrix};$

$$\boldsymbol{BA}=\boldsymbol{B}_{1\times n}\boldsymbol{A}_{n\times1}=(b_1\quad b_2\quad\cdots\quad b_n)\begin{pmatrix}a_1\\a_2\\\vdots\\a_n\end{pmatrix}=(a_1b_1+a_2b_2+\cdots+a_nb_n)_{1\times1}.$$

案例 4.1.7（矩阵的乘法）$\boldsymbol{A}=\begin{pmatrix}3&-1&1\\-2&0&2\end{pmatrix},\quad \boldsymbol{B}=\begin{pmatrix}1&0&0&0\\1&2&0&0\\2&1&3&4\end{pmatrix}$,求 $\boldsymbol{AB}$.

解　因为

$$c_{11}=(3\quad-1\quad1)\begin{pmatrix}1\\1\\2\end{pmatrix}=3\times1+(-1)\times1+1\times2=4,$$

$$c_{12}=(3\quad-1\quad1)\begin{pmatrix}0\\2\\1\end{pmatrix}=3\times0+(-1)\times2+1\times1=-1,$$

$$c_{13}=(3\quad-1\quad1)\begin{pmatrix}0\\0\\3\end{pmatrix}=3\times0+(-1)\times0+1\times3=3,$$

$$c_{14}=(3\quad-1\quad1)\begin{pmatrix}0\\0\\4\end{pmatrix}=3\times0+(-1)\times0+1\times4=4,$$

$$c_{21}=(-2\quad0\quad2)\begin{pmatrix}1\\1\\2\end{pmatrix}=(-2)\times1+0\times1+2\times2=2,$$

$$c_{22}=(-2\quad0\quad2)\begin{pmatrix}0\\2\\1\end{pmatrix}=(-2)\times0+0\times2+2\times1=2,$$

$$c_{23} = (-2 \quad 0 \quad 2)\begin{pmatrix} 0 \\ 0 \\ 3 \end{pmatrix} = (-2) \times 0 + 0 \times 0 + 2 \times 3 = 6,$$

$$c_{24} = (-2 \quad 0 \quad 2)\begin{pmatrix} 0 \\ 0 \\ 4 \end{pmatrix} = (-2) \times 0 + 0 \times 0 + 2 \times 4 = 8,$$

所以，

$$AB = \begin{pmatrix} 4 & -1 & 3 & 4 \\ 2 & 2 & 6 & 8 \end{pmatrix}.$$

该题中因为 B 矩阵的列数与 A 矩阵的行数不相等，所以 BA 无意义.

视频讲解	学习笔记

案例 4.1.8 （线性方程组的矩阵表示）

设 $A = \begin{pmatrix} a_{11} & a_{12} & \cdots & a_{1n} \\ a_{21} & a_{22} & \cdots & a_{2n} \\ \vdots & \vdots & & \vdots \\ a_{m1} & a_{m2} & \cdots & a_{mn} \end{pmatrix}_{m \times n}$, $X = \begin{pmatrix} x_1 \\ x_2 \\ \vdots \\ x_n \end{pmatrix}$, $B = \begin{pmatrix} b_1 \\ b_2 \\ \vdots \\ b_n \end{pmatrix}$,

则线性方程组

$$\begin{cases} a_{11}x_1 + a_{12}x_2 + \cdots + a_{1n}x_n = b_1, \\ a_{21}x_1 + a_{22}x_2 + \cdots + a_{2n}x_n = b_2, \\ \qquad\qquad \vdots \\ a_{m1}x_1 + a_{m2}x_2 + \cdots + a_{mn}x_n = b_m \end{cases}$$

可用矩阵乘积表示为

$$AX = B.$$

根据矩阵乘法的定义可得表 4.1-5 的运算律.

表 4.1-5 矩阵乘法的运算律

运算律名称		公式表示
结合律	矩阵相乘结合律	$(AB)C = A(BC)$
	数乘结合律	$\lambda(AB) = (\lambda A)B = A(\lambda B)$
分配律	左分配律	$A(B+C) = AB + AC$
	右分配律	$(A+B)C = AC + BC$
单位矩阵相乘运算律		$EA = A, BE = B$

定义 4.1.4　设 A 是 n 阶方阵,则定义

$$A^1 = A, \quad A^2 = AA, \quad \cdots, \quad A^k = \underbrace{A\cdots A}_{k个}$$

为矩阵的 k 阶方幂.

根据定义,方幂有与实数相同的公式,如表 4.1-6 所示.

表 4.1-6　方幂运算律

运算	公式表示
同底数方幂相乘	$A^k A^l = A^{k+l}$
方幂的乘方	$(A^k)^l = A^{kl}$,其中 $k, l \in \mathbf{N}^+$

但一般地,$(AB)^k \neq A^k B^k$,A, B 为 n 阶方阵.

4.1.3　矩阵的转置

定义 4.1.5　把矩阵 A 行列互换所得到的矩阵,称为 A 的转置矩阵,记作 A^{T}(或 A'). 即

$$
\boxed{行列互换}
$$

$$
A = \begin{pmatrix} a_{11} & a_{12} & \cdots & a_{1n} \\ a_{21} & a_{22} & \cdots & a_{2n} \\ \vdots & \vdots & & \vdots \\ a_{m1} & a_{m2} & \cdots & a_{mn} \end{pmatrix}_{m \times n}, \quad A^{\mathrm{T}} = \begin{pmatrix} a_{11} & a_{21} & \cdots & a_{m1} \\ a_{21} & a_{22} & \cdots & a_{m2} \\ \vdots & \vdots & & \vdots \\ a_{1n} & a_{2n} & \cdots & a_{mn} \end{pmatrix}_{n \times m}.
$$

例如,

$$
A = \begin{pmatrix} 2 & 0 & -1 \\ 1 & 3 & 2 \end{pmatrix}, \quad A^{\mathrm{T}} = \begin{pmatrix} 2 & 1 \\ 0 & 3 \\ -1 & 2 \end{pmatrix}.
$$

矩阵转置满足表 4.1-7 中的运算律.

表 4.1-7　矩阵转置的运算律

运算	公式表示
转置的转置	$(A^{\mathrm{T}})^{\mathrm{T}} = A$
和的转置	$(A + B)^{\mathrm{T}} = A^{\mathrm{T}} + B^{\mathrm{T}}$
数乘的转置	$(kA)^{\mathrm{T}} = kA^{\mathrm{T}}$
积的转置	$(AB)^{\mathrm{T}} = B^{\mathrm{T}} A^{\mathrm{T}}$

案例 4.1.9　(矩阵的转置)已知 $A = \begin{pmatrix} 2 & 1 & 4 & 0 \\ 1 & -1 & 3 & 4 \end{pmatrix}$, $B = \begin{pmatrix} 1 & 3 & 1 \\ 0 & -1 & 2 \\ 1 & -3 & 1 \\ 4 & 0 & -2 \end{pmatrix}$. 求 $(AB)^{\mathrm{T}}$.

解法 1　$\boldsymbol{AB} = \begin{pmatrix} 2 & 1 & 4 & 0 \\ 1 & -1 & 3 & 4 \end{pmatrix} \begin{pmatrix} 1 & 3 & 1 \\ 0 & -1 & 2 \\ 1 & -3 & 1 \\ 4 & 0 & -2 \end{pmatrix} = \begin{pmatrix} 6 & -7 & 8 \\ 20 & -5 & -6 \end{pmatrix}$,

所以

$$(\boldsymbol{AB})^{\mathrm{T}} = \begin{pmatrix} 6 & 20 \\ -7 & -5 \\ 8 & -6 \end{pmatrix}.$$

解法 2　$(\boldsymbol{AB})^{\mathrm{T}} = \boldsymbol{B}^{\mathrm{T}} \boldsymbol{A}^{\mathrm{T}} = \begin{pmatrix} 1 & 0 & 1 & 4 \\ 3 & -1 & -3 & 0 \\ 1 & 2 & 1 & -2 \end{pmatrix} \begin{pmatrix} 2 & 1 \\ 1 & -1 \\ 4 & 3 \\ 0 & 4 \end{pmatrix} = \begin{pmatrix} 6 & 20 \\ -7 & -5 \\ 8 & -6 \end{pmatrix}.$

习题 4.1

1. 计算下列矩阵的乘积.

(1) $\begin{pmatrix} 1 \\ -1 \\ 2 \\ 3 \end{pmatrix} (3 \quad 2 \quad -1 \quad 0)$;

(2) $\begin{pmatrix} 5 & 0 & 0 \\ 0 & 3 & 1 \\ 0 & 2 & 1 \end{pmatrix} \begin{pmatrix} 1 \\ -2 \\ 3 \end{pmatrix}$;

(3) $(1 \quad 2 \quad 3 \quad 4) \begin{pmatrix} 3 \\ 2 \\ 1 \\ 0 \end{pmatrix}$;

(4) $(x_1 \quad x_2 \quad x_3) \begin{pmatrix} a_{11} & a_{12} & a_{13} \\ a_{21} & a_{22} & a_{23} \\ a_{31} & a_{32} & a_{33} \end{pmatrix} \begin{pmatrix} x_1 \\ x_2 \\ x_3 \end{pmatrix}$;

(5) $\begin{pmatrix} a_{11} & a_{12} & a_{13} \\ a_{21} & a_{22} & a_{23} \\ a_{31} & a_{32} & a_{33} \end{pmatrix} \begin{pmatrix} 1 & 0 & 0 \\ 0 & 1 & 1 \\ 0 & 0 & 1 \end{pmatrix}$;

(6) $\begin{pmatrix} 1 & 2 & 1 & 0 \\ 0 & 1 & 0 & 1 \\ 0 & 0 & 2 & 1 \\ 0 & 0 & 0 & 3 \end{pmatrix} \begin{pmatrix} 1 & 0 & 3 & 1 \\ 0 & 1 & 2 & -1 \\ 0 & 0 & -2 & 3 \\ 0 & 0 & 0 & -3 \end{pmatrix}$.

2. 设 $\boldsymbol{A} = \begin{pmatrix} 1 & 1 & 1 \\ -1 & 1 & 1 \\ 1 & -1 & 1 \end{pmatrix}$, $\boldsymbol{B} = \begin{pmatrix} 1 & 2 & 1 \\ 1 & 3 & -1 \\ 2 & 1 & 4 \end{pmatrix}$.

(1) 求 $\boldsymbol{AB} - 2\boldsymbol{A}$;

(2) 求 $\boldsymbol{AB} - \boldsymbol{BA}$;

(3) 试问 $(\boldsymbol{A} + \boldsymbol{B})(\boldsymbol{A} - \boldsymbol{B}) = \boldsymbol{A}^2 - \boldsymbol{B}^2$ 成立吗?

3. 举例说明下列命题是错误的.

(1) 若 $\boldsymbol{A}^2 = 0$,则 $\boldsymbol{A} = 0$;　　　　(2) 若 $\boldsymbol{A}^2 = \boldsymbol{A}$,则 $\boldsymbol{A} = 0$ 或 $\boldsymbol{A} = \boldsymbol{E}$.

4. 设 $\boldsymbol{A} = \begin{pmatrix} 1 & \lambda \\ 0 & 1 \end{pmatrix}$,求 $\boldsymbol{A}^2$, $\boldsymbol{A}^3$, $\cdots$, $\boldsymbol{A}^k$.

§4.2　行列式的定义

4.2.1　二阶、三阶行列式

我们知道,对于二元一次方程组

$$\begin{cases} a_{11}x + a_{12}y = b_1, \\ a_{21}x + a_{22}y = b_2, \end{cases}$$

如果有解,可以通过加减消元的办法把它的解求出来.

把第一个方程两端同乘 a_{21},第二个方程两端同乘 a_{11},得

$$\begin{cases} a_{11}a_{21}x + a_{12}a_{21}y = b_1a_{21}, \\ a_{11}a_{21}x + a_{11}a_{22}y = b_2a_{11}, \end{cases}$$

把方程组中两个方程相减,得

$$(a_{11}a_{22} - a_{12}a_{21})y = (b_2a_{11} - b_1a_{21}),$$

若 $a_{11}a_{22} - a_{12}a_{21} \neq 0$,则

$$y = \frac{b_2a_{11} - b_1a_{21}}{a_{11}a_{22} - a_{12}a_{21}},$$

记作

$$y = \frac{\begin{vmatrix} a_{11} & b_1 \\ a_{21} & b_2 \end{vmatrix}}{\begin{vmatrix} a_{11} & a_{12} \\ a_{21} & a_{22} \end{vmatrix}};$$

同理,

$$x = \frac{\begin{vmatrix} b_1 & a_{12} \\ b_2 & a_{22} \end{vmatrix}}{\begin{vmatrix} a_{11} & a_{12} \\ a_{21} & a_{22} \end{vmatrix}}.$$

上式中的 $\begin{vmatrix} a_{11} & b_1 \\ a_{21} & b_2 \end{vmatrix}$,$\begin{vmatrix} a_{11} & a_{12} \\ a_{21} & a_{22} \end{vmatrix}$,$\begin{vmatrix} b_1 & a_{12} \\ b_2 & a_{22} \end{vmatrix}$ 就称为二阶行列式.

定义 4.2.1　二阶行列式

$$\begin{vmatrix} a_{11} & a_{12} \\ a_{21} & a_{22} \end{vmatrix} = a_{11}a_{22} - a_{21}a_{12}.$$

可见,二阶行列式是一个数,其值等于左上角与右下角的元素之积减去右上角与左下角的元素之积.

定义 4.2.2 三阶行列式

$$D = \begin{vmatrix} a_{11} & a_{12} & a_{13} \\ a_{21} & a_{22} & a_{23} \\ a_{31} & a_{32} & a_{33} \end{vmatrix} = a_{11}\begin{vmatrix} a_{22} & a_{23} \\ a_{32} & a_{33} \end{vmatrix} - a_{12}\begin{vmatrix} a_{21} & a_{23} \\ a_{31} & a_{33} \end{vmatrix} + a_{13}\begin{vmatrix} a_{21} & a_{22} \\ a_{31} & a_{32} \end{vmatrix}$$

$$= a_{11}a_{22}a_{33} - a_{11}a_{23}a_{32} - a_{12}a_{21}a_{33} + a_{12}a_{23}a_{31} + a_{13}a_{21}a_{32} - a_{13}a_{22}a_{31}$$

$$= a_{11}a_{22}a_{33} + a_{12}a_{23}a_{31} + a_{13}a_{21}a_{32} - a_{13}a_{22}a_{31} - a_{12}a_{21}a_{33} - a_{11}a_{23}a_{32},$$

$a_{ij}(i=1,2,3;j=1,2,3)$ 称为 D 的元素.

三阶行列式的展开方法可用图 4.2-1 表示. 用右下箭头上各元素之积减左下箭头上各元素之积.

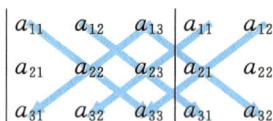

图 4.2-1 对角线展开法

案例 4.2.1 （三阶行列式的计算）计算行列式 $\begin{vmatrix} 1 & 2 & 3 \\ 0 & 4 & 5 \\ 0 & 0 & 6 \end{vmatrix}$.

解 $\begin{vmatrix} 1 & 2 & 3 \\ 0 & 4 & 5 \\ 0 & 0 & 6 \end{vmatrix} = 1\times4\times6 + 2\times5\times0 + 3\times0\times0 - 3\times4\times0 - 1\times5\times0 - 2\times0\times6 = 24.$

定义 4.2.3 在一个由 k 行 k 列组成的 k 阶行列式中,如果把 a_{ij} 所在的第 i 行和第 j 列 $(i=1,2,\cdots,k;j=1,2,\cdots,k)$ 的元素划去后,所剩下的元素按原来的位置组成的 $k-1$ 阶行列式称为元素 a_{ij} 的余子式,记为 M_{ij}.

比如,在三阶行列式中,

$$M_{11} = \begin{vmatrix} a_{22} & a_{23} \\ a_{32} & a_{33} \end{vmatrix}, \quad M_{12} = \begin{vmatrix} a_{21} & a_{23} \\ a_{31} & a_{33} \end{vmatrix}, \quad M_{13} = \begin{vmatrix} a_{21} & a_{22} \\ a_{31} & a_{32} \end{vmatrix},$$

故

$$D = \begin{vmatrix} a_{11} & a_{12} & a_{13} \\ a_{21} & a_{22} & a_{23} \\ a_{31} & a_{32} & a_{33} \end{vmatrix} = a_{11}M_{11} - a_{12}M_{12} + a_{13}M_{13}.$$

定义 4.2.4 若令 $A_{ij}=(-1)^{i+j}M_{ij}$,则 A_{ij} 称为元素 a_{ij} 的代数余子式.

显然,

$$D = \begin{vmatrix} a_{11} & a_{12} & a_{13} \\ a_{21} & a_{22} & a_{23} \\ a_{31} & a_{32} & a_{33} \end{vmatrix} = a_{11}A_{11} + a_{12}A_{12} + a_{13}A_{13} = \sum_{k=1}^{3} a_{1k}A_{1k}.$$

4.2.2 n 阶行列式

定义 4.2.5 由 n^2 个数排成的 n 行 n 列的符号

$$D_n = \begin{vmatrix} a_{11} & a_{12} & \cdots & a_{1n} \\ a_{21} & a_{22} & \cdots & a_{2n} \\ \vdots & \vdots & & \vdots \\ a_{n1} & a_{n2} & \cdots & a_{nn} \end{vmatrix}$$

称为 n 阶行列式,横排称为行,竖排称为列,从左上角到右下角的这条线称为主对角线.

$$D_n = \begin{vmatrix} a_{11} & a_{12} & \cdots & a_{1n} \\ a_{21} & a_{22} & \cdots & a_{2n} \\ \vdots & \vdots & & \vdots \\ a_{n1} & a_{n2} & \cdots & a_{nn} \end{vmatrix} \longrightarrow \boxed{\text{主对角线}}$$

它表示由特定运算方式所确定的数:

当 $n=1$ 时,规定 $D_1 = |a_{11}| = a_{11}$;

当 $n=2$ 时,$D_2 = \begin{vmatrix} a_{11} & a_{12} \\ a_{21} & a_{22} \end{vmatrix} = a_{11}a_{22} - a_{21}a_{12}$;

当 $n>2$ 时,$D_n = \begin{vmatrix} a_{11} & a_{12} & \cdots & a_{1n} \\ a_{21} & a_{22} & \cdots & a_{2n} \\ \vdots & \vdots & & \vdots \\ a_{n1} & a_{n2} & \cdots & a_{nn} \end{vmatrix} = a_{11}A_{11} + a_{12}A_{12} + \cdots + a_{1n}A_{1n} = \sum_{k=1}^{n} a_{1k}A_{1k}.$

其中,$A_{ij} = (-1)^{i+j}M_{ij}$,$M_{ij}$ 为元素 a_{ij} 的余子式,A_{ij} 为元素 a_{ij} 的代数余子式.

案例 4.2.2 (三阶行列式的计算) 计算三阶行列式 $D = \begin{vmatrix} 1 & -2 & 3 \\ 7 & -8 & 9 \\ 4 & -5 & 6 \end{vmatrix}$.

解 由行列式的定义,有

$$D = 1 \times (-1)^{1+1} \begin{vmatrix} -8 & 9 \\ -5 & 6 \end{vmatrix} + (-2) \times (-1)^{1+2} \begin{vmatrix} 7 & 9 \\ 4 & 6 \end{vmatrix} + 3 \times (-1)^{1+3} \begin{vmatrix} 7 & -8 \\ 4 & -5 \end{vmatrix}$$

$$= -3 + 12 - 9 = 0.$$

案例 4.2.3 (四阶行列式的计算) 计算行列式 $D = \begin{vmatrix} 0 & a_{12} & 0 & 0 \\ 0 & 0 & 0 & a_{24} \\ a_{31} & 0 & 0 & 0 \\ 0 & 0 & a_{43} & 0 \end{vmatrix}$.

解 由行列式的定义,有

$$D = a_{12} \cdot (-1)^{1+2} \cdot \begin{vmatrix} 0 & 0 & a_{24} \\ a_{31} & 0 & 0 \\ 0 & a_{43} & 0 \end{vmatrix} = -a_{12}a_{24} \cdot (-1)^{1+3} \cdot \begin{vmatrix} a_{31} & 0 \\ 0 & a_{43} \end{vmatrix}$$

$$= -a_{12}a_{24}a_{31}a_{43}.$$

事实上,我们可以证明 n 阶行列式可按其任意一行或列展开.例如,把定义中的 n 阶行列式按第 i 行或按第 j 列展开,可得展开式,如图 4.2-2 所示.

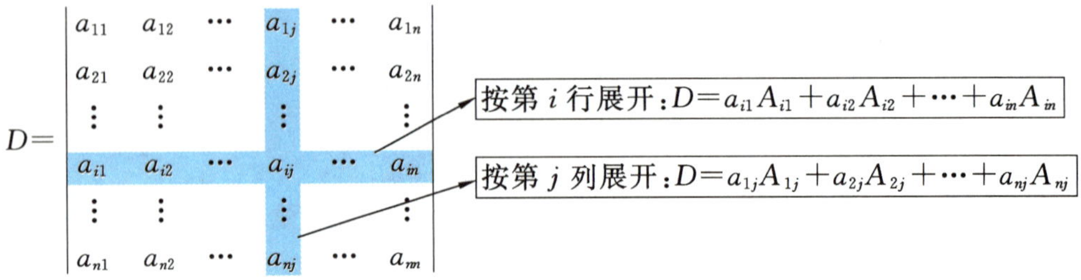

$$D = \begin{vmatrix} a_{11} & a_{12} & \cdots & a_{1j} & \cdots & a_{1n} \\ a_{21} & a_{22} & \cdots & a_{2j} & \cdots & a_{2n} \\ \vdots & \vdots & & \vdots & & \vdots \\ a_{i1} & a_{i2} & \cdots & a_{ij} & \cdots & a_{in} \\ \vdots & \vdots & & \vdots & & \vdots \\ a_{n1} & a_{n2} & \cdots & a_{nj} & \cdots & a_{nn} \end{vmatrix}$$

按第 i 行展开：$D = a_{i1}A_{i1} + a_{i2}A_{i2} + \cdots + a_{in}A_{in}$

按第 j 列展开：$D = a_{1j}A_{1j} + a_{2j}A_{2j} + \cdots + a_{nj}A_{nj}$

图 4.2-2 n 阶行列式的展开

视频讲解	学习笔记

4.2.3 几种特殊的行列式

1. 上（下）三角形行列式

定义 4.2.6 形如

$$D_1 = \begin{vmatrix} a_{11} & a_{12} & \cdots & a_{1n} \\ & a_{22} & \cdots & a_{2n} \\ & & \ddots & \vdots \\ & & & a_{nn} \end{vmatrix}, \quad D_2 = \begin{vmatrix} a_{11} & & & \\ a_{21} & a_{22} & & \\ \vdots & \vdots & \ddots & \\ a_{n1} & a_{n2} & \cdots & a_{nn} \end{vmatrix}$$

的行列式分别称为上三角形行列式和下三角形行列式. 其特点是主对角线以下（上）的元素全部为 0.

以上三角形行列式为例, 根据行列式的定义, 我们先把 D_1 按第一列展开, 得

$$D_1 = a_{11} \cdot (-1)^{1+1} \begin{vmatrix} a_{22} & a_{23} & \cdots & a_{2n} \\ & a_{33} & \cdots & a_{3n} \\ & & \ddots & \vdots \\ & & & a_{nn} \end{vmatrix}$$

$$= a_{11}a_{22} \cdot (-1)^{1+1} \begin{vmatrix} a_{33} & a_{34} & \cdots & a_{3n} \\ & a_{44} & \cdots & a_{4n} \\ & & \ddots & \vdots \\ & & & a_{nn} \end{vmatrix}$$

$$= \cdots = a_{11}a_{22}\cdots a_{nn}.$$

同理, 把下三角形行列式每次按第一行展开, 可得

$$D_2 = \begin{vmatrix} a_{11} & & & \\ a_{21} & a_{22} & & \\ \vdots & \vdots & \ddots & \\ a_{n1} & a_{n2} & \cdots & a_{nn} \end{vmatrix} = a_{11}a_{22}\cdots a_{nn}.$$

2. 对角行列式

定义 4.2.7　若非主对角线上的元素全部为 0,则称行列式为对角行列式,易知

$$\begin{vmatrix} a_{11} & & & \\ & a_{22} & & \\ & & \cdots & \\ & & & a_{nn} \end{vmatrix} = a_{11}a_{22}\cdots a_{nn}.$$

习题 4.2

1. 计算下列二阶行列式.

(1) $\begin{vmatrix} 1 & 3 \\ 1 & 4 \end{vmatrix}$;
　　　　　　(2) $\begin{vmatrix} 2 & 1 \\ -1 & 2 \end{vmatrix}$;
　　　　　　(3) $\begin{vmatrix} a & b \\ a^2 & b^2 \end{vmatrix}$.

2. 计算下列三阶行列式.

(1) $\begin{vmatrix} -2 & -4 & 1 \\ 3 & 0 & 3 \\ 5 & 4 & -2 \end{vmatrix}$;
　　(2) $\begin{vmatrix} 1 & -1 & 0 \\ 4 & -5 & -3 \\ 2 & 3 & 6 \end{vmatrix}$;
　　(3) $\begin{vmatrix} 1 & -1 & 2 \\ 1 & 1 & 1 \\ 2 & 3 & -1 \end{vmatrix}$.

3. 写出三阶行列式

$$D = \begin{vmatrix} -1 & 3 & 2 \\ 7 & 0 & 6 \\ 11 & 9 & -4 \end{vmatrix}$$

中元素 $a_{21}=7, a_{23}=6$ 的代数余子式,并求行列式的值.

§4.3 行列式的性质与计算

4.3.1 行列式的性质

定义 4.3.1 记

$$D=\begin{vmatrix} a_{11} & a_{12} & \cdots & a_{1n} \\ a_{21} & a_{22} & \cdots & a_{2n} \\ \vdots & \vdots & & \vdots \\ a_{n1} & a_{n2} & \cdots & a_{nn} \end{vmatrix} \implies D^{\mathrm{T}}=\begin{vmatrix} a_{11} & a_{21} & \cdots & a_{n1} \\ a_{12} & a_{22} & \cdots & a_{n2} \\ \vdots & \vdots & & \vdots \\ a_{1n} & a_{2n} & \cdots & a_{nn} \end{vmatrix}$$

行列式 D^{T} 称为行列式 D 的**转置行列式**（依次将行换成列）.

性质 4.3.1 一个行列式与其转置行列式的值相等，即 $D=D^{\mathrm{T}}$.

在行列式中行与列具有同等地位. 在行上具有的性质，在列上也具有同样的性质；在列上具有的性质，在行上也具有相同的性质.

性质 4.3.2 交换行列式的两行（或列）的位置，行列式的符号改变.

$$D=\begin{vmatrix} a_{11} & a_{12} & \cdots & a_{1n} \\ a_{21} & a_{22} & \cdots & a_{2n} \\ \vdots & \vdots & & \vdots \\ a_{i_1 1} & a_{i_1 2} & \cdots & a_{i_1 n} \\ \vdots & \vdots & & \vdots \\ a_{i_2 1} & a_{i_2 2} & \cdots & a_{i_2 n} \\ \vdots & \vdots & & \vdots \\ a_{n1} & a_{n2} & \cdots & a_{nn} \end{vmatrix} \xrightarrow{\text{两行互换}} =-\begin{vmatrix} a_{11} & a_{12} & \cdots & a_{1n} \\ a_{21} & a_{22} & \cdots & a_{2n} \\ \vdots & \vdots & & \vdots \\ a_{i_2 1} & a_{i_2 2} & \cdots & a_{i_2 n} \\ \vdots & \vdots & & \vdots \\ a_{i_1 1} & a_{i_1 2} & \cdots & a_{i_1 n} \\ \vdots & \vdots & & \vdots \\ a_{n1} & a_{n2} & \cdots & a_{nn} \end{vmatrix};$$

$$D=\begin{vmatrix} a_{11} & a_{12} & \cdots & a_{1j_1} & \cdots & a_{1j_2} & \cdots & a_{1n} \\ a_{21} & a_{22} & \cdots & a_{2j_1} & \cdots & a_{2j_2} & \cdots & a_{2n} \\ \vdots & \vdots & & \vdots & & \vdots & & \vdots \\ a_{n1} & a_{n2} & \cdots & a_{nj_1} & \cdots & a_{nj_2} & \cdots & a_{nn} \end{vmatrix}$$

（两列互换）

$$=-\begin{vmatrix} a_{11} & a_{12} & \cdots & a_{1j_2} & \cdots & a_{1j_1} & \cdots & a_{1n} \\ a_{21} & a_{22} & \cdots & a_{2j_2} & \cdots & a_{2j_1} & \cdots & a_{2n} \\ \vdots & \vdots & & \vdots & & \vdots & & \vdots \\ a_{n1} & a_{n2} & \cdots & a_{nj_2} & \cdots & a_{nj_1} & \cdots & a_{nn} \end{vmatrix}.$$

例如，

$$D=\begin{vmatrix} a & b \\ c & d \end{vmatrix}=ad-bc, \quad \begin{vmatrix} c & d \\ a & b \end{vmatrix}=bc-ad=-D.$$

推论 4.3.1　如果行列式有两行(或列)完全相同,则此行列式为 0.

性质 4.3.3　行列式的某一行(或列)的各元素与另一行(或列)的对应元素的代数余子式的乘积之和等于 0. 即

第 i 行第 k 列的元素　　　　　　　第 k 行第 i 列的元素

$$\sum_{k=1}^{n} a_{ik}A_{jk} = \begin{cases} D, & i=j, \\ 0, & i \neq j. \end{cases} \qquad \sum_{k=1}^{n} a_{ki}A_{kj} = \begin{cases} D, & i=j, \\ 0, & i \neq j. \end{cases}$$

第 j 行第 k 列元素的代数余子式　　　第 k 行第 j 列元素的代数余子式

性质 4.3.4　行列式的某一行(或列)中的元素有公因子 k,则数 k 可以提到行列式的外面. 即

$$D = \begin{vmatrix} a_{11} & a_{12} & \cdots & a_{1n} \\ a_{21} & a_{22} & \cdots & a_{2n} \\ \vdots & \vdots & & \vdots \\ ka_{i1} & ka_{i2} & \cdots & ka_{in} \\ \vdots & \vdots & & \vdots \\ a_{n1} & a_{n2} & \cdots & a_{nn} \end{vmatrix} = k \begin{vmatrix} a_{11} & a_{12} & \cdots & a_{1n} \\ a_{21} & a_{22} & \cdots & a_{2n} \\ \vdots & \vdots & & \vdots \\ a_{i1} & a_{i2} & \cdots & a_{in} \\ \vdots & \vdots & & \vdots \\ a_{n1} & a_{n2} & \cdots & a_{nn} \end{vmatrix}$$

$$D = \begin{vmatrix} a_{11} & a_{12} & \cdots & ka_{1j} & \cdots & a_{1n} \\ a_{21} & a_{22} & \cdots & ka_{2j} & \cdots & a_{2n} \\ \vdots & \vdots & & \vdots & & \vdots \\ a_{n1} & a_{n2} & \cdots & ka_{nj} & \cdots & a_{nn} \end{vmatrix} = k \begin{vmatrix} a_{11} & a_{12} & \cdots & a_{1j} & \cdots & a_{1n} \\ a_{21} & a_{22} & \cdots & a_{2j} & \cdots & a_{2n} \\ \vdots & \vdots & & \vdots & & \vdots \\ a_{n1} & a_{n2} & \cdots & a_{nj} & \cdots & a_{nn} \end{vmatrix}.$$

推论 4.3.2　一个数乘行列式相当于把该数乘到行列式的某行或某列上去.

性质 4.3.5　若行列式中有两行(或列)元素成比例,则此行列式为 0. 即

两行对应元素比例 $1 : k$

$$\begin{vmatrix} a_{11} & a_{12} & \cdots & a_{1n} \\ \vdots & \vdots & & \vdots \\ a_{i1} & a_{i2} & \cdots & a_{in} \\ \vdots & \vdots & & \vdots \\ ka_{i1} & ka_{i2} & \cdots & ka_{in} \\ \vdots & \vdots & & \vdots \\ a_{n1} & a_{n2} & \cdots & a_{nn} \end{vmatrix} = 0.$$

性质 4.3.6　若行列式的某一行(或列)的元素都是两数之和,设

$$D = \begin{vmatrix} a_{11} & a_{12} & \cdots & b_{1j}+c_{1j} & \cdots & a_{1n} \\ a_{21} & a_{22} & \cdots & b_{2j}+c_{2j} & \cdots & a_{2n} \\ \vdots & \vdots & & \vdots & & \vdots \\ a_{n1} & a_{n2} & \cdots & b_{nj}+c_{nj} & \cdots & a_{nn} \end{vmatrix},$$

则

$$D=\begin{vmatrix} a_{11} & a_{12} & \cdots & b_{1j} & \cdots & a_{1n} \\ a_{21} & a_{22} & \cdots & b_{2j} & \cdots & a_{2n} \\ \vdots & \vdots & & \vdots & & \vdots \\ a_{n1} & a_{n2} & \cdots & b_{nj} & \cdots & a_{nn} \end{vmatrix} + \begin{vmatrix} a_{11} & a_{12} & \cdots & c_{1j} & \cdots & a_{1n} \\ a_{21} & a_{22} & \cdots & c_{2j} & \cdots & a_{2n} \\ \vdots & \vdots & & \vdots & & \vdots \\ a_{n1} & a_{n2} & \cdots & c_{nj} & \cdots & a_{nn} \end{vmatrix}.$$

性质 4.3.7 把行列式的某一行（或列）的各元素乘同一数，然后加到另一行（或列）对应的元素上去，行列式的值不变. 即

$$D=\begin{vmatrix} a_{11} & a_{12} & \cdots & a_{1n} \\ a_{21} & a_{22} & \cdots & a_{2n} \\ \vdots & \vdots & & \vdots \\ a_{i_11} & a_{i_12} & \cdots & a_{i_1n} \\ \vdots & \vdots & & \vdots \\ a_{i_21} & a_{i_22} & \cdots & a_{i_2n} \\ \vdots & \vdots & & \vdots \\ a_{n1} & a_{n2} & \cdots & a_{nn} \end{vmatrix} \xrightarrow{\times k} = \begin{vmatrix} a_{11} & a_{12} & \cdots & a_{1n} \\ a_{21} & a_{22} & \cdots & a_{2n} \\ \vdots & \vdots & & \vdots \\ a_{i_11} & a_{i_12} & \cdots & a_{i_1n} \\ \vdots & \vdots & & \vdots \\ ka_{i_11}+a_{i_21} & ka_{i_12}+a_{i_22} & \cdots & ka_{i_1n}+a_{i_2n} \\ \vdots & \vdots & & \vdots \\ a_{n1} & a_{n2} & \cdots & a_{nn} \end{vmatrix},$$

$$D=\begin{vmatrix} a_{11} & a_{12} & \cdots & a_{1j_1} & \cdots & a_{1j_2} & \cdots & a_{1n} \\ a_{21} & a_{22} & \cdots & a_{2j_1} & \cdots & a_{2j_2} & \cdots & a_{2n} \\ \vdots & \vdots & & \vdots & & \vdots & & \vdots \\ a_{n1} & a_{n2} & \cdots & a_{nj_1} & \cdots & a_{nj_2} & \cdots & a_{nn} \end{vmatrix}$$

$$= \begin{vmatrix} a_{11} & a_{12} & \cdots & a_{1j_1} & \cdots & ka_{1j_1}+a_{1j_2} & \cdots & a_{1n} \\ a_{21} & a_{22} & \cdots & a_{2j_1} & \cdots & ka_{2j_1}+a_{2j_2} & \cdots & a_{2n} \\ \vdots & \vdots & & \vdots & & \vdots & & \vdots \\ a_{n1} & a_{n2} & \cdots & a_{nj_1} & \cdots & ka_{nj_1}+a_{nj_2} & \cdots & a_{nn} \end{vmatrix}.$$

4.3.2 行列式的计算

由上（下）三角形行列式的定义可知，如果一个行列式是上（下）三角形行列式，则其值等于主对角线上元素的乘积. 因此，如果行列式本身是三角形行列式，就很容易求出其值；如果行列式不是三角形行列式，可以通过行列式的性质，把行列式转化为三角形行列式，再求出其值. 具体步骤如下.

（1）如果第一行第一个元素为 0，先将第一行与其他行交换，使得第一行的第一个元素不为 0.

（2）把第一行分别乘适当的数，加到其他各行，使得第一列除了第一个元素不为 0 外，其余元素均为 0.

（3）用同样的方法处理，去掉第一行、第一列后剩余的低一阶行列式.

（4）继续下去，直到最后一行，把整个行列式变成一个上三角形行列式.

（5）把主对角线上的元素相乘，其结果即为行列式的值. 即

$$\times\left(-\frac{a_{21}}{a_{11}}\right)\quad\times\left(-\frac{a_{i1}}{a_{11}}\right)\quad\times\left(-\frac{a_{n1}}{a_{11}}\right)$$

$$D=\begin{vmatrix} a_{11} & a_{12} & \cdots & a_{1n} \\ a_{21} & a_{22} & \cdots & a_{2n} \\ \vdots & \vdots & & \vdots \\ a_{i1} & a_{i2} & \cdots & a_{in} \\ \vdots & \vdots & & \vdots \\ a_{n1} & a_{n2} & \cdots & a_{nn} \end{vmatrix}$$

$$\times\left(-\frac{b_{i2}}{b_{22}}\right)\quad\times\left(-\frac{b_{n2}}{b_{22}}\right)$$

$$=\begin{vmatrix} a_{11} & a_{12} & \cdots & a_{1n} \\ 0 & b_{22} & \cdots & b_{2n} \\ \vdots & \vdots & & \vdots \\ 0 & b_{i2} & \cdots & b_{in} \\ \vdots & \vdots & & \vdots \\ 0 & b_{n2} & \cdots & b_{nn} \end{vmatrix}$$

$$=\begin{vmatrix} a_{11} & a_{12} & \cdots & a_{1n} \\ 0 & b_{22} & \cdots & b_{2n} \\ \vdots & \vdots & & \vdots \\ 0 & 0 & \cdots & c_{in} \\ \vdots & \vdots & & \vdots \\ 0 & 0 & \cdots & c_{nn} \end{vmatrix}=\cdots=\begin{vmatrix} a_{11} & a_{12} & \cdots & a_{1n} \\ 0 & b_{22} & \cdots & b_{2n} \\ \vdots & \vdots & & \vdots \\ 0 & 0 & \cdots & x_{in} \\ \vdots & \vdots & & \vdots \\ 0 & 0 & \cdots & x_{nn} \end{vmatrix}=a_{11}b_{22}\cdots x_{nn}.$$

案例 4.3.1　（行列式的计算）求行列式 $D=\begin{vmatrix} 1 & 1 & 1 & 1 \\ 1 & -1 & 1 & 1 \\ 1 & 1 & -1 & 1 \\ 1 & 1 & 1 & -1 \end{vmatrix}$.

$$\times(-1)\quad\times(-1)\quad\times(-1)$$

解　$D=\begin{vmatrix} 1 & 1 & 1 & 1 \\ 1 & -1 & 1 & 1 \\ 1 & 1 & -1 & 1 \\ 1 & 1 & 1 & -1 \end{vmatrix}$

$$=\begin{vmatrix} 1 & 1 & 1 & 1 \\ 0 & -2 & 0 & 0 \\ 0 & 0 & -2 & 0 \\ 0 & 0 & 0 & -2 \end{vmatrix}=-8.$$

案例 4.3.2 （行列式的计算）求行列式 $D = \begin{vmatrix} 2 & -5 & 1 & 2 \\ -3 & 7 & -1 & 4 \\ 5 & -9 & 2 & 7 \\ 4 & -6 & 1 & 2 \end{vmatrix}$.

解

两列互换

$D = \begin{vmatrix} 2 & -5 & 1 & 2 \\ -3 & 7 & -1 & 4 \\ 5 & -9 & 2 & 7 \\ 4 & -6 & 1 & 2 \end{vmatrix}$

$\times(-2) \quad \times(-1)$

$= - \begin{vmatrix} 1 & -5 & 2 & 2 \\ -1 & 7 & -3 & 4 \\ 2 & -9 & 5 & 7 \\ 1 & -6 & 4 & 2 \end{vmatrix}$

两行互换

$= - \begin{vmatrix} 1 & -5 & 2 & 2 \\ 0 & 2 & -1 & 6 \\ 0 & 1 & 1 & 3 \\ 0 & -1 & 2 & 0 \end{vmatrix}$

$\times 2$

$= \begin{vmatrix} 1 & -5 & 2 & 2 \\ 0 & -1 & 2 & 0 \\ 0 & 1 & 1 & 3 \\ 0 & 2 & -1 & 6 \end{vmatrix}$

$\times(-1)$

$= \begin{vmatrix} 1 & -5 & 2 & 2 \\ 0 & -1 & 2 & 0 \\ 0 & 0 & 3 & 3 \\ 0 & 0 & 3 & 6 \end{vmatrix}$

$= \begin{vmatrix} 1 & -5 & 2 & 2 \\ 0 & -1 & 2 & 0 \\ 0 & 0 & 3 & 3 \\ 0 & 0 & 0 & 3 \end{vmatrix} = -9.$

视频讲解	学习笔记

案例 4.3.3 （行列式的计算）证明：
$$\begin{vmatrix} p+q & q+r & r+p \\ p_1+q_1 & q_1+r_1 & r_1+p_1 \\ p_2+q_2 & q_2+r_2 & r_2+p_2 \end{vmatrix} = 2\begin{vmatrix} p & q & r \\ p_1 & q_1 & r_1 \\ p_2 & q_2 & r_2 \end{vmatrix}.$$

证
$$\begin{vmatrix} p+q & q+r & r+p \\ p_1+q_1 & q_1+r_1 & r_1+p_1 \\ p_2+q_2 & q_2+r_2 & r_2+p_2 \end{vmatrix}$$
把第一列按性质 4.3.6 展开

$$= \begin{vmatrix} p & q+r & r+p \\ p_1 & q_1+r_1 & r_1+p_1 \\ p_2 & q_2+r_2 & r_2+p_2 \end{vmatrix} + \begin{vmatrix} q & q+r & r+p \\ q_1 & q_1+r_1 & r_1+p_1 \\ q_2 & q_2+r_2 & r_2+p_2 \end{vmatrix}$$
把第三列按性质 4.3.6 展开
把第二列按性质 4.3.6 展开

第一列与第三列成比例，由性质 4.3.5 得行列式为 0

$$= \begin{vmatrix} p & q+r & r \\ p_1 & q_1+r_1 & r_1 \\ p_2 & q_2+r_2 & r_2 \end{vmatrix} + \begin{vmatrix} p & q+r & p \\ p_1 & q_1+r_1 & p_1 \\ p_2 & q_2+r_2 & p_2 \end{vmatrix} + \begin{vmatrix} q & q & r+p \\ q_1 & q_1 & r_1+p_1 \\ q_2 & q_2 & r_2+p_2 \end{vmatrix} + \begin{vmatrix} q & r & r+p \\ q_1 & r_1 & r_1+p_1 \\ q_2 & r_2 & r_2+p_2 \end{vmatrix}$$

第一列与第二列成比例，由性质 4.3.5 得行列式为 0

$$= \begin{vmatrix} p & q+r & r \\ p_1 & q_1+r_1 & r_1 \\ p_2 & q_2+r_2 & r_2 \end{vmatrix} + \begin{vmatrix} q & r & r+p \\ q_1 & r_1 & r_1+p_1 \\ q_2 & r_2 & r_2+p_2 \end{vmatrix}$$
把第二列按性质 4.3.6 展开
把第三列按性质 4.3.6 展开

$$= \begin{vmatrix} p & q & r \\ p_1 & q_1 & r_1 \\ p_2 & q_2 & r_2 \end{vmatrix} + \begin{vmatrix} q & r & p \\ q_1 & r_1 & p_1 \\ q_2 & r_2 & p_2 \end{vmatrix}$$
第一列与第三列互换，然后第二列与第三列互换

$$= 2\begin{vmatrix} p & q & r \\ p_1 & q_1 & r_1 \\ p_2 & q_2 & r_2 \end{vmatrix} = 右端.$$

案例 4.3.4 （行列式的计算）计算行列式 $D = \begin{vmatrix} a & 1 & 1 & 1 \\ 1 & a & 1 & 1 \\ 1 & 1 & a & 1 \\ 1 & 1 & 1 & a \end{vmatrix}.$

解　$D = \begin{vmatrix} a & 1 & 1 & 1 \\ 1 & a & 1 & 1 \\ 1 & 1 & a & 1 \\ 1 & 1 & 1 & a \end{vmatrix}$

$$=\begin{vmatrix} a+3 & a+3 & a+3 & a+3 \\ 1 & a & 1 & 1 \\ 1 & 1 & a & 1 \\ 1 & 1 & 1 & a \end{vmatrix}$$

按性质 4.3.4，第一行可提出公因式 $(a+3)$

$$=(a+3)\begin{vmatrix} 1 & 1 & 1 & 1 \\ 1 & a & 1 & 1 \\ 1 & 1 & a & 1 \\ 1 & 1 & 1 & a \end{vmatrix}$$

$\times(-1)$ $\times(-1)$ $\times(-1)$

$$=(a+3)\begin{vmatrix} 1 & 1 & 1 & 1 \\ 0 & a-1 & 0 & 0 \\ 0 & 0 & a-1 & 0 \\ 0 & 0 & 0 & a-1 \end{vmatrix}$$

$$=(a+3)(a-1)^3.$$

案例 4.3.5 （行列式的计算）计算行列式 $D=\begin{vmatrix} 2 & -3 & 1 & 0 \\ 4 & -1 & 6 & 2 \\ 0 & 4 & 0 & 0 \\ 5 & 7 & -1 & 0 \end{vmatrix}$.

解 选一行（或列）元素中具有较多"0"的进行展开，按第三行展开，得

$$D=\begin{vmatrix} 2 & -3 & 1 & 0 \\ 4 & -1 & 6 & 2 \\ 0 & ④ & 0 & 0 \\ 5 & 7 & -1 & 0 \end{vmatrix}$$

按第三行展开

$$=4\times(-1)^{3+2}\begin{vmatrix} 2 & 1 & 0 \\ 4 & 6 & ② \\ 5 & -1 & 0 \end{vmatrix}$$

按第三列展开

$$=-4\times2\times(-1)^{2+3}\begin{vmatrix} 2 & 1 \\ 5 & -1 \end{vmatrix}=-56.$$

4.3.3 克莱姆(Cramer)法则

求含有 n 个未知数 $x_1,x_2,\cdots,x_n$ 的 n 个线性方程的方程组

$$\begin{cases} a_{11}x_1+a_{12}x_2+\cdots+a_{1n}x_n=b_1, \\ a_{21}x_1+a_{22}x_2+\cdots+a_{2n}x_2=b_2, \\ \quad\cdots \\ a_{n1}x_1+a_{n2}x_2+\cdots+a_{nn}x_n=b_n \end{cases}$$

的解，利用行列式可以得到一个比较简单的计算公式.

定理 4.3.1 （Cramer 法则）如果线性方程组的系数行列式不等于 0，即

$$D = \begin{vmatrix} a_{11} & a_{12} & \cdots & a_{1n} \\ a_{21} & a_{22} & \cdots & a_{2n} \\ \vdots & \vdots & & \vdots \\ a_{n1} & a_{n2} & \cdots & a_{nn} \end{vmatrix} \neq 0,$$

则方程组有且仅有一组解,且

$$x_1 = \frac{D_1}{D}, \quad x_2 = \frac{D_2}{D}, \quad \cdots, \quad x_n = \frac{D_n}{D},$$

其中 $D_j(j=1,2,\cdots,n)$ 是把系数行列式 D 中的第 j 列的元素用方程组右端的常数代替后所得到的 n 阶行列式,即

$$D_j = \begin{vmatrix} a_{11} & \cdots & a_{1(j-1)} & b_1 & a_{1(j+1)} & \cdots & a_{1n} \\ a_{21} & \cdots & a_{2(j-1)} & b_2 & a_{2(j+1)} & \cdots & a_{2n} \\ \vdots & & \vdots & \vdots & \vdots & & \vdots \\ a_{n1} & \cdots & a_{n(j-1)} & b_n & a_{n(j+1)} & \cdots & a_{nn} \end{vmatrix}.$$

案例 4.3.6　(克莱姆法则)求解线性方程组

$$\begin{cases} x_1 & -x_2 & & +2x_4 & = & -5, \\ 3x_1 & +2x_2 & -x_3 & -2x_4 & = & 6, \\ 4x_1 & +3x_2 & -x_3 & -x_4 & = & 0, \\ 2x_1 & & -x_3 & & = & 0. \end{cases}$$

解　原方程组的系数行列式

$$D = \begin{vmatrix} 1 & -1 & 0 & 2 \\ 3 & 2 & -1 & -2 \\ 4 & 3 & -1 & -1 \\ 2 & 0 & -1 & 0 \end{vmatrix}$$

$$= \begin{vmatrix} 1 & -1 & 0 & 2 \\ 1 & 2 & 0 & -2 \\ 2 & 3 & 0 & -1 \\ 2 & 0 & -1 & 0 \end{vmatrix} \quad \text{按第三列展开}$$

$$= \begin{vmatrix} 1 & -1 & 2 \\ 1 & 2 & -2 \\ 2 & 3 & -1 \end{vmatrix}$$

$$= \begin{vmatrix} 2 & 1 & 0 \\ 1 & 2 & -2 \\ 2 & 3 & -1 \end{vmatrix}$$

$$= \begin{vmatrix} 2 & 1 & 0 \\ -3 & -4 & 0 \\ 2 & 3 & -1 \end{vmatrix} \quad \boxed{按第三列展开}$$

$$= -\begin{vmatrix} 2 & 1 \\ -3 & -4 \end{vmatrix} = 5 \neq 0.$$

同样可以计算

$$D_1 = \begin{vmatrix} -5 & -1 & 0 & 2 \\ 6 & 2 & -1 & -2 \\ 0 & 3 & -1 & -1 \\ 0 & 0 & -1 & 0 \end{vmatrix} = 10, \quad D_2 = \begin{vmatrix} 1 & -5 & 0 & 2 \\ 3 & 6 & -1 & -2 \\ 4 & 0 & -1 & -1 \\ 2 & 0 & -1 & 0 \end{vmatrix} = -15,$$

$$D_3 = \begin{vmatrix} 1 & -1 & -5 & 2 \\ 3 & 2 & 6 & -2 \\ 4 & 3 & 0 & -1 \\ 2 & 0 & 0 & 0 \end{vmatrix} = 20, \quad D_4 = \begin{vmatrix} 1 & -1 & 0 & -5 \\ 3 & 2 & -1 & 6 \\ 4 & 3 & -1 & 0 \\ 2 & 0 & -1 & 0 \end{vmatrix} = -25,$$

所以

$$x_1 = \frac{D_1}{D} = 2, \quad x_2 = \frac{D_2}{D} = -3, \quad x_3 = \frac{D_3}{D} = 4, \quad x_4 = \frac{D_4}{D} = -5.$$

在使用克莱姆法则的时候要注意其满足的条件：一是方程组有 n 个未知数，n 个方程；二是方程组的系数行列式 $D \neq 0$.

推论 4.3.3 若 n 元齐次线性方程组

$$\begin{cases} a_{11}x_1 + a_{12}x_2 + \cdots + a_{1n}x_n = 0, \\ a_{21}x_1 + a_{22}x_2 + \cdots + a_{2n}x_n = 0, \\ \quad\quad\quad\quad\quad \vdots \\ a_{n1}x_1 + a_{n2}x_2 + \cdots + a_{nn}x_n = 0 \end{cases}$$

的系数行列式 $D \neq 0$，则它只有零解.

案例 4.3.7 （克莱姆法则的应用）λ 为何值时，下列齐次线性方程组有非零解.

$$\begin{cases} (1-\lambda)x_1 & -2x_2 & +4x_3 = 0, \\ 2x_1 + (3-\lambda)x_2 & +x_3 = 0, \\ x_1 + & x_2 + (1-\lambda)x_3 = 0. \end{cases}$$

分析 由克莱姆法则的推论可知，当齐次线性方程组系数行列式不等于零时，齐次线性方程组只有零解. 它的等价命题是"当齐次线性方程组有非零解时，其系数行列式等于零". 因而该题中只需求出使系数行列式等于零的 λ 即可.

解 由方程组得系数行列式

$$D = \begin{vmatrix} 1-\lambda & -2 & 4 \\ 2 & 3-\lambda & 1 \\ 1 & 1 & 1-\lambda \end{vmatrix}$$

×(-1) +

$$= \begin{vmatrix} 1-\lambda & \lambda-3 & 4 \\ 2 & 1-\lambda & 1 \\ 1 & 0 & 1-\lambda \end{vmatrix}$$ ← 按第二列展开

$$= (\lambda-3)(-1)^{1+2}\begin{vmatrix} 2 & 1 \\ 1 & 1-\lambda \end{vmatrix} + (1-\lambda)(-1)^{2+2}\begin{vmatrix} 1-\lambda & 4 \\ 1 & 1-\lambda \end{vmatrix}$$

$$= \lambda(\lambda-2)(3-\lambda).$$

令 $D=0$,得

$$\lambda_1 = 0, \quad \lambda_2 = 2, \quad \lambda_3 = 3.$$

故当 $\lambda=0$ 或 $\lambda=2$ 或 $\lambda=3$ 时,齐次线性方程组有非零解.

习题 4.3

1. 求下列行列式的值.

(1) $\begin{vmatrix} 1 & 4 & 9 & 16 \\ 4 & 9 & 16 & 25 \\ 9 & 16 & 25 & 36 \\ 16 & 25 & 36 & 49 \end{vmatrix}$;

(2) $\begin{vmatrix} 0 & y & 0 & x \\ x & 0 & y & 0 \\ 0 & x & 0 & y \\ y & 0 & x & 0 \end{vmatrix}$;

(3) $\begin{vmatrix} 1 & 0 & 1 & 0 & 0 \\ 0 & 2 & -1 & 0 & 0 \\ 3 & 1 & 0 & 0 & 0 \\ 0 & 0 & 0 & 2 & 1 \\ 0 & 0 & 0 & 0 & -2 \end{vmatrix}$;

(4) $\begin{vmatrix} 1 & x & yz \\ 1 & y & zx \\ 1 & z & xy \end{vmatrix}$;

(5) $\begin{vmatrix} 5 & 3 & 0 & 0 & 0 \\ 2 & 5 & 3 & 0 & 0 \\ 0 & 2 & 5 & 3 & 0 \\ 0 & 0 & 2 & 5 & 3 \\ 0 & 0 & 0 & 2 & 5 \end{vmatrix}$;

(6) $\begin{vmatrix} x_1+y_1 & x_1+y_2 & x_1+y_3 & x_1+y_4 \\ x_2+y_1 & x_2+y_2 & x_2+y_3 & x_2+y_4 \\ x_3+y_1 & x_3+y_2 & x_3+y_3 & x_3+y_4 \\ x_4+y_1 & x_4+y_2 & x_4+y_3 & x_4+y_4 \end{vmatrix}$.

2. 用克莱姆法则解下列线性方程组.

(1) $\begin{cases} 2x_1+3x_2+11x_3+5x_4=2, \\ x_1+ x_2+ 5x_3+2x_4=1, \\ - x_2- 7x_3 =-5, \\ - 2x_3+2x_4=-4; \end{cases}$

(2) $\begin{cases} x_1+ x_2+ x_3+ x_4=5, \\ x_1+2x_2- x_3+ x_4=-2, \\ 2x_1+3x_2- x_3-5x_4=-2, \\ 3x_1+ x_2+2x_3+3x_4=4. \end{cases}$

§4.4 逆矩阵

4.4.1 逆矩阵的概念与性质

1. 逆向矩阵的概念

在数的运算中，对于数 $a \neq 0$，总存在一个数 a^{-1}，使得 $a \cdot a^{-1} = a^{-1} \cdot a = 1$. 对于矩阵 A，是否也有类似的运算呢？

由矩阵的乘法我们知道，线性方程组

$$\begin{cases} a_{11}x_1 + a_{12}x_2 + \cdots + a_{1n}x_n = b_1, \\ a_{21}x_1 + a_{22}x_2 + \cdots + a_{2n}x_n = b_2, \\ \qquad\qquad\qquad \vdots \\ a_{n1}x_1 + a_{n2}x_2 + \cdots + a_{nn}x_n = b_n \end{cases}$$

可表示为矩阵方程

$$AX = B.$$

其中

$$A = \begin{pmatrix} a_{11} & a_{12} & \cdots & a_{1n} \\ a_{21} & a_{22} & \cdots & a_{2n} \\ \vdots & \vdots & & \vdots \\ a_{n1} & a_{n2} & \cdots & a_{nn} \end{pmatrix}, \quad X = \begin{pmatrix} x_1 \\ x_2 \\ \vdots \\ x_n \end{pmatrix}, \quad B = \begin{pmatrix} b_1 \\ b_2 \\ \vdots \\ b_n \end{pmatrix}.$$

由克莱姆法则知，若 A 所对应的行列式 $|A| \neq 0$，则方程组有唯一解.

设 E 为单位矩阵，如果存在 n 阶方阵 C，使得 $CA = E$，则 $AX = B$ 两边左乘 C，得

$$CAX = CB, \text{即 } X = CB,$$

这样，就求出了方程组的解.

定义 4.4.1 设 A 为 n 阶方阵，若存在一个 n 阶方阵 B，使得

$$AB = BA = E,$$

则称方阵 A 可逆，并称方阵 B 为 A 的逆矩阵，记作 $A^{-1} = B$. 即若

$$AB = BA = E,$$

则

$$B = A^{-1}.$$

2. 逆矩阵的性质

性质 4.4.1 若 A^{-1} 存在，则 A^{-1} 必唯一.

性质 4.4.2 若 A 可逆，则 A^{-1} 也可逆，且 $(A^{-1})^{-1} = A$.

性质 4.4.3 若 A 可逆，则 A^T 可逆，且 $(A^T)^{-1} = (A^{-1})^T$.

性质 4.4.4 若同阶方阵 A, B 都可逆，则 AB 也可逆，且 $(AB)^{-1} = B^{-1}A^{-1}$.

4.4.2　逆矩阵存在的条件及逆矩阵的求法

定义 4.4.2　由 $\boldsymbol{A}=(a_{ij})_{n\times n}$ 的行列式

$$|\boldsymbol{A}|=\begin{vmatrix} a_{11} & a_{12} & \cdots & a_{1n} \\ a_{21} & a_{22} & \cdots & a_{2n} \\ \vdots & \vdots & & \vdots \\ a_{n1} & a_{n2} & \cdots & a_{nn} \end{vmatrix}$$

中元素 a_{ij} 的代数余子式 $A_{ij}(i,j=1,2,\cdots,n)$ 构成的 n 阶方阵的转置矩阵称为 $\boldsymbol{A}$ 的**伴随矩阵**，记作 $\boldsymbol{A}^*$，即

$$\boldsymbol{A}^*=\begin{pmatrix} A_{11} & A_{21} & \cdots & A_{n1} \\ A_{12} & A_{22} & \cdots & A_{n2} \\ \vdots & \vdots & & \vdots \\ A_{1n} & A_{2n} & \cdots & A_{nn} \end{pmatrix}.$$

案例 4.4.1　（求伴随矩阵）设 $\boldsymbol{A}=\begin{pmatrix} 1 & 1 & -1 \\ 1 & 2 & -3 \\ 0 & 1 & 1 \end{pmatrix}$，求 $\boldsymbol{A}^*$.

解　因为

$$A_{11}=(-1)^{1+1}\begin{vmatrix} 2 & -3 \\ 1 & 1 \end{vmatrix}=5,\qquad A_{12}=(-1)^{1+2}\begin{vmatrix} 1 & -3 \\ 0 & 1 \end{vmatrix}=-1,$$

$$A_{13}=(-1)^{1+3}\begin{vmatrix} 1 & 2 \\ 0 & 1 \end{vmatrix}=1,\qquad A_{21}=(-1)^{2+1}\begin{vmatrix} 1 & -1 \\ 1 & 1 \end{vmatrix}=-2,$$

$$A_{22}=(-1)^{2+2}\begin{vmatrix} 1 & -1 \\ 0 & 1 \end{vmatrix}=1,\qquad A_{23}=(-1)^{2+3}\begin{vmatrix} 1 & 1 \\ 0 & 1 \end{vmatrix}=-1,$$

$$A_{31}=(-1)^{3+1}\begin{vmatrix} 1 & -1 \\ 2 & -3 \end{vmatrix}=-1,\quad A_{32}=(-1)^{3+2}\begin{vmatrix} 1 & -1 \\ 1 & -3 \end{vmatrix}=2,$$

$$A_{33}=(-1)^{3+3}\begin{vmatrix} 1 & 1 \\ 1 & 2 \end{vmatrix}=1,$$

所以，

$$\boldsymbol{A}^*=\begin{pmatrix} 5 & -2 & -1 \\ -1 & 1 & 2 \\ 1 & -1 & 1 \end{pmatrix}.$$

定理 4.4.1　方阵 $\boldsymbol{A}=(a_{ij})_{n\times n}$ 可逆 $\Leftrightarrow |\boldsymbol{A}|\neq 0$，且 $\boldsymbol{A}^{-1}=\dfrac{\boldsymbol{A}^*}{|\boldsymbol{A}|}$.

推论 4.4.1　设 $\boldsymbol{A}$ 为 n 阶方阵，若存在 n 阶方阵 $\boldsymbol{B}$，使得 $\boldsymbol{AB}=\boldsymbol{E}$（或 $\boldsymbol{BA}=\boldsymbol{E}$），则

$$\boldsymbol{B}=\boldsymbol{A}^{-1}.$$

由推论可知，在求 $\boldsymbol{A}^{-1}$ 时，只需验算 $\boldsymbol{AB}=\boldsymbol{E}$ 或 $\boldsymbol{BA}=\boldsymbol{E}$ 中的一个即可.

案例 4.4.2 （判断矩阵的可逆性）判断下列方阵 $A = \begin{pmatrix} 3 & 2 & 1 \\ 1 & 2 & 2 \\ 3 & 4 & 3 \end{pmatrix}$, $B = \begin{pmatrix} -1 & 3 & 2 \\ -11 & 15 & 1 \\ -3 & 3 & -1 \end{pmatrix}$

是否可逆? 若可逆, 求其逆矩阵.

解 因为 $|A| = \begin{vmatrix} 3 & 2 & 1 \\ 1 & 2 & 2 \\ 3 & 4 & 3 \end{vmatrix} = -2 \neq 0$, $|B| = \begin{vmatrix} -1 & 3 & 2 \\ -11 & 15 & 1 \\ -3 & 3 & -1 \end{vmatrix} = 0$, 所以 B 不可逆, A

可逆, 先求 A^*.

$$A_{11} = -2, \quad A_{12} = 3, \quad A_{13} = -2,$$
$$A_{21} = -2, \quad A_{22} = 6, \quad A_{23} = -6,$$
$$A_{31} = 2, \quad A_{32} = -5, \quad A_{33} = 4.$$

因此

$$A^* = \begin{pmatrix} -2 & -2 & 2 \\ 3 & 6 & -5 \\ -2 & -6 & 4 \end{pmatrix}.$$

所以

$$A^{-1} = \frac{A^*}{|A|} = -\frac{A^*}{2} = -\frac{1}{2} \begin{pmatrix} -2 & -2 & 2 \\ 3 & 6 & -5 \\ -2 & -6 & 4 \end{pmatrix} = \begin{pmatrix} 1 & 1 & -1 \\ -1.5 & -3 & 2.5 \\ 1 & 3 & -2 \end{pmatrix}.$$

案例 4.4.3 （用矩阵方法解线性方程组）解下列线性方程组.

$$\begin{cases} x_1 + x_2 + 2x_3 = 1, \\ 2x_1 - x_2 = 2, \\ x_1 + x_3 = 3. \end{cases}$$

解 方程组的矩阵表达式 $AX = B$ 为

$$\begin{pmatrix} 1 & 1 & 2 \\ 2 & -1 & 0 \\ 1 & 0 & 1 \end{pmatrix} \begin{pmatrix} x_1 \\ x_2 \\ x_3 \end{pmatrix} = \begin{pmatrix} 1 \\ 2 \\ 3 \end{pmatrix}.$$

因为

$$|A| = \begin{vmatrix} 1 & 1 & 2 \\ 2 & -1 & 0 \\ 1 & 0 & 1 \end{vmatrix} = -1 \neq 0,$$

所以 A 可逆. 又因为

$$A^* = \begin{pmatrix} -1 & -1 & 2 \\ -2 & -1 & 4 \\ 1 & 1 & -3 \end{pmatrix},$$

所以

$$A^{-1} = \frac{A^*}{|A|} = \begin{pmatrix} 1 & 1 & -2 \\ 2 & 1 & -4 \\ -1 & -1 & 3 \end{pmatrix}.$$

因此

$$\begin{pmatrix} x_1 \\ x_2 \\ x_3 \end{pmatrix} = \begin{pmatrix} 1 & 1 & 2 \\ 2 & -1 & 0 \\ 1 & 0 & 1 \end{pmatrix}^{-1} \begin{pmatrix} 1 \\ 2 \\ 3 \end{pmatrix} = \begin{pmatrix} 1 & 1 & -2 \\ 2 & 1 & -4 \\ -1 & -1 & 3 \end{pmatrix} \begin{pmatrix} 1 \\ 2 \\ 3 \end{pmatrix} = \begin{pmatrix} -3 \\ -8 \\ 6 \end{pmatrix},$$

所以原方程组的解为

$$x_1 = -3, x_2 = -8, x_3 = 6.$$

视频讲解	学习笔记

习题 4.4

1. 求 $\begin{pmatrix} 1 & 2 \\ 2 & 5 \end{pmatrix}$ 的逆矩阵.

2. 求 $\begin{pmatrix} 1 & 2 & 3 \\ 0 & 1 & 2 \\ 0 & 0 & 1 \end{pmatrix}$ 的逆矩阵.

3. 求 $\begin{pmatrix} 1 & 2 & -1 \\ 3 & 4 & -2 \\ 5 & -4 & -1 \end{pmatrix}$ 的逆矩阵.

§4.5 矩阵的初等变换与矩阵的秩

4.5.1 矩阵的初等变换与初等矩阵

在解线性方程组的时候，我们把方程组进行三种变换：一是不改变方程组的解，即交换两个方程的位置；二是把一个方程等号的两边同时乘一个非零的数；三是把一个方程的两边乘一个数再加到另一个方程上去。对于矩阵来讲，也有类似的三种变换。

定义 4.5.1 对矩阵的行（或列）进行以下三种变换，称为矩阵的行（或列）初等变换。

(1) 互换变换：交换矩阵两行或两列的位置。

(2) 倍乘变换：矩阵某一行（或列）同时乘一个非零数。

(3) 倍加变换：把矩阵的第 j 行（或第 j 列）乘一个数 k 后再加到第 i 行（或第 i 列）上去。

矩阵的行初等变换与列初等变换统称为矩阵的初等变换。

4.5.2 利用初等变换求逆矩阵

定理 4.5.1 矩阵 $(A_n \vdots E_n)_{n \times 2n}$ 经过若干次行初等变换后可以变为：$(E_n \vdots A_n^{-1})_{n \times 2n}$。

其中 $(A_n \vdots E_n)$ 和 $(E_n \vdots A_n^{-1})$ 表示 $n \times 2n$ 的矩阵。即

$$(A_n \vdots E_n)_{n \times 2n} = \begin{pmatrix} a_{11} & a_{12} & \cdots & a_{1n} & 1 & 0 & \cdots & 0 \\ a_{21} & a_{22} & \cdots & a_{2n} & 0 & 1 & \cdots & 0 \\ \vdots & \vdots & & \vdots & \vdots & \vdots & & \vdots \\ a_{n1} & a_{n2} & \cdots & a_{nn} & 0 & 0 & \cdots & 1 \end{pmatrix} \xrightarrow{\boxed{\text{经若干次初等变换}}}$$

$$(E_n \vdots A_n^{-1})_{n \times 2n} = \begin{pmatrix} 1 & 0 & \cdots & 0 & b_{11} & b_{12} & \cdots & b_{1n} \\ 0 & 1 & \cdots & 0 & b_{21} & b_{22} & \cdots & b_{2n} \\ \vdots & \vdots & & \vdots & \vdots & \vdots & & \vdots \\ 0 & 0 & \cdots & 1 & b_{n1} & b_{n2} & \cdots & b_{nn} \end{pmatrix}.$$

其中 $A_n A_n^{-1} = E_n$，即

$$A_n^{-1} = \begin{pmatrix} b_{11} & b_{12} & \cdots & b_{1n} \\ b_{21} & b_{22} & \cdots & b_{2n} \\ \vdots & \vdots & & \vdots \\ b_{n1} & b_{n2} & \cdots & b_{nn} \end{pmatrix}.$$

案例 4.5.1 （求逆矩阵）设 $A = \begin{pmatrix} 1 & 2 & 3 \\ 2 & 1 & 2 \\ 1 & 3 & 4 \end{pmatrix}$，用初等变换法求 A^{-1}。

解　$(\boldsymbol{A} \vdots \boldsymbol{E}) = \begin{pmatrix} 1 & 2 & 3 & \vdots & 1 & 0 & 0 \\ 2 & 1 & 2 & \vdots & 0 & 1 & 0 \\ 1 & 3 & 4 & \vdots & 0 & 0 & 1 \end{pmatrix}$ 　×(-2)　×(-1)

$\rightarrow \begin{pmatrix} 1 & 2 & 3 & \vdots & 1 & 0 & 0 \\ 0 & -3 & -4 & \vdots & -2 & 1 & 0 \\ 0 & 1 & 1 & \vdots & -1 & 0 & 1 \end{pmatrix}$ 　两行互换

$\rightarrow \begin{pmatrix} 1 & 2 & 3 & \vdots & 1 & 0 & 0 \\ 0 & 1 & 1 & \vdots & -1 & 0 & 1 \\ 0 & -3 & -4 & \vdots & -2 & 1 & 0 \end{pmatrix}$ 　×3

$\rightarrow \begin{pmatrix} 1 & 2 & 3 & \vdots & 1 & 0 & 0 \\ 0 & 1 & 1 & \vdots & -1 & 0 & 1 \\ 0 & 0 & -1 & \vdots & -5 & 1 & 3 \end{pmatrix}$ 　×3

$\rightarrow \begin{pmatrix} 1 & 2 & 0 & \vdots & -14 & 3 & 9 \\ 0 & 1 & 0 & \vdots & -6 & 1 & 4 \\ 0 & 0 & -1 & \vdots & -5 & 1 & 3 \end{pmatrix}$ 　×(-1)

$\rightarrow \begin{pmatrix} 1 & 2 & 0 & \vdots & -14 & 3 & 9 \\ 0 & 1 & 0 & \vdots & -6 & 1 & 4 \\ 0 & 0 & 1 & \vdots & 5 & -1 & -3 \end{pmatrix}$ 　×(-2)

$\rightarrow \begin{pmatrix} 1 & 0 & 0 & \vdots & -2 & 1 & 1 \\ 0 & 1 & 0 & \vdots & -6 & 1 & 4 \\ 0 & 0 & 1 & \vdots & 5 & -1 & -3 \end{pmatrix} = (\boldsymbol{E} \vdots \boldsymbol{A}^{-1}),$

所以

$$\boldsymbol{A}^{-1} = \begin{pmatrix} -2 & 1 & 1 \\ -6 & 1 & 4 \\ 5 & -1 & -3 \end{pmatrix}.$$

4.5.3　矩阵的秩

矩阵的秩是一个很重要的概念,在研究线性方程组的解等方面起着非常重要的作用.

定义 4.5.2　在矩阵 $\boldsymbol{A}_{m \times n}$ 中任取 k 行 k 列,$1 \leqslant k \leqslant \min(m, n)$,由位于这些行、列相交处的元素按原来的次序构成的 k 阶行列式,称为 $\boldsymbol{A}$ 的一个 k 阶子式,记作 $D_k(\boldsymbol{A})$.

例如,$\boldsymbol{A}_{3 \times 4} = \begin{pmatrix} a_{11} & a_{12} & a_{13} & a_{14} \\ a_{21} & a_{22} & a_{23} & a_{24} \\ a_{31} & a_{32} & a_{33} & a_{34} \end{pmatrix}$ 有 4 个三阶子式.

$$\begin{vmatrix} a_{11} & a_{12} & a_{13} \\ a_{21} & a_{22} & a_{23} \\ a_{31} & a_{32} & a_{33} \end{vmatrix} \qquad\qquad \begin{vmatrix} a_{11} & a_{12} & a_{14} \\ a_{21} & a_{22} & a_{24} \\ a_{31} & a_{32} & a_{34} \end{vmatrix}$$

$$\boxed{1,2,3} \qquad\qquad \boxed{1,2,4}$$

$$A_{3\times4} = \begin{pmatrix} a_{11} & a_{12} & a_{13} & a_{14} \\ a_{21} & a_{22} & a_{23} & a_{24} \\ a_{31} & a_{32} & a_{33} & a_{34} \end{pmatrix}$$

$$\boxed{1,3,4} \qquad\qquad \boxed{2,3,4}$$

$$\begin{vmatrix} a_{11} & a_{13} & a_{14} \\ a_{21} & a_{23} & a_{24} \\ a_{31} & a_{33} & a_{34} \end{vmatrix} \qquad\qquad \begin{vmatrix} a_{12} & a_{13} & a_{14} \\ a_{22} & a_{23} & a_{24} \\ a_{32} & a_{33} & a_{34} \end{vmatrix}$$

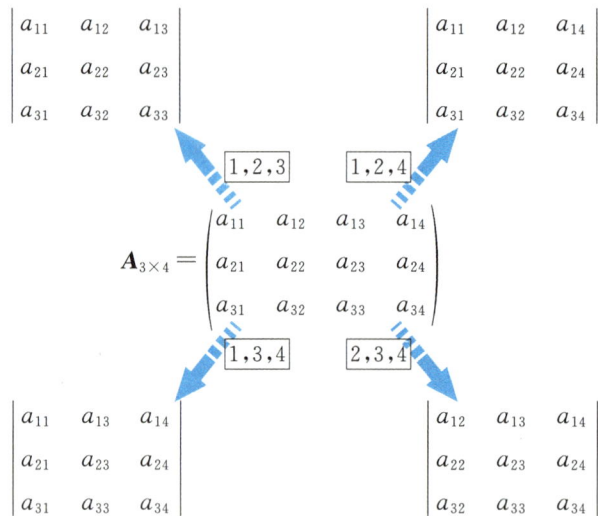

另外，还有 18 个二阶子式.

定义 4.5.3 若矩阵 A 中不等于零的子式的最高阶数是 r，则称 r 为 矩阵 A 的秩，记作 $r(A) = r$.

案例 4.5.2 （用定义求矩阵的秩）求矩阵 $A = \begin{pmatrix} 1 & 1 & 0 & 0 \\ 1 & 0 & 1 & 1 \\ 2 & -1 & 3 & 3 \end{pmatrix}$ 的秩.

解 $D_2(A) = \begin{vmatrix} 1 & 0 \\ 0 & 1 \end{vmatrix} = 1 \neq 0$，而 A 的所有三阶子式（4 个）分别为

$$\begin{vmatrix} 1 & 1 & 0 \\ 1 & 0 & 1 \\ 2 & -1 & 3 \end{vmatrix} = 0, \quad \begin{vmatrix} 1 & 1 & 0 \\ 1 & 0 & 1 \\ 2 & -1 & 3 \end{vmatrix} = 0, \quad \begin{vmatrix} 1 & 0 & 0 \\ 1 & 1 & 1 \\ 2 & 3 & 3 \end{vmatrix} = 0, \quad \begin{vmatrix} 1 & 0 & 0 \\ 0 & 1 & 1 \\ -1 & 3 & 3 \end{vmatrix} = 0,$$

由定义可得，$r(A) = 2$.

4.5.4 利用初等变换求矩阵的秩

定义 4.5.4 若矩阵满足两个条件：一是如果有元素全为零的行（称为零行），则在矩阵的下方；二是两个相邻的非零行中，下一行的从左边数起的第一个非零元素（称为该行的主元）必位于上一行的主元的右边. 我们称具有这两个特点的矩阵为行阶梯形矩阵.

例如，

$$\begin{pmatrix} 1 & -1 & -1 & 0 & 3 \\ 0 & 0 & 1 & 2 & -2 \\ 0 & 0 & 0 & 0 & 0 \end{pmatrix}.$$

定理 4.5.2 用矩阵的初等行变换把矩阵 A 化为它的一个行阶梯形矩阵，那么这个行阶梯形矩阵非零行的个数就是矩阵 A 的秩.

案例 4.5.3　（用定理求矩阵的秩）利用初等变换求 $A=\begin{pmatrix}1&1&2&2&1\\0&2&1&5&-1\\2&0&3&-1&3\\1&1&0&4&-1\end{pmatrix}$ 的秩.

解　把矩阵化为行阶梯形矩阵：

$$A=\begin{pmatrix}1&1&2&2&1\\0&2&1&5&-1\\2&0&3&-1&3\\1&1&0&4&-1\end{pmatrix}\quad \times(-2)\ \times(-1)$$

$$\rightarrow\begin{pmatrix}1&1&2&2&1\\0&2&1&5&-1\\0&-2&-1&-5&1\\0&0&-2&2&-2\end{pmatrix}$$

$$\rightarrow\begin{pmatrix}1&1&2&2&1\\0&2&1&5&-1\\0&0&0&0&0\\0&0&-2&2&-2\end{pmatrix}\quad\boxed{\text{第三行与第四行互换}}$$

$$\rightarrow\begin{pmatrix}1&1&2&2&1\\0&2&1&5&-1\\0&0&-2&2&-2\\0&0&0&0&0\end{pmatrix},$$

所以，$r(A)=3$.

视频讲解	学习笔记

案例 4.5.4　（用定理求矩阵的秩）设 $A=\begin{pmatrix}1&-1&2&1&0\\2&-2&4&2&0\\3&0&6&-1&1\\0&3&0&0&1\end{pmatrix}$，求 $r(A)$.

解　把矩阵化为行阶梯形矩阵：

$$A=\begin{pmatrix}1&-1&2&1&0\\2&-2&4&2&0\\3&0&6&-1&1\\0&3&0&0&1\end{pmatrix}\quad\times(-2)\ \times(-3)$$

$$\rightarrow \begin{pmatrix} 1 & -1 & 2 & 1 & 0 \\ 0 & 0 & 0 & 0 & 0 \\ 0 & 3 & 0 & -4 & 1 \\ 0 & 3 & 0 & 0 & 1 \end{pmatrix}$$ 第二行与第四行互换

$$\rightarrow \begin{pmatrix} 1 & -1 & 2 & 1 & 0 \\ 0 & 3 & 0 & 0 & 1 \\ 0 & 3 & 0 & -4 & 1 \\ 0 & 3 & 0 & 0 & 0 \end{pmatrix}$$ ×(−1) +

$$\rightarrow \begin{pmatrix} 1 & -1 & 2 & 1 & 0 \\ 0 & 3 & 0 & 0 & 1 \\ 0 & 0 & 0 & -4 & 0 \\ 0 & 0 & 0 & 0 & 0 \end{pmatrix},$$

所以, $r(\boldsymbol{A}) = 3$.

习题 4.5

1. 利用矩阵的初等变换求下列矩阵的逆矩阵.

(1) $\begin{pmatrix} 1 & 0 & 0 & 0 \\ 1 & 2 & 0 & 0 \\ 2 & 1 & 3 & 0 \\ 1 & 2 & 1 & 4 \end{pmatrix}$;

(2) $\begin{pmatrix} 5 & 2 & 0 & 0 \\ 2 & 1 & 0 & 0 \\ 0 & 0 & 8 & 3 \\ 0 & 0 & 5 & 2 \end{pmatrix}$;

(3) $\begin{pmatrix} a_1 & & & \\ & a_2 & & \\ & & \ddots & \\ & & & a_n \end{pmatrix} (a_1, a_2, \cdots, a_n \neq 0)$.

2. 求下列矩阵的秩.

(1) $\begin{pmatrix} 1 & 1 & 0 & 1 & 0 & 0 & 1 \\ 1 & 1 & 1 & 0 & 1 & 1 & 0 \\ 2 & 2 & 1 & 1 & 0 & 1 & 1 \end{pmatrix}$;

(2) $\begin{pmatrix} 1 & 0 & 0 \\ 0 & 1 & 0 \\ 1 & 0 & 1 \\ 0 & 1 & 1 \\ 1 & 1 & 0 \end{pmatrix}$;

(3) $\begin{pmatrix} 1 & 0 & 1 & 1 & 0 & 1 & 1 \\ 1 & 1 & 0 & 1 & 1 & 0 & 0 \\ 1 & 0 & 1 & 2 & 1 & 0 & 1 \\ 2 & 1 & 1 & 3 & 2 & 0 & 1 \end{pmatrix}$;

(4) $\begin{pmatrix} 1 & 1 & 1 & 0 & 1 & 1 & 2 & 1 \\ 1 & 1 & 1 & 1 & 0 & 1 & 1 & 0 \\ 2 & 2 & 2 & 1 & 1 & 2 & 3 & 1 \\ 3 & 3 & 3 & 2 & 1 & 3 & 4 & 1 \end{pmatrix}$.

思政课堂

	突出贡献	视频微课
熊庆来	1893－1969,中国数学家.他致力于整函数、亚纯函数、代数体函数及正规族的研究,在无限级整函数研究上成果卓著.曾负责创办东南大学和清华大学的数学系及中国《数学学报》.邀请华罗庚到清华大学工作,培养了一批优秀数学人才.	

数学与生活

扫描二维码,获取"建模案例:实验室设备订购模型"的相关内容.

建模案例	学习笔记

第5章　概率统计

概率与统计是从数量化的角度来研究现实世界中的一类不确定现象及其规律的一门应用数学分支.20 世纪以来,它已广泛应用于工业、国防、国民经济及工程技术等领域.

§5.1　随机事件

5.1.1　随机事件与样本空间

1. 必然现象与随机现象

在自然界与人类社会生活中,我们所遇到的现象按其结果能否预言,可以分为两大类.

一类是必然现象,如早晨太阳必然从东方升起;在标准大气压下,纯水加热到 100 ℃ 必然沸腾等.对于这类现象,其特点是在试验之前就能断定它有一个确定的结果,即在一定条件下,必然出现某一种结果.

另一类是随机现象,如某地区的年降雨量;未来某一天某种股票的价格等.对于这类现象,其特点是可能的结果不止一个,即在一定条件下,可能出现不同的结果,对于出现哪种结果不能预先知晓.

概率论就是研究随机现象的统计规律的一门数学分支.

2. 随机试验

定义 5.1.1　一个试验如果满足三个条件:一是可以在相同的条件下重复进行;二是其结果具有多种可能性;三是在每次试验前,不能预言将出现哪一个结果,但知道其所有可能出现的结果.则称这样的试验为随机试验,简称试验.

3. 随机事件

定义 5.1.2　在随机试验中可能发生,也可能不发生的结果称为随机事件,简称事件,通常用大写字母 A,B,C 等表示.将随机试验的每一个可能的基本结果称为这个试验的一个基本事件.将两个或两个以上的基本事件所组成的结果称为一个复杂事件.

在随机试验中,每次试验都必然发生的事件称为必然事件,用"Ω"表示;每次试验都必然不会发生的事件称为不可能事件,用"$\varnothing$"表示.

4. 样本空间

定义 5.1.3　由随机试验的一切可能结果组成的一个集合,称为样本空间,用"Ω"表示;其每个元素称为样本点,用"ω"表示.

案例 5.1.1 （投硬币试验）投掷一枚质地均匀的硬币两次,观察出现的正、反面情况,记"1"为正面,"2"为反面,则

$$\Omega = \{(1,1),(1,2),(2,1),(2,2)\}.$$

案例 5.1.2 （测试产品使用寿命）在一批产品中任意抽取一个,测试其寿命,其样本点有无穷多个.设其寿命为 t h,$0 \leqslant t < +\infty$,样本空间可简记为

$$\Omega = \{t \mid 0 \leqslant t < +\infty\} = [0, +\infty).$$

5.1.2 事件间的关系与运算

1. 事件的包含与相等

定义 5.1.4 当事件 A 的发生必然导致事件 B 发生,则称事件 A 包含于事件 B 或事件 B 包含事件 A,记作 $A \subset B$ 或 $B \supset A$,如图 5.1-1 所示.

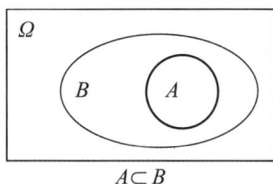

图 5.1-1 事件的包含

定义 5.1.5 若事件 A 的发生能导致 B 发生,且 B 的发生也能导致 A 发生,则称事件 A 与事件 B 相等,记为 $A = B$,即 A 与 B 有相同的样本点.

显然,$A = B \Leftrightarrow A \subset B$ 且 $B \subset A$.

2. 事件的并(或和)

定义 5.1.6 两个事件 A,B 中至少有一个发生的事件,称为事件 A 与事件 B 的并(或和),记作 $A \bigcup B$,即 $A \bigcup B = \{\omega \mid \omega \in A$ 或 $\omega \in B\}$,如图 5.1-2 所示.

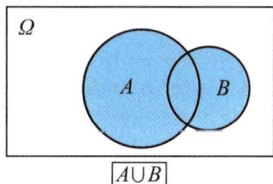

图 5.1-2 事件的并(或和)

3. 事件的交(或积)

定义 5.1.7 事件 A 与事件 B 同时发生的事件,称为事件 A 与事件 B 的交(或积),记作 $A \bigcap B$(或 AB),即 $A \bigcap B = \{\omega \mid \omega \in A$ 且 $\omega \in B\}$,如图 5.1-3 所示.

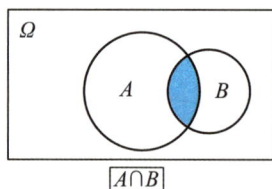

图 5.1-3　事件的交（或积）

4. 事件的差、互斥与逆

定义 5.1.8　事件 A 发生而事件 B 不发生的事件，称为**事件 A 与事件 B 的差**，记作 $A-B$，即 $A-B=\{\omega\mid\omega\in A\text{ 且 }\omega\notin B\}$，如图 5.1-4 所示.

定义 5.1.9　若事件 A 与 B 不能同时发生，则称**事件 A 与事件 B 互斥**（互不相容），记作 $AB=\varnothing$，如图 5.1-5 所示.

定义 5.1.10　若事件 A 与事件 B 满足 $A\bigcup B=\Omega$，且 $AB=\varnothing$，则称**事件 B 为事件 A 的逆**，记作 $B=\overline{A}$，即 $\{\omega\mid\omega\notin A,\omega\in\Omega\}$，如图 5.1-6 所示.

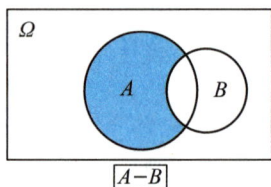

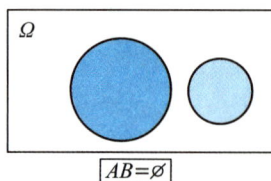

图 5.1-4　事件的差　　　图 5.1-5　事件的互斥　　　图 5.1-6　事件的逆

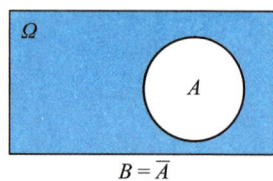

5.1.3　事件间的运算律

事件之间的关系与集合之间的关系建立了一定的对应法则，因而事件之间的运算律与布尔代数中集合的运算律相同，如表 5.1-1 所示.

表 5.1-1　事件间的运算律

运算律	公　　　式
交换律	$A\bigcup B=B\bigcup A,A\bigcap B=B\bigcap A$
结合律	$(A\bigcup B)\bigcup C=A\bigcup(B\bigcup C)$ $(A\bigcap B)\bigcap C=A\bigcap(B\bigcap C)$
分配律	$(A\bigcup B)\bigcap C=(A\bigcap C)\bigcup(B\bigcap C)$ $(A\bigcap B)\bigcup C=(A\bigcup C)\bigcap(B\bigcup C)$
自反律	$\overline{\overline{A}}=A$
对偶律	$\overline{A\bigcup B}=\overline{A}\bigcap\overline{B},\overline{A\bigcap B}=\overline{A}\bigcup\overline{B}$

案例 5.1.3　（事件的表示）设 A,B,C 为任意三个事件，试用 A,B,C 的运算关系表示

下列各事件.

(1) 三个事件中至少有一个事件发生;

(2) 没有一个事件发生;

(3) 恰有一个事件发生;

(4) 至多有两个事件发生(考虑其对立事件);

(5) 至少有两个事件发生.

解 (1) $A \cup B \cup C$,如图 5.1-7 所示.

(2) $\overline{A}\,\overline{B}\,\overline{C} = \overline{A \cup B \cup C}$,如图 5.1-8 所示.

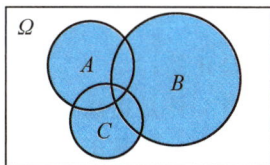

图 5.1-7 三个事件中至少有一个发生

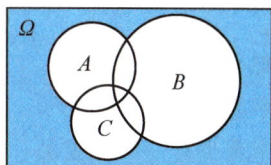

图 5.1-8 三个事件中没有一个发生

(3) $A\overline{B}\,\overline{C} \cup \overline{A}B\overline{C} \cup \overline{A}\,\overline{B}C$,如图 5.1-9 所示.

(4) $(\overline{A}BC \cup A\overline{B}C \cup AB\overline{C}) \cup (A\overline{B}\,\overline{C} \cup \overline{A}B\overline{C} \cup \overline{A}\,\overline{B}C) \cup \overline{A}\,\overline{B}\,\overline{C} = \overline{ABC} = \overline{A} \cup \overline{B} \cup \overline{C}$,如图5.1-10 所示.

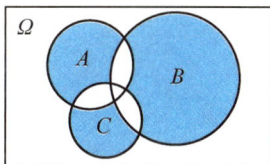

图 5.1-9 三个事件中恰有一个发生

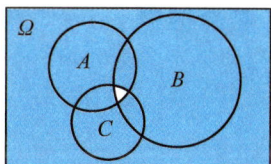

图 5.1-10 三个事件中至多有两个发生

(5) $(\overline{A}BC \cup A\overline{B}C \cup AB\overline{C}) \cup ABC = AB \cup AC \cup BC$,如图 5.1-11 所示.

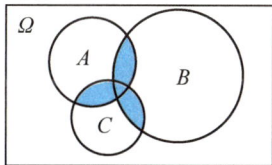

图 5.1-11 三个事件中至少有两个发生

案例 5.1.4 (事件的运算) 考虑某班级全体同学的集合,令 A 为女同学,B 为班干部,C 为入党积极分子.

(1) 用文字说明 $AB\overline{C}$,$(\overline{A} \cup B)\overline{C}$ 和 $A\overline{B} \cup \overline{AB}$ 的含义;

(2) 用 A,B,C 的运算表示"是入党积极分子的非班干部女同学","不是入党积极分子和班干部的同学".

解 (1) $AB\overline{C}$ 表示"非入党积极分子的女班干部",$(\overline{A} \cup B)\overline{C}$ 表示"非入党积极分子的男同学或班干部",$A\overline{B} \cup \overline{AB}$ 表示"不是班干部的女同学和全体男同学".

（2）"是入党积极分子的非班干部女同学"表示为$(A-B)C$，"不是入党积极分子和班干部的同学"表示为$\overline{BC}$.

习题 5.1

1. 根据下列各关系式，判断事件 A 与事件 B 的关系.

（1）$A\bigcup B=A$；　　　　　　（2）$AB=A$；

（3）$A-B=A$；　　　　　　　　（4）$A\bigcup B=AB$.

2. 从一批产品中每次任取一件，连取三次. 设 $A_i=\{$第 i 件取到正品$\}$，试用 A_1,A_2,A_3 表示下列事件.

（1）三件都是正品；　　　　　　（2）三件都不是正品；

（3）三件不都是正品；　　　　　（4）三件中恰有一件是正品；

（5）三件中至少有一件是正品；　（6）三件中至多有一件是正品.

事件的概率

对于一个随机事件 A,在一次随机试验中是否发生,事先并不确定,那么其发生的可能性究竟有多大呢? 能否用一个数字来表示其发生的可能性的大小? 为此,我们引入频率的概念,它描述了事件发生的频繁程度,在此基础上给出概率的定义.

5.2.1　概率的统计定义

定义 5.2.1　在相同的条件下,重复进行了 n 次试验,若事件 A 发生了 n_A 次,则称比值 $\dfrac{n_A}{n}$ 为事件 A 在 n 次试验中出现的频率,记作 $f_n(A) = \dfrac{n_A}{n}$.

在大量的重复试验中,频率常常稳定于某个常数,称为频率的稳定性.

定义 5.2.2　事件 A 出现的频率 $f_n(A)$ 随着重复试验次数 n 的增大而稳定于某个常数 p,则称这个常数 p 为事件 A 发生的概率,记作 $P(A)$.

上述定义称为随机事件概率的统计定义. 一方面,它肯定了任一事件的概率是存在的;另一方面,又给出了一个近似计算概率的方法. 其不足之处是要进行大量的重复试验,但随着试验次数的增加,估计的精度会越来越高.

案例 5.2.1　(估计鱼池中鱼的条数)从某鱼池中捉 100 条鱼,打上标签后放回池中. 再从池中任意捉 100 条鱼,发现其中有 2 条鱼带有标签. 鱼池中大约有多少条鱼?

解　假设鱼池中有 x 条鱼,从池中捉到 1 条有标签的鱼的概率是 $\dfrac{100}{x}$,它近似等于捉到有标签的鱼的频率 $\dfrac{2}{100}$. 即 $\dfrac{100}{x} \approx \dfrac{2}{100}$,解得 $x \approx 5\,000$. 故池中大约有 5 000 条鱼.

5.2.2　概率的性质

由概率的统计定义,可知概率具有如下性质.

性质 5.2.1　对任一事件 A,有 $0 \leqslant P(A) \leqslant 1$.

性质 5.2.2　$P(\Omega) = 1, P(\varnothing) = 0$.

性质 5.2.3　A, B 是两个互不相容事件,则 $P(A \bigcup B) = P(A) + P(B)$. 此公式称为概率的加法公式.

性质 5.2.4　对任一事件 A,有 $P(\overline{A}) = 1 - P(A)$.

性质 5.2.5　$P(A - B) = P(A) - P(AB)$.

特别地,当 $B \subset A$ 时,$P(A - B) = P(A) - P(B)$,$P(A) \geqslant P(B)$.

性质 5.2.6　对任意两个事件 A, B,有 $P(A \bigcup B) = P(A) + P(B) - P(AB)$.

5.2.3　古典概率

定义 5.2.3　我们称具有如下两个特征的随机试验模型为古典概型:一是样本空间中只有有限个样本点(有限性),二是样本点的发生是等可能的(等可能性).

定义 5.2.4 设古典型随机试验的样本空间 $\Omega = \{\omega_1, \omega_2, \cdots, \omega_n\}$，若事件 A 中含有 $m(m \leqslant n)$ 个样本点，则称 $\dfrac{m}{n}$ 为 **A 发生的概率**，记作

$$P(A) = \frac{m}{n} = \frac{A \text{ 中含有的样本点数}}{\text{样本点总数}}.$$

案例 5.2.2 （古典概型）从标号为 $1, 2, \cdots, 10$ 的 10 个同样大小的球中任取一个，求下列事件的概率.

(1) 抽中 5 号；

(2) 抽中奇数号；

(3) 抽中的号数不小于 8.

解 设 $A = $ "抽中 5 号"，$B = $ "抽中奇数号"，$C = $ "抽中的号数不小于 8". 令 i 表示 "抽中 i 号"（$i = 1, 2, \cdots, 10$），则 $\Omega = \{1, 2, \cdots, 10\}$，所以

(1) $P(A) = \dfrac{1}{10}$;

(2) $P(B) = \dfrac{5}{10} = \dfrac{1}{2}$;

(3) $P(C) = \dfrac{3}{10}$.

案例 5.2.3 （古典概型）从 6 双不同的鞋子中任取 4 只.

(1) 求其中恰有 1 双配对的概率；

(2) 求至少有 2 只鞋子配成 1 双的概率.

解 (1) 设 $A = $ "6 双不同的鞋子中任取 4 只，恰有 1 双配对"，先从 6 双中取出 1 双，2 只全取；再从剩下的 5 双中任取 2 双，每双中取到 1 只，则 A 中所含样本点数为 $C_6^1 C_2^2 C_5^2 C_2^1 C_2^1$，所以

$$P(A) = \frac{C_6^1 C_2^2 C_5^2 C_2^1 C_2^1}{C_{12}^4} = \frac{16}{33}.$$

(2) 设 $B = $ "至少有 2 只鞋子配成 1 双"，则 4 只鞋子只配成 1 双的样本点数是 $C_6^1 C_5^2 C_2^1 C_2^1$，4 只鞋子配成 2 双的样本点数是 C_6^2，所以

$$P(B) = \frac{C_6^1 C_5^2 C_2^1 C_2^1 + C_6^2}{C_{12}^4} = \frac{17}{33}.$$

或 $\overline{B} = $ "4 只鞋子中没有任意 2 只可以配成 1 双"，且

$$P(\overline{B}) = \frac{C_6^4 C_2^1 C_2^1 C_2^1 C_2^1}{C_{12}^4} = \frac{16}{33},$$

所以

$$P(B) = 1 - P(\overline{B}) = 1 - \frac{16}{33} = \frac{17}{33}.$$

5.2.4 条件概率

定义 5.2.5 设 A, B 是两个事件，且 $P(A) > 0$，则称

$$P(BA) = \frac{P(AB)}{P(A)}$$

为在事件 A 发生的条件下,事件 B 的条件概率.相应地,把 $P(B)$ 称为无条件概率.一般地,

$$P(B \mid A) \neq P(B).$$

案例 5.2.4　(条件概率)设 10 件产品中有 3 件次品,无放回地从中取出 2 件.求在第一次取到次品的条件下,第二次也取到次品的概率.

解　令 $A_i =$ "第 i 次取到次品"$(i = 1, 2)$,则

$$P(A_2 \mid A_1) = \frac{P(A_1 A_2)}{P(A_1)} = \frac{\dfrac{3}{10} \times \dfrac{2}{9}}{\dfrac{3}{10}} = \frac{2}{9}.$$

定义 5.2.6　由条件概率的定义,可得

$$P(AB) = P(A)P(B \mid A), \quad P(A) > 0,$$

或

$$P(AB) = P(B)P(A \mid B), \quad P(B) > 0.$$

这两个公式都称为乘法公式,利用乘法公式可以计算两个事件同时发生的概率.

案例 5.2.5　(乘法公式)一袋中装有 10 个球,其中 3 个红球,7 个黄球.先后两次不放回地取出 1 个球,求两次取到的都是红球的概率.

解　设 A_i 表示事件"第 i 次取到的是红球"$(i = 1, 2)$,则"$A_1 A_2$"表示"两次取到的均为红球".由题意知,第一次取到红球的概率为

$$P(A_1) = \frac{3}{10},$$

第二次取到红球的概率为

$$P(A_2 \mid A_1) = \frac{2}{9},$$

由乘法公式得

$$P(A_1 A_2) = P(A_1)P(A_2 \mid A_1) = \frac{3}{10} \times \frac{2}{9} = \frac{1}{15}.$$

一般地,对任意 n 个事件 $A_1, A_2, \cdots, A_n$,若 $P(A_1 A_2 \cdots A_n) > 0$,则

$$P(A_1 A_2 \cdots A_n) = P(A_1)P(A_2 \mid A_1)P(A_3 \mid A_1 A_2) \cdots P(A_n \mid A_1 A_2 \cdots A_{n-1}).$$

5.2.5　全概率公式

全概率公式是概率论中的一个基本公式,它将计算一个复杂的概率问题,转化为在不同情况或不同原因下发生的简单事件的概率的求和问题.

定理 5.2.1　(全概率公式)设事件组 $B_1, B_2, \cdots, B_n$ 满足:

(1)$B_1, B_2, \cdots, B_n$ 两两互不相容,且 $P(B_i) > 0$ $(i = 1, 2, \cdots, n)$;

(2)$B_1 + B_2 + \cdots + B_n = \Omega$.

对任一事件 A,有

$$P(A) = \sum_{i=1}^{n} P(B_i)P(A \mid B_i),$$

如图 5.2-1 所示.

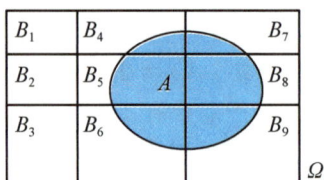

图 5.2-1 全概率公式图示

案例 5.2.6 （全概率公式）某工厂有三个车间生产同一产品，第一车间的次品率为 0.05，第二车间的次品率为 0.03，第三车间的次品率为 0.01，各车间的产品数量分别为 2 500 件、2 000 件和 1 500 件. 出厂时，三个车间的产品完全混合在一起. 现从中任取一件产品，求该产品是次品的概率.

解 设 $B = \{$取到次品$\}$，$A_i = \{$取到第 i 个车间的产品$\}$（$i = 1, 2, 3$），则有
$$A_1 \bigcup A_2 \bigcup A_3 = \Omega,$$
且
$$A_1 \bigcap A_2 = \varnothing, A_1 \bigcap A_3 = \varnothing, A_2 \bigcap A_3 = \varnothing.$$
利用全概率公式得

$$
\begin{aligned}
P(B) &= \sum_{i=1}^{3} P(A_i) P(B \mid A_i) \\
&= P(A_1) P(B \mid A_1) + P(A_2) P(B \mid A_2) + P(A_3) P(B \mid A_3) \\
&= \frac{2\ 500}{6\ 000} \times 0.05 + \frac{2\ 000}{6\ 000} \times 0.03 + \frac{1\ 500}{6\ 000} \times 0.01 = \frac{1}{30}.
\end{aligned}
$$

✎ 习题 5.2

1. 同时投掷质地均匀的 2 枚硬币，求下列事件的概率.

(1) 出现 2 个正面；   (2) 出现 1 个正面 1 个反面.

2. 袋内有同样大小的 5 个白球和 6 个黑球，从中任取一球. 求下列两种情况下，第三次取到白球的概率.

(1) 每次取球后放回；   (2) 每次取球后不放回.

3. 在 1 500 件产品中有 1 100 件正品和 400 件次品，任取 200 件.

(1) 用公式表达恰有 90 件次品的概率；   (2) 用公式表达至少有 2 件次品的概率.

4. 某元件的使用寿命达到 2 万小时的概率是 0.8，达到 3 万小时的概率是 0.5. 如果该元件的使用寿命已经达到 2 万小时，求可达到 3 万小时的概率.

5. 在一批产品中，甲厂产品占 60%，乙厂产品占 40%；甲厂产品的合格率是 90%，乙厂产品的合格率是 95%. 从该批产品中任取一件，求该产品是合格品的概率.

§5.3　事件的独立性

一般情况下，$P(B) \neq P(B \mid A)$. 也就是说，事件 A, B 中某个事件发生对另一个事件的发生表现在概率上是有影响的. 但在实际问题中，往往也会遇到事件 A, B 的发生对另外一个事件没有影响，即 $P(B) = P(B \mid A)$. 故乘法公式也可以写成

$$P(AB) = P(A)P(B \mid A) = P(A)P(B).$$

由此引出事件的相互独立问题.

5.3.1　两个事件的独立性

定义 5.3.1　若两事件 A, B 满足 $P(AB) = P(A)P(B)$，则称 A 与 B 相互独立.

在定义中，当 $P(B) = 0$ 或 $P(B) = 1$ 时，仍然适用，即 $\varnothing, \Omega$ 与任何事件相互独立. 另外，"两事件互不相容"与"两事件相互独立"是两个不同的概念，前者是表述在一次随机试验中两事件不能同时发生，而后者只是说在一次随机试验中一个事件是否发生对另一个事件是否发生没有影响.

定理 5.3.1　设 A, B 是两个事件，若 A, B 相互独立，且 $P(B) > 0$，则

$$P(A \mid B) = P(A),$$

反之亦然.

案例 5.3.1　(事件的独立性) 投掷两枚均匀的骰子一次，求出现双 6 点的概率.

解　投掷两枚骰子，一枚出现的点数对另一枚出现的点数是没有影响的，即两个事件是相互独立的. 设 $A = \{$第一枚骰子出现 6 点$\}$，$B = \{$第二枚骰子出现 6 点$\}$，则

$$P(AB) = P(A)P(B) = \frac{1}{6} \times \frac{1}{6} = \frac{1}{36}.$$

在上面的案例中，我们凭直觉可以判断出两个事件的相互独立性，但并不是所有的问题都是那么容易凭直觉判断.

案例 5.3.2　(事件的独立性) 从一副不含大小王的扑克牌中任取一张，记 $A = \{$抽到 K$\}$，$B = \{$抽到的牌是黑色的$\}$. 试问事件 A, B 是否独立？

解法一　由定义知

$$P(A) = \frac{4}{52} = \frac{1}{13}, \quad P(B) = \frac{26}{52} = \frac{1}{2}, \quad P(AB) = \frac{2}{52} = \frac{1}{26},$$

因 $P(AB) = P(A)P(B)$，所以事件 A, B 相互独立.

解法二　由条件概率知

$$P(A) = \frac{4}{52} = \frac{1}{13}, \quad P(A \mid B) = \frac{2}{26} = \frac{1}{13},$$

得到 $P(A) = P(A \mid B)$，所以事件 A, B 相互独立.

定理 5.3.2　设事件 A, B 独立，则事件 A 与事件 $\bar{B}$，事件 $\bar{A}$ 与事件 B，事件 $\bar{A}$ 与事件 $\bar{B}$ 也相互独立.

案例 5.3.3 （事件的独立性）甲、乙二人同时向同一目标射击一次，甲的击中率为 0.8，乙的击中率为 0.6. 求在一次射击中，目标被击中的概率.

解 设 $A=\{$甲击中$\}$，$B=\{$乙击中$\}$，$C=\{$目标被击中$\}$，则 $C=A\bigcup B$.

$$P(C)=P(A\bigcup B)=P(A)+P(B)-P(AB)$$
$$=P(A)+P(B)-P(A)P(B)=0.8+0.6-0.8\times0.6=0.92.$$

5.3.2　多个事件的独立

定义 5.3.2 对于三个事件 A,B,C，若下列四个等式

$$\begin{cases} P(AB)=P(A)P(B), \\ P(AC)=P(A)P(C), \\ P(BC)=P(B)P(C), \\ P(ABC)=P(A)P(B)P(C) \end{cases}$$

同时成立，则称事件 A,B,C 相互独立.

定义 5.3.3 设 $A_1,A_2,\cdots,A_n$ 是 $n(n>1)$ 个事件，对于任意 $k(1<k\leqslant n)$ 个事件 $A_{i_1},A_{i_2},\cdots,A_{i_k}(1\leqslant i_1<i_2<\cdots<i_k\leqslant n)$，均满足等式

$$P(A_{i_1}A_{i_2}\cdots A_{i_k})=P(A_{i_1})P(A_{i_2})\cdots P(A_{i_k}),$$

则称事件 $A_{i_1},A_{i_2},\cdots,A_{i_k}$ 相互独立.

定义 5.3.4 设 $A_1,A_2,\cdots,A_n$ 是 $n(n>1)$ 个事件，若其中任意两个事件之间均相互独立，则称事件 $A_1,A_2,\cdots,A_n$ 两两独立.

由定义可知，若事件 $A_1,A_2,\cdots,A_n$ 相互独立，则其中任意 $k(1<k\leqslant n)$ 个事件也相互独立；把 $A_1,A_2,\cdots,A_n$ 中的其中一部分换成它们的对立事件，则所得的 n 个事件仍相互独立.

案例 5.3.4 （多个事件的相互独立性）用步枪射击目标，设每支步枪的命中率仅为 0.04. 现用 64 支步枪同时射击一次，目标被击中的概率是多少？

解 设 $A_i=\{$第 i 支步枪击中$\}$，则"目标被击中"为"$A_1\bigcup A_2\bigcup\cdots\bigcup A_{64}$"，

$$P(A_1\bigcup A_2\bigcup\cdots\bigcup A_{64})=1-P(\overline{A_1\bigcup A_2\bigcup\cdots\bigcup A_{64}})$$
$$=1-P(\overline{A_1}\,\overline{A_2}\cdots\overline{A_{64}})=1-P(\overline{A_1})P(\overline{A_2})\cdots P(\overline{A_{64}})$$
$$=1-0.96^{64}\approx0.93.$$

案例 5.3.5 （多个事件的相互独立性）加工某一零件共经过四道工序，四道工序的次品率分别为 $2\%,3\%,5\%,3\%$. 假定各道工序互不影响，求加工出来的零件的次品率.

解 设 $A_i=\{$第 i 道工序出现次品$\}$，$B=\{$加工出来的零件为次品$\}$，则

$\overline{B}=\{$加工出来的零件为合格品$\}$，$\overline{B}=\overline{A_1A_2A_3A_4}$，

$$P(\overline{B})=P(\overline{A_1A_2A_3A_4})=P(\overline{A_1})P(\overline{A_2})P(\overline{A_3})P(\overline{A_4})$$
$$=(1-2\%)\times(1-3\%)\times(1-5\%)\times(1-3\%)=87.597\,79\%\approx87.60\%.$$

$$P(B)=1-P(\overline{B})=1-87.60\%=12.40\%.$$

5.3.3 贝努里概型

定义 5.3.5 在进行 n 次重复试验时,我们常会遇到这样的情况:在每次试验中,任一事件的概率与其他各次试验的结果无关.这时我们称这 n 次试验是独立的,或称它们是 n 次重复试验.独立重复试验的概率问题称为独立重复试验概型.

只有 A 和 $\bar{A}$ 两种结果的独立重复试验概型称为贝努里概型.

定理 5.3.3 (贝努里定理)若在一次试验中事件 A 发生的概率为 $p(0 < p < 1)$,则在 n 次独立重复试验中,事件 A 发生 k 次的概率为

$$p_n(k) = C_n^k p^k (1-p)^{n-k}, \quad k = 0, 1, 2, \cdots, n.$$

案例 5.3.6 (贝努里概型)某车间有 10 台同类型的机床,每台机床配备的电动机功率为 10 kW.已知每台机床工作时,平均每小时实际开动 12 分钟,且各机床开动与否是相互独立的.现在当地电力供应紧张,供电部门只提供 50 kW 的电力给这 10 台机床.这 10 台机床能正常工作的概率为多大?

解 50 kW 电力可同时供给 5 台机床开动,因而 10 台机床中同时开动的台数不超过 5 台时都可以正常工作.令

$$B_k = \{10 \text{ 台机床中同时开动 } k \text{ 台}\}, 0 \leqslant k \leqslant 10,$$

因每台机床"开动"与"不开动"的概率分别为

$$p = \frac{12}{60} = \frac{1}{5}, \quad q = 1 - p = \frac{4}{5},$$

从而

$$p(B_k) = p_{10}(k) = C_{10}^k \left(\frac{1}{5}\right)^k \left(\frac{4}{5}\right)^{10-k}, \quad 0 \leqslant k \leqslant 10.$$

于是,同时开动的机床数不超过 5 台的概率为

$$p = \sum_{k=0}^{5} p(B_k) = \sum_{k=0}^{5} p_{10}(k) = \sum_{k=0}^{5} C_{10}^k \left(\frac{1}{5}\right)^k \left(\frac{4}{5}\right)^{10-k} \approx 0.994.$$

由此可知,这 10 台机床能正常工作的概率为 0.994,不能正常工作的概率仅为 0.006.也就是说,这 10 台机床的工作基本不受电力供应的影响.

习题 5.3

1. 设 $A = \{$某家庭既有男孩又有女孩$\}$,$B = \{$最多有一个女孩$\}$.假定生男孩和生女孩的概率相同,试在下列两种情况下,判定事件 A,B 是否独立.

(1) 该家庭有 2 个孩子;　　　　　(2) 该家庭有 3 个孩子.

2. 对一架敌机连续射击 3 次,每次命中率均为 0.3,且各次命中与否相互独立.已知敌机被击中后坠落的概率为 0.2.

(1) 求敌机被击中的概率;　　　　　(2) 求敌机被击落的概率.

3. 一个自动报警器由雷达和计算机两部分组成,两部分任何一部分失灵,报警器都不能正常工作.使用一年后,雷达失灵的概率为 0.1,计算机失灵的概率为 0.3.若两部分失灵与否相互独立,求报警器使用一年后而又不失灵的概率.

§5.4 随机变量及其概率分布

在随机试验中,人们除了对某些特定的事件发生的概率感兴趣以外,往往还关注与结果相联系的变量.由于这一变量的取值依赖于随机试验的结果,因而被称为随机变量.与普通变量不同的是,人们无法事先预知其确切的取值,但可以研究其取值的统计规律性.

5.4.1 随机变量

在随机现象中,有很大一部分问题与实数之间存在着某种客观的联系.例如,在产品检验问题上,我们关心的是抽样中出现的废品数;在车间供电问题上,我们关心的是某时期正在工作的车床数;等等.对于这类随机现象,其试验结果显然可以用数值来描述,并且随着试验结果的不同而取不同的数值.有些初看起来与数值无关的随机现象,也常常能用数值来描述.例如,在投硬币问题上,每次试验出现的结果为正面或反面与数值没有联系,但我们可以通过指定数"1"代表正面,"0"代表反面,为了计算 n 次投掷中出现的正面次数,就只需计算其中"1"出现的次数,从而使这一随机试验的结果与数值发生联系.

一般地,如果 A 为某个随机事件,则一定可以通过如下函数关系使它与数值发生联系.

$$X(\omega_i)=\begin{cases}1, & A \text{ 发生,}\\ 0, & A \text{ 不发生,}\end{cases} \quad i=1,2.$$

这就说明,不管随机试验的结果是否具有数量的性质,我们都可以建立一个样本空间和实数空间的对应关系,使之与数值发生联系.

1. 随机变量的定义

定义 5.4.1 设 Ω 为随机试验的样本空间,如果对于每一个样本点 $\omega \in \Omega$,变量 X 都有一个确定的实数 $X(\omega)$ 与之对应,则称 X 为定义在 Ω 上的随机变量,如图 5.4-1 所示.

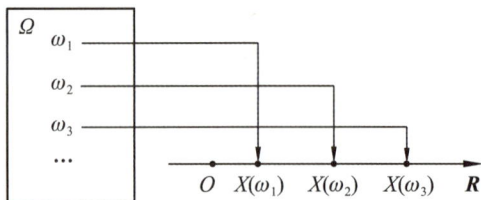

图 5.4-1 随机变量

对于随机变量来讲,我们不仅关心它取哪些值,更关心它以多大的概率取那些值,即研究随机变量的统计规律性——分布函数.

2. 分布函数

定义 5.4.2 设 X 是一个随机变量,称

$$F(x)=P\{X\leqslant x\} \quad (-\infty<x<+\infty)$$

为 X 的分布函数,记作 $X \sim F(x)$ 或 $F_X(x)$.

由定义可知,若将 X 看作数轴上随机点的坐标,则分布函数 $F(x)$ 的值就表示 X 落在区间 $(-\infty, x]$ 内的概率,因而 $0 \leqslant F(x) \leqslant 1$.

对任意实数 $x_1, x_2(x_1 < x_2)$,随机点落在 $(x_1, x_2]$ 内的概率

$$P\{x_1 < X \leqslant x_2\} = P\{X \leqslant x_2\} - P\{X \leqslant x_1\} = F(x_2) - F(x_1).$$

5.4.2　离散型随机变量

1. 定义

定义 5.4.3　只能取有限个或可数无穷个值的随机变量称为离散型随机变量.

定义 5.4.4　设离散型随机变量 X 的所有可能取的值为 $x_1, x_2, \cdots, x_i, \cdots (i = 1, 2, \cdots, n, \cdots)$ 取这些值相应的概率为 $p_1, p_2, \cdots, p_i, \cdots$ 即

$$P\{X = x_i\} = p_i, \quad i = 1, 2, \cdots, n, \cdots$$

称为随机变量 X 的概率分布或分布列,简称分布.也可以写成表格形式,如表 5.4-1 所示.

表 5.4-1　离散型随机变量的概率分布

随机变量(X)	x_1	x_2	$\cdots$	x_i	$\cdots$
分布(P)	p_1	p_2	$\cdots$	p_i	$\cdots$

2. 性质

离散型随机变量 X 的分布律满足下列性质.

(1) 非负性:$p_i \geqslant 0, \quad i = 1, 2, \cdots, n, \cdots$.

(2) 规范性:$\sum_i p_i = 1$.

反之,任意一个满足以上两种性质的数列 $\{p_i\}$,都可以作为某离散型随机变量的分布列.

3. 离散型随机变量的分布函数

定义 5.4.5　离散型随机变量的分布函数为

$$F(x) = P\{X \leqslant x\} = \sum_{x_i \leqslant x} P\{X = x_i\} = \sum_{x_i \leqslant x} p_i.$$

即当 $x < x_1$ 时,$F(x) = 0$;

当 $x_1 \leqslant x < x_2$ 时,$F(x) = p_1$;

当 $x_2 \leqslant x < x_3$ 时,$F(x) = p_1 + p_2$;

...

当 $x_{n-1} \leqslant x < x_n$ 时,$F(x) = p_1 + p_2 + \cdots + p_{n-1}$.

函数图像如图 5.4-2 所示.

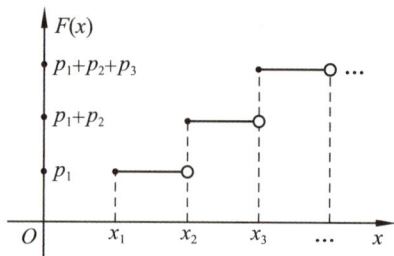

图 5.4-2　离散型随机变量的分布函数

4. 常用的离散分布

（1）两点分布

定义 5.4.6　若一个随机变量 X 只有两个可能取值，且其分布为

$$P\{X=x_1\}=p, \quad P\{X=x_2\}=1-p, \quad 0<p<1,$$

则称 X 服从 x_1,x_2 处参数为 p 的两点分布.

特别地，若 X 服从 $x_1=1,x_2=0$ 处参数为 p 的两点分布，如表 5.4-2 所示，则称 X 服从参数为 p 的 $0-1$ 分布.

表 5.4-2　$0-1$ 分布的分布列

随机变量(X)	0	1
分布(P)	$1-p$	p

案例 5.4.1　（$0-1$ 分布）200 件产品中，有 196 件是正品，4 件是次品.从中随机抽取 1 件，求其服从的概率分布.

解　设 $X=\begin{cases}1, & \text{取到正品,}\\0, & \text{取到次品,}\end{cases}$ 则

$$P\{X=1\}=\frac{196}{200}=0.98, \quad P\{X=0\}=\frac{4}{200}=0.02.$$

所以，X 服从参数为 0.98 的 $0-1$ 分布.

（2）二项分布

定义 5.4.7　若一个随机变量 X 的概率分布为

$$P\{X=k\}=C_n^k p^k (1-p)^{n-k}, \quad k=0,1,2,\cdots,n,$$

则称 X 服从参数为 n,p 的二项分布.记为 $X \sim b(n,p)$ 或 $X \sim B(n,p)$.

显然，$P\{X=k\}>0$，$\displaystyle\sum_{k=0}^{n}P\{X=k\}=1$.

案例 5.4.2　（二项分布）已知 100 件产品中有 5 件次品，现从中有放回地取 3 次，求在所取的 3 件中恰有 2 件次品的概率.

解　因为是有放回地取 3 次，所以这 3 次试验的条件完全相同且独立，属于贝努里试验.由题意可得，每次取到次品的概率是 0.05，设 X 为所取到的 3 件中的次品数，则

$$X \sim b(3,0.05),$$

所以，

$$P\{X=2\}=C_3^2(0.05)^2(0.95)^1=0.007\ 125.$$

（3）泊松分布

定义 5.4.8　若一个随机变量 X 的概率分布为

$$P\{X=k\}=\mathrm{e}^{-\lambda}\frac{\lambda^k}{k!}, \quad \lambda>0, \quad k=0,1,2,\cdots,$$

则称 X 服从参数为 λ 的泊松分布，记为 $X \sim P(\lambda)$.

显然，$P\{X=k\}>0$，$\displaystyle\sum_{k=0}^{\infty}P\{X=k\}=\sum_{k=0}^{\infty}\mathrm{e}^{-\lambda}\frac{\lambda^k}{k!}=\mathrm{e}^{-\lambda}\sum_{k=0}^{\infty}\frac{\lambda^k}{k!}=\mathrm{e}^{-\lambda}\mathrm{e}^{\lambda}=1.$

案例 5.4.3　（泊松分布）由超市的销售记录知，某商品的月销售量 $X \sim P(4)$. 为了能以 0.95 的概率保证该商品不断货，在无库存的情况下超市月底应进多少货？

解　设月底进货量为 x，根据题意应有 $P\{X \leqslant x\} \geqslant 0.95$，由于 $X \sim P(4)$，所以

$$P\{X \leqslant x\}=\sum_{k=0}^{x}\frac{4^k}{k!}\mathrm{e}^{-4}.$$

经计算

$$P\{X \leqslant 7\}=\sum_{k=0}^{7}\frac{4^k}{k!}\mathrm{e}^{-4} \approx 0.948\ 9,$$

$$P\{X \leqslant 8\}=\sum_{k=0}^{8}\frac{4^k}{k!}\mathrm{e}^{-4} \approx 0.978\ 6,$$

故超市月底若进货 8 件，可有 95% 以上的概率在下月的销售中不断货.

5.4.3　连续型随机变量

1. 定义

定义 5.4.9　如果对于随机变量 X 的分布函数 $F(x)$，存在非负可积函数 $f(x)$，使对任意实数 x，有

$$F(x)=P\{X \leqslant x\}=\int_{-\infty}^{x}f(t)\,\mathrm{d}t,$$

则称 X 为连续型随机变量，称 $f(x)$ 为 X 的概率密度函数，简称概率密度或密度函数.

2. 性质

密度函数具有如下性质.

（1）$f(x) \geqslant 0, x \in \mathbf{R}$（非负性）.

（2）$\displaystyle\int_{-\infty}^{+\infty}f(x)\,\mathrm{d}x=1$（规范性）.

（3）设 a,b 为任意实数，且 $a<b$，则 $P\{a<X \leqslant b\}=\displaystyle\int_a^b f(x)\,\mathrm{d}x$.

（4）连续型随机变量 X 取任一指定点 $a(a \in \mathbf{R})$ 的概率为 0，故有

$$P\{a < X \leqslant b\} = P\{a \leqslant X < b\} = P\{a \leqslant X \leqslant b\} = P\{a < X < b\}.$$

(5) 若 $f(x)$ 在点 x 处连续,则 $F'(x) = f(x)$.

案例 5.4.4 （连续型随机变量的概率）已知 X 的分布函数为

$$F(x) = \begin{cases} 0, & x < 0, \\ \dfrac{x}{2}, & 0 \leqslant x < 1, \\ \dfrac{2}{3}, & 1 \leqslant x < 2, \\ \dfrac{11}{12}, & 2 \leqslant x < 3, \\ 1, & x \geqslant 3. \end{cases}$$

求 $P\{X \leqslant 3\}$,$P\{X = 1\}$,$P\left\{X > \dfrac{1}{2}\right\}$,$P\{2 < X < 4\}$.

解 $P\{X \leqslant 3\} = F(3) = 1$;

$$P\{X = 1\} = F(1) - F(1 - 0) = \frac{2}{3} - \frac{1}{2} = \frac{1}{6};$$

$$P\left\{X > \frac{1}{2}\right\} = 1 - P\left\{X \leqslant \frac{1}{2}\right\} = 1 - F\left(\frac{1}{2}\right) = 1 - \frac{1}{4} = \frac{3}{4};$$

$$P\{2 < X < 4\} = P\{X < 4\} - P\{X \leqslant 2\} = F(4 - 0) - F(2) = 1 - \frac{11}{12} = \frac{1}{12}.$$

3. 常用的连续分布

（1）均匀分布

定义 5.4.10 若连续型随机变量 X 的概率密度为

$$f(x) = \begin{cases} \dfrac{1}{b - a}, & a < x < b, \\ 0, & \text{其他}, \end{cases}$$

则称 X 在区间 (a, b) 内服从均匀分布,记为 $X \sim U(a, b)$.

当 X 在区间 (a, b) 内服从均匀分布时,X 的分布函数为

$$F(x) = \begin{cases} 0, & x < a, \\ \dfrac{x - a}{b - a}, & a \leqslant x < b, \\ 1, & x \geqslant b. \end{cases}$$

（2）指数分布

定义 5.4.11 若随机变量 X 的概率密度为

$$f(x) = \begin{cases} \lambda e^{-\lambda x}, & x > 0, \\ 0, & \text{其他}, \end{cases}$$

其中 λ 是大于 0 的常数,则称 X 服从参数为 λ 的指数分布,记为 $X \sim e(\lambda)$,如图 5.4-3 所示.

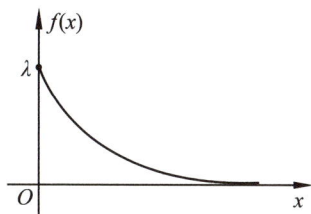

图 5.4-3　指数分布的密度函数

若 X 服从参数为 λ 的指数分布,其分布函数为

$$F(x)=\begin{cases}1-\mathrm{e}^{-\lambda x}, & x>0,\\ 0, & \text{其他}.\end{cases}$$

（3）正态分布

定义 5.4.12　若随机变量 X 的概率密度为

$$f(x)=\frac{1}{\sqrt{2\pi}\sigma}\mathrm{e}^{\frac{-(x-\mu)^2}{2\sigma^2}},\ -\infty<x<+\infty,$$

则称 X 服从参数为 μ 和 σ^2 的正态分布,记为 $X\sim N(\mu,\sigma^2)$,其中 μ 和 $\sigma(\sigma>0)$ 都是常数,如图 5.4-4 所示.

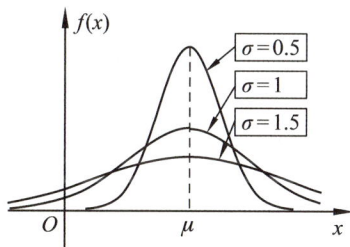

图 5.4-4　正态分布的密度函数

习题 5.4

1. 设随机变量 X 的分布律为 $P\{X=k\}=\dfrac{k}{15},k=1,2,3,4,5.$

（1）求 $P\left\{\dfrac{1}{2}<k<\dfrac{5}{2}\right\}$;

（2）求 $P\{1\leqslant X\leqslant 3\}$;

（3）求 $P\{X>3\}$.

2. 设自动生产线在调整以后出现废品的概率为 $p=0.1$,当生产过程中出现废品时立即进行调整,X 表示在两次调整之间生产的合格品数.

（1）求 X 的概率分布;

（2）求 $P\{X\geqslant 5\}$.

3. 已知离散型随机变量 X 的概率分布为
$$P\{X=1\}=0.3, \quad P\{X=3\}=0.5, \quad P\{X=5\}=0.2.$$
试求 X 的分布函数 $F(x)$，并画出图像.

4. 设离散型随机变量 X 的分布函数为
$$F(x)=\begin{cases}0, & x<-1, \\ 0.4, & -1\leqslant x<1, \\ 0.8, & 1\leqslant x<3, \\ 1, & x\geqslant 3.\end{cases}$$

(1) 求 X 的概率分布；

(2) 求 $P\{X<2\mid X\neq 1\}$.

5. 已知 X 的概率密度函数为
$$f(x)=\begin{cases}2x, & 0<x<1, \\ 0, & \text{其他}.\end{cases}$$

(1) 求 $P\{X\leqslant 0.5\}$；

(2) 求 $P\{X=0.5\}$；

(3) 求 $F(x)$.

6. 设 X 在区间 $[0,10]$ 上服从均匀分布.

(1) 求 X 的密度函数，并绘出图形；

(2) 分别求 $P\{X\leqslant -3.5\}$，$P\{X<3\}$，$P\{|X|\leqslant 5\}$.

7. 设随机变量 X 服从正态分布 $N(1,2^2)$.

(1) 求 $P\{X\leqslant 3.5\}$；

(2) 求 $P\{0<X\leqslant 3\}$；

(3) 求 $P\{|X|>1.5\}$.

§5.5　随机变量的数字特征

随机变量的概率分布能完整地描述随机变量的统计规律.但在许多实际问题中,要全面知道随机变量的分布情况是很困难的;而且,有时并不需要知道它的确切分布,只需要知道它的某些重要特征就足够了.我们把刻画随机变量(或其分布)某些特征的确定的数值称为随机变量的数字特征.

本节主要介绍反映随机变量取值的集中位置和分散程度的数字特征——数学期望和方差.

5.5.1　数学期望

1. 离散型随机变量的数学期望

引例 5.5.1　(产品抽查)在一次产品抽查打分中,共随机抽出 10 件产品.其中,得到 70 分的有 1 件,80 分的有 3 件,90 分的有 5 件,100 分的有 1 件.求这 10 件产品的平均得分.

解　平均得分为
$$(70 \times 1 + 80 \times 3 + 90 \times 5 + 100 \times 1) \div 10 = 86.$$

上式也可以表示为
$$70 \times \frac{1}{10} + 80 \times \frac{3}{10} + 90 \times \frac{5}{10} + 100 \times \frac{1}{10} = 86,$$

其中,$\frac{1}{10},\frac{3}{10},\frac{5}{10},\frac{1}{10}$ 分别表示得分为 70 分、80 分、90 分和 100 分的频率或权重,所以平均分数 86 称为这些分数的加权平均数.

如果把抽查得分看成随机变量 X 的取值,把它们的频率视为概率,则 X 的概率分布如表 5.5-1 所示.X 的加权平均数就是 X 的取值与其相应的概率乘积之和.

表 5.5-1　产品抽查得分的概率分布

X	70	80	90	100
P	$\frac{1}{10}$	$\frac{3}{10}$	$\frac{5}{10}$	$\frac{1}{10}$

(1)离散型随机变量的数学期望的定义

定义 5.5.1　设 X 为离散型随机变量,其分布列为
$$\begin{pmatrix} x_1 & x_2 & \cdots & x_n & \cdots \\ p_1 & p_2 & \cdots & p_n & \cdots \end{pmatrix},$$

若
$$\sum_{i=1}^{\infty} |x_i| p_i < +\infty,$$

则称 $E(X) = \sum_{i=1}^{\infty} x_i p_i$ 为 X 的数学期望,简称期望或均值.

案例 5.5.1　(评判工人的技术水平)甲和乙两个工人生产同一种产品,日产量相等;在一天中出现的废品数分别为 X 和 Y,其分布律分别如表 5.5-2 和表 5.5-3 所示.试比较这两

个工人的技术情况.

表 5.5-2　甲工人生产废品的分布律

X	0	1	2	3
P	0.4	0.3	0.2	0.1

表 5.5-3　乙工人生产废品的分布律

Y	0	1	2	3	4
P	0.5	0.1	0.2	0.1	0.1

解　因为两人生产废品的数量是随机的,所以技术好坏取决于他们平均每天生产的废品数.

$$E(X)=0\times0.4+1\times0.3+2\times0.2+3\times0.1=1,$$
$$E(Y)=0\times0.5+1\times0.1+2\times0.2+3\times0.1+4\times0.1=1.2.$$

因为乙平均每天生产的废品数比甲多,所以甲的技术比乙好.

(2) 几种常见的离散型随机变量的数学期望

两点分布、二项分布和泊松分布的数学期望,如表 5.5-4 所示.

表 5.5-4　离散型随机变量的数学期望

随机变量类型	分布律	数学期望
两点分布	$P\{X=0\}=1-p$; $P\{X=1\}=p$	$E(X)=p$
二项分布	$P\{X=k\}=C_n^k p^k(1-p)^{n-k}$, $k=0,1,2,\cdots,n$	$E(X)=np$
泊松分布	$P\{X=k\}=e^{-\lambda}\dfrac{\lambda^k}{k!}$, $\lambda>0,k=0,1,2,\cdots$	$E(X)=\lambda$

2. 连续型随机变量的数学期望

(1) 连续型随机变量的数学期望的定义

定义 5.5.2　设 X 为连续型随机变量,其概率密度函数为 $f(x)$,若广义积分

$$\int_{-\infty}^{+\infty}|x|f(x)\mathrm{d}x$$

存在,则称 $\int_{-\infty}^{+\infty}xf(x)\mathrm{d}x$ 为 X 的数学期望或均值,记作 $E(X)$. 即

$$E(X)=\int_{-\infty}^{+\infty}xf(x)\mathrm{d}x.$$

案例 5.5.2　(均匀分布的数学期望)设随机变量 X 服从区间 $[a,b]$ 上的均匀分布,求 $E(X)$.

解 由于 X 服从区间 $[a,b]$ 上的均匀分布,所以其概率密度函数为

$$f(x) = \begin{cases} \dfrac{1}{b-a}, & a \leqslant x \leqslant b, \\ 0, & \text{其他,} \end{cases}$$

可得

$$E(X) = \int_{-\infty}^{+\infty} x f(x) \, \mathrm{d}x = \int_a^b x \cdot \frac{1}{b-a} \mathrm{d}x = \frac{a+b}{2}.$$

(2)几种常见的连续型随机变量的数学期望

均匀分布、指数分布和正态分布的数学期望,如表 5.5-5 所示.

表 5.5-5 连续型随机变量的数学期望

随机变量类型	分布律	数学期望
均匀分布	$f(x) = \begin{cases} \dfrac{1}{b-a}, & a < x < b, \\ 0, & \text{其他} \end{cases}$	$E(X) = \dfrac{a+b}{2}$
指数分布	$f(x) = \begin{cases} \lambda \mathrm{e}^{-\lambda x}, & x > 0, \\ 0, & \text{其他,} \end{cases} \quad \lambda > 0$	$E(X) = \dfrac{1}{\lambda}$
正态分布	$f(x) = \dfrac{1}{\sqrt{2\pi}\sigma} \mathrm{e}^{-\frac{(x-\mu)^2}{2\sigma^2}}, -\infty < x < +\infty$	$E(X) = \mu$

3. 数学期望的性质

性质 5.5.1 若 C 为常数,则 $E(C) = C$.

性质 5.5.2 若 X 为随机变量,k 为常数,则 $E(kX) = kE(X)$.

性质 5.5.3 若 X 为随机变量,a,b 为常数,则 $E(aX+b) = aE(X)+b$.

性质 5.5.4 若 X,Y 都是随机变量,则 $E(X+Y) = E(X)+E(Y)$.

性质 5.5.5 若 X,Y 是相互独立的随机变量,则 $E(XY) = E(X)E(Y)$.

5.5.2 方差

在一些实际问题中,仅知道平均值是不够的,因为它有很大的局限性,还不能够完全反映问题的实质.例如,两个品牌的手表,甲品牌手表日走时误差均匀分布在 $-1 \sim 1$ 秒;乙品牌手表日走时误差均匀分布在 $-0.5 \sim 0.5$ 秒.两个品牌的手表日走时误差平均来说都是 0,由此并不能比较出哪个品牌的手表走得更准.但我们从直觉上易得出乙品牌手表比甲品牌手表走得准,这是由于乙品牌手表的日走时误差与其平均值偏离度较小,质量稳定.由此可见,我们有必要研究随机变量取值与其数学期望值的偏离程度——方差.

1. 方差的定义

定义 5.5.3 设 X 是随机变量,$E(X)$ 是其数学期望.若 $E[X-E(X)]^2$ 存在,则称

$E[X-E(X)]^2$ 为随机变量 X 的方差，记为 $D(X)$. 即
$$D(X)=E[X-E(X)]^2.$$

$\sqrt{D(X)}$ 为 X 的标准差（或均方差），记为 $\sigma(X)$.

由定义及随机变量函数的数学期望，可以推出方差的计算公式为
$$D(X)=E(X^2)-[E(X)]^2.$$

案例 5.5.3 （离散型随机变量的方差）设 X 的分布律，如表 5.5-6 所示. 求 $D(X)$.

表 5.5-6　离散型随机变量 X 的分布律

X	0	1	2
P	$\frac{2}{9}$	$\frac{6}{9}$	$\frac{1}{9}$

解
$$E(X)=0\times\frac{2}{9}+1\times\frac{6}{9}+2\times\frac{1}{9}=\frac{8}{9},$$
$$E(X^2)=0^2\times\frac{2}{9}+1^2\times\frac{6}{9}+2^2\times\frac{1}{9}=\frac{10}{9},$$

所以
$$D(X)=E(X^2)-[E(X)]^2=\frac{10}{9}-\left(\frac{8}{9}\right)^2=\frac{26}{81}.$$

案例 5.5.4 （均匀分布的方差）设随机变量 X 服从区间 $[a,b]$ 上的均匀分布，求 $D(X)$.

解 由于 X 服从区间 $[a,b]$ 上的均匀分布，所以其概率密度函数为
$$f(x)=\begin{cases}\dfrac{1}{b-a}, & a\leqslant x\leqslant b,\\ 0, & \text{其他.}\end{cases}$$

又因为
$$E(X)=\frac{a+b}{2},$$
$$E(X^2)=\int_{-\infty}^{+\infty}x^2f(x)\mathrm{d}x=\int_a^b x^2\cdot\frac{1}{b-a}\mathrm{d}x=\frac{1}{3}(a^2+ab+b^2),$$

从而
$$D(X)=E(X^2)-[E(X)]^2=\frac{1}{3}(a^2+ab+b^2)-\left(\frac{a+b}{2}\right)^2=\frac{1}{12}(b-a)^2.$$

2. 常用随机变量的方差

常用随机变量的方差，如表 5.5-7 所示.

表 5.5-7　常用随机变量的方差

随机变量类型	分布律	方差
两点分布	$P\{X=0\}=1-p;P\{X=1\}=p$	$D(X)=p(1-p)$

续表

随机变量类型	分布律	方差
二项分布	$P\{X=k\}=C_n^k p^k (1-p)^{n-k},\quad k=0,1,2,\cdots,n$	$D(X)=np(1-p)$
泊松分布	$P\{X=k\}=\mathrm{e}^{-\lambda}\dfrac{\lambda^k}{k!},\quad \lambda>0,\quad k=0,1,2,\cdots$	$D(X)=\lambda$
均匀分布	$f(x)=\begin{cases}\dfrac{1}{b-a}, & a<x<b \\ 0, & \text{其他}\end{cases}$	$D(X)=\dfrac{(b-a)^2}{12}$
指数分布	$f(x)=\begin{cases}\lambda \mathrm{e}^{-\lambda x}, & x>0,\quad \lambda>0 \\ 0, & \text{其他,}\end{cases}$	$D(X)=\dfrac{1}{\lambda^2}$
正态分布	$f(x)=\dfrac{1}{\sqrt{2\pi}\,\sigma}\mathrm{e}^{-\frac{(x-\mu)^2}{2\sigma^2}},\quad -\infty<x<+\infty$	$D(X)=\sigma^2$

3. 方差的性质

性质 5.5.6　若 C 为常数,则 $D(C)=0$.

性质 5.5.7　若 X 为随机变量,k 为常数,则 $D(kX)=k^2 D(X)$.

性质 5.5.8　若 X,Y 是相互独立的随机变量,则 $D(X+Y)=D(X)+D(Y)$.

习题 5.5

1. 设随机变量 X 的分布律,如表 5.5-8 所示. 求 $E(X),E(X^2),E(3X^2+5)$.

表 5.5-8　X 的分布律

X	-2	0	2
P_i	0.4	0.3	0.3

2. 设随机变量 X 的分布密度为

$$p(x)=\begin{cases}2(1-x), & 0<x<1, \\ 0, & \text{其他.}\end{cases}$$

(1) 求 $E(X)$;

(2) 求 $D(X)$.

§5.6 统计分析※

统计分析主要研究数据的收集和统计推断,即研究如何对已经取得的数据进行整理、分析并作出决策,以推断出整体的规律性.

5.6.1 样本与抽样分布

1. 样本

定义 5.6.1 通常把研究对象的某一项或几项数量指标可能取值的全体组成的集合称为总体(或母体),组成总体的每一个元素称为个体.

定义 5.6.2 用随机变量 X 表示总体,从中抽取 n 个个体,$X_1,X_2,\cdots,X_n$ 称为总体 X 的样本(或子样),n 称为样本的容量. 在每一次抽取后,得到一组确定的数值,记作 $x_1,x_2,\cdots,x_n$,称为样本观测值,简称样本值.

抽取样本的目的是通过样本对总体的统计特性作出估计和推断,为了使样本能客观地反映总体的特性,样本应具有两个条件:一是代表性,即样本中的每一个个体与总体具有相同的分布;二是独立性,即样本的个体之间是相互独立、互不影响的. 满足以上两个条件的样本称为简单随机样本.

2. 统计量

为了通过样本 $X_1,X_2,\cdots,X_n$ 来推断总体 X 的特性,需要将样本中我们关心的信息集中起来,构造样本的某种函数.

定义 5.6.3 设 $X_1,X_2,\cdots,X_n$ 是样本,如果 $f(x_1,x_2,\cdots,x_n)$ 是连续函数,并且不包含样本来自总体分布的参数,则称随机变量 $f(X_1,X_2,\cdots,X_n)$ 为统计量.

例如,设总体 $X \sim N(\mu,\sigma^2)$,参数 μ 未知,σ^2 已知,X_1,X_2,X_3 是来自总体 X 的一个样本,则

$$f_1(X_1,X_2,X_3)=X_1^2+X_2^2+X_3^2,$$

和

$$f_2(X_1,X_2,X_3)=\frac{1}{\sigma^2}(X_1+X_2+X_3)$$

都是统计量,而

$$f_3(X_1,X_2,X_3)=(X_1-\mu)^2+(X_2-\mu)^2+(X_3-\mu)^2$$

不是统计量,因为它含有未知参数 μ.

常用的统计量如下.

设 $X_1,X_2,\cdots,X_n$ 是取自总体 X 的一个容量为 n 的样本.

(1) 样本均值:$\bar{X}=\dfrac{1}{n}\sum\limits_{i=1}^{n}X_i$,反映总体 X 取值的平均状态.

(2) 样本方差:$s^2=\dfrac{1}{n-1}\sum\limits_{i=1}^{n}(X_i-\bar{X})^2$,反映总体 X 的离散程度. s 称为样本标准差(或样本均方差).

3. 抽样分布

由于统计量是随机变量,因此称统计量的分布为抽样分布.

(1) 统计量 U 的分布

定义 5.6.4 设总体 $X \sim N(\mu, \sigma^2)$,μ,σ^2 为已知参数,$X_1, X_2, \cdots, X_n$ 是取自总体 X 的一个样本,$\bar{X}$ 为样本均值,则称统计量

$$U = \frac{\bar{X} - \mu}{\dfrac{\sigma}{\sqrt{n}}}$$

为 U 统计量,称其概率分布为 U 分布,可以证明 $U \sim N(0,1)$.

(2) 统计量 χ^2 的分布

定义 5.6.5 设总体 $X \sim N(\mu, \sigma^2)$,σ^2 为已知参数,$X_1, X_2, \cdots, X_n$ 是取自总体 X 的一个样本,s^2 为样本方差,则称统计量

$$\chi^2 = \frac{(n-1)s^2}{\sigma^2}$$

为自由度 $n-1$ 的 χ^2 统计量. 其概率分布为自由度是 $n-1$ 的 χ^2 分布,记作 $\chi^2 \sim \chi^2(n-1)$.

(3) 统计量 T 的分布

定义 5.6.6 设总体 $X \sim N(\mu, \sigma^2)$,μ 为已知参数,$X_1, X_2, \cdots, X_n$ 是取自总体 X 的一个样本,$\bar{X}$ 和 s 分别为样本均值和样本标准差,则称统计量

$$T = \frac{\bar{X} - \mu}{\dfrac{s}{\sqrt{n}}}$$

为自由度是 $n-1$ 的 t 分布,记作 $T \sim t(n-1)$.

5.6.2 点估计

设 θ 是总体 X 的分布中的未知参数,点估计问题就是由样本 $X_1, X_2, \cdots, X_n$ 构造一个统计量 $\hat{\theta} = \hat{\theta}(X_1, X_2, \cdots, X_n)$ 来估计未知参数 θ,称 $\hat{\theta}$ 为 θ 的估计量. 对应样本 $X_1, X_2, \cdots, X_n$ 的一组观测值 $x_1, x_2, \cdots, x_n$,估计量 $\hat{\theta}$ 的值 $\hat{\theta}(x_1, x_2, \cdots, x_n)$ 称为 θ 的估计值.

点估计的两种常用方法是数字特征估计法和极大似然估计法.

1. 数字特征估计法

定义 5.6.7 设 $X_1, X_2, \cdots, X_n$ 是取自总体 X 的一个样本,$x_1, x_2, \cdots, x_n$ 为样本观测值. $E(X) = \mu$,$D(X) = \sigma^2$,参数 μ,σ^2 未知. 用样本均值 $\bar{X}$ 作为 μ 的估计量,即

$$\hat{\mu} = \bar{X} = \frac{1}{n}\sum_{i=1}^{n} X_i;$$

用样本方差 s^2 作为 σ^2 的估计量,即

$$\hat{\sigma}^2 = s^2 = \frac{1}{n-1} \sum_{i=1}^{n} (X_i - \bar{X})^2 ;$$

对应的估计值分别为

$$\hat{\mu} = \bar{x} = \frac{1}{n} \sum_{i=1}^{n} x_i , \qquad \hat{\sigma}^2 = s^2 = \frac{1}{n-1} \sum_{i=1}^{n} (x_i - \bar{x})^2 .$$

这种估计方法称为数字特征估计法.

案例 5.6.1 (数字特征估计法)设某地区的年降水量 $X \sim N(\mu, \sigma^2)$,其中 μ, σ^2 为未知参数. 现随机抽取 5 年的年降水量数据如下(单位:mm):

$$1\ 050 \quad 1\ 031 \quad 1\ 078 \quad 1\ 065 \quad 1\ 021.$$

试求参数 μ, σ^2 的估计值.

解 μ 和 σ^2 的估计量分别为

$$\hat{\mu} = \bar{X} = \frac{1}{n} \sum_{i=1}^{n} X_i , \qquad \hat{\sigma}^2 = s^2 = \frac{1}{n-1} \sum_{i=1}^{n} (X_i - \bar{X})^2 .$$

由题意可知,样本容量为 5,样本观测值为

$$x_1 = 1\ 050, \quad x_2 = 1\ 031, \quad x_3 = 1\ 078, \quad x_4 = 1\ 065, \quad x_5 = 1\ 021,$$

计算得

$$\bar{x} = 1\ 049, \quad s^2 = 551.5,$$

所以,μ 和 σ^2 的估计值分别是

$$\hat{\mu} = \bar{x} = 1\ 049, \quad \hat{\sigma}^2 = s^2 = 551.5.$$

2. 极大似然估计

定义 5.6.8 设总体 X 的密度函数为 $p(x, \theta)$,其中 θ 是待估计的参数. 样本 $X_1, X_2, \cdots,$ X_n 的一组观测值为 $x_1, x_2, \cdots, x_n$. 这组观测值出现的概率为 $\prod\limits_{i=1}^{n} p(x_i, \theta)$,函数 $L(\theta) = \prod\limits_{i=1}^{n} p(x_i, \theta)$ 称为似然函数.

$x_1, x_2, \cdots, x_n$ 是一组样本观测值,它是已经发生的随机事件,可以认为取到这组值的概率 $L(\theta)$ 较大. 因而,待估计的参数 θ 的值应使 $L(\theta)$ 较大,使 $L(\theta)$ 取得最大值的参数值 $\hat{\theta}$ 作为 θ 的估计. 这就是极大似然估计,称 $\hat{\theta}$ 为 θ 的极大似然估计.

由于 $\ln L$ 与 L 有相同的最大值. 由微积分的知识可知,$\hat{\theta}$ 满足方程

$$\frac{\mathrm{d}}{\mathrm{d}\theta}(\ln L) = 0.$$

上述方程称为似然方程,解此方程可得 θ 的极大似然估计 $\hat{\theta}$.

案例 5.6.2 （极大似然估计法）设总体 X 的密度函数为

$$p(x,\theta)=\begin{cases} \theta x^{\theta-1}, & 0<x<1, \\ 0, & 其他, \end{cases}$$

其中 $\theta>0$，$X_1,X_2,\cdots,X_n$ 是总体 X 的一个样本. 求参数 θ 的极大似然估计.

解　似然函数为

$$L(\theta)=\begin{cases} \theta^n(x_1 x_2 \cdots x_n)^{\theta-1}, & 0<x_i<1(i=1,2,\cdots,n), \\ 0, & 其他, \end{cases}$$

$$\ln L=n\ln\theta+(\theta-1)\sum_{i=1}^{n}\ln x_i,$$

由

$$\frac{\mathrm{d}\ln L}{\mathrm{d}\theta}=\frac{n}{\theta}+\sum_{i=1}^{n}\ln x_i=0,$$

得

$$\theta=-\frac{n}{\displaystyle\sum_{i=1}^{n}\ln x_i},$$

所以参数 θ 的极大似然估计是

$$\hat{\theta}=-\frac{n}{\displaystyle\sum_{i=1}^{n}\ln X_i}.$$

5.6.3　区间估计

对总体 X 的未知参数 θ 的估计中，由于样本的随机性，而估计值 $\hat{\theta}$ 随样本而改变，$\hat{\theta}$ 与真值 θ 之间总有一定的偏差. 因此，仅估计 θ 的值是不够的，还需要通过样本寻求参数 θ 的一个范围，使这个范围以给定的概率包含未知参数的真值 θ. 这种对未知参数 θ 的估计方法称为区间估计.

定义 5.6.9　设 θ 为总体 X 的未知参数，由样本 $X_1,X_2,\cdots,X_n$ 构造两个统计量 θ_1,θ_2，如果对于给定的 $\alpha\in(0,1)$，有

$$P\{\theta_1<\theta<\theta_2\}=1-\alpha,$$

则称随机区间 (θ_1,θ_2) 为 θ 的 $1-\alpha$ 置信区间，称 $1-\alpha$ 为置信度.

1. 正态总体均值的区间估计

设 $X\sim N(\mu,\sigma^2)$，$X_1,X_2,\cdots,X_n$ 是取自总体 X 的一个样本，$\bar{X}$ 和 s^2 分别为样本均值和样本方差.

（1）已知总体方差 σ^2，求均值 μ 的 $1-\alpha$ 置信区间

取 U 统计量

$$U=\frac{\bar{X}-\mu}{\dfrac{\sigma}{\sqrt{n}}}\sim N(0,1),$$

对于给定的 $\alpha \in (0,1)$，查正态分布表可得临界值 $u_{1-\frac{\alpha}{2}}$，使其满足

$$P\left\{|U| < u_{1-\frac{\alpha}{2}}\right\} = 1 - \alpha,$$

从而

$$P\left\{\frac{|\bar{X} - u|}{\frac{\sigma}{\sqrt{n}}} < u_{1-\frac{\alpha}{2}}\right\} = 1 - \alpha,$$

即

$$P\left\{\bar{X} - \frac{\sigma}{\sqrt{n}} \cdot u_{1-\frac{\alpha}{2}} < u < \bar{X} + \frac{\sigma}{\sqrt{n}} \cdot u_{1-\frac{\alpha}{2}}\right\} = 1 - \alpha,$$

由此得到总体均值 μ 的 $1-\alpha$ 置信区间为

$$\left(\bar{X} - \frac{\sigma}{\sqrt{n}} \cdot u_{1-\frac{\alpha}{2}}, \bar{X} + \frac{\sigma}{\sqrt{n}} \cdot u_{1-\frac{\alpha}{2}}\right).$$

由样本观测值得样本均值的值 $\bar{x}$，则

$$\left(\bar{x} - \frac{\sigma}{\sqrt{n}} \cdot u_{1-\frac{\alpha}{2}}, \bar{x} + \frac{\sigma}{\sqrt{n}} \cdot u_{1-\frac{\alpha}{2}}\right)$$

也称为总体均值 μ 的 $1-\alpha$ 置信区间.

案例 5.6.3 （总体均值的区间估计）已知某厂生产某种产品的规格 $X \sim N(\mu, 0.06)$，现从某天生产的产品中随机抽取 6 件，测量值如下：

$$14.6 \quad 15.1 \quad 14.9 \quad 14.8 \quad 15.2 \quad 15.1.$$

试求产品规格的均值 μ 的 95% 置信区间.

解 由题意得

$$\bar{x} = \frac{1}{n}\sum_{i=1}^{n} x_i = \frac{1}{6}\sum_{i=1}^{6} x_i = \frac{1}{6} \times (14.6 + 15.1 + 14.9 + 14.8 + 15.2 + 15.1) = 14.95.$$

因为置信度 $1-\alpha = 95\%$，所以 $\alpha = 1 - 0.95 = 0.05$. 查正态分布分位数表，得临界值 $u_{1-\frac{\alpha}{2}} = u_{0.975} = 1.96$.

又 $\sigma^2 = 0.06, n = 6$，于是

$$\bar{x} - \frac{\sigma}{\sqrt{n}} \cdot u_{1-\frac{\alpha}{2}} = 14.95 - \frac{\sqrt{0.06}}{\sqrt{6}} \times 1.96 \approx 14.75,$$

$$\bar{x} + \frac{\sigma}{\sqrt{n}} \cdot u_{1-\frac{\alpha}{2}} = 14.95 + \frac{\sqrt{0.06}}{\sqrt{6}} \times 1.96 \approx 15.15.$$

由此得到产品规格的均值 μ 的 95% 置信区间为 $(14.75, 15.15)$.

（2）总体 X 的方差 σ^2 未知，求均值 μ 的 $1-\alpha$ 置信区间

取 T 统计量

$$T = \frac{\bar{X} - \mu}{\frac{s}{\sqrt{n}}} \sim t(n-1),$$

对于给定的 $\alpha \in (0,1)$，查自由度为 $n-1$ 的 t 分布表可得临界值 $t_{1-\frac{\alpha}{2}}(n-1)$，使其满足

$$P\{|T| < t_{1-\frac{\alpha}{2}}(n-1)\} = 1-\alpha,$$

从而
$$P\left\{\frac{|\bar{X}-\mu|}{\frac{s}{\sqrt{n}}} < t_{1-\frac{\alpha}{2}}(n-1)\right\} = 1-\alpha,$$

即
$$P\left\{\bar{X} - \frac{s}{\sqrt{n}} \cdot t_{1-\frac{\alpha}{2}}(n-1) < \mu < \bar{X} + \frac{s}{\sqrt{n}} \cdot t_{1-\frac{\alpha}{2}}(n-1)\right\} = 1-\alpha,$$

由此得到总体均值 μ 的 $1-\alpha$ 置信区间为
$$\left(\bar{X} - \frac{s}{\sqrt{n}} \cdot t_{1-\frac{\alpha}{2}}(n-1), \bar{X} + \frac{s}{\sqrt{n}} \cdot t_{1-\frac{\alpha}{2}}(n-1)\right).$$

由样本观测值得样本均值的值 $\bar{x}$ 和样本标准差 s，则
$$\left(\bar{x} - \frac{s}{\sqrt{n}} \cdot t_{1-\frac{\alpha}{2}}(n-1), \bar{x} + \frac{s}{\sqrt{n}} \cdot t_{1-\frac{\alpha}{2}}(n-1)\right)$$

也称为总体均值 μ 的 $1-\alpha$ 置信区间.

2. 正态总体方差的区间估计

设 $X \sim N(\mu, \sigma^2)$，$X_1, X_2, \cdots, X_n$ 是取自总体 X 的一个样本，求方差 σ^2 的 $1-\alpha$ 置信区间.

取 χ^2 统计量
$$\chi^2 = \frac{n-1}{\sigma^2}s^2 \sim \chi^2(n-1),$$

对于给定的 $\alpha \in (0,1)$，可查自由度为 $n-1$ 的 χ^2 分布表，得临界值 $\chi^2_{\frac{\alpha}{2}}(n-1)$ 和 $\chi^2_{1-\frac{\alpha}{2}}(n-1)$，使
$$P\left\{\frac{(n-1)}{\sigma^2}s^2 > \chi^2_{1-\frac{\alpha}{2}}(n-1)\right\} = \frac{\alpha}{2},$$
$$P\left\{\frac{(n-1)}{\sigma^2}s^2 > \chi^2_{\frac{\alpha}{2}}(n-1)\right\} = 1-\frac{\alpha}{2},$$

我们称 $\chi^2_{\frac{\alpha}{2}}(n-1)$ 为左临界值，$\chi^2_{1-\frac{\alpha}{2}}(n-1)$ 为右临界值. 此时
$$P\left\{\chi^2_{\frac{\alpha}{2}}(n-1) < \frac{(n-1)}{\sigma^2}s^2 < \chi^2_{1-\frac{\alpha}{2}}(n-1)\right\} = 1-\alpha,$$

即
$$P\left\{\frac{(n-1)s^2}{\chi^2_{1-\frac{\alpha}{2}}(n-1)} < \sigma^2 < \frac{(n-1)s^2}{\chi^2_{\frac{\alpha}{2}}(n-1)}\right\} = 1-\alpha,$$

由此得到总体方差 σ^2 的 $1-\alpha$ 置信区间为
$$\left(\frac{(n-1)s^2}{\chi^2_{1-\frac{\alpha}{2}}(n-1)}, \frac{(n-1)s^2}{\chi^2_{\frac{\alpha}{2}}(n-1)}\right).$$

経済応用数学（第3版）

由样本观测值得样本方差 s^2，则

$$\left(\frac{(n-1)s^2}{\chi^2_{1-\frac{\alpha}{2}}(n-1)}, \frac{(n-1)s^2}{\chi^2_{\frac{\alpha}{2}}(n-1)}\right)$$

也是总体方差 σ^2 的 $1-\alpha$ 置信区间.

思政课堂

	突出贡献	视频微课
**谷超豪**	1926—2012，中国数学家、教育家. 他在 K 展空间、芬斯拉空间等一般空间微分几何学、非线性双曲型方程的间断解、波映射、混合型方程、规范场的数学理论和孤立子等的研究中取得了原创性成果. 发表数学论文 140 余篇，学术专著有《齐性空间的微分几何学》《关于经典的杨-米尔斯场》等 6 部.	

数学与生活

扫描二维码，获取"建模案例：生日模型"的相关内容.

建模案例	学习笔记

数学实验※

　　数学实验就是以学生为主体,用数学的方法结合计算机(使用数学软件)解决实际问题,在"做数学"的过程中学习数学.数学实验是连接具体到抽象、感性到理性的一座桥梁,使学生从被动接受知识到主动参与,能更有效地培养学生的探索能力、动手能力和应用能力,激发学生的学习兴趣.数学实验既是一种科研方法,也是一种学习手段,它能使学生获得在传统的学习环境中无法获得的知识信息.

　　MATLAB 是由美国 MathWorks 公司开发的工程计算软件,能够高效地处理大批量数据.MATLAB 在各行各业被广泛应用于各类问题的分析和解决.在我国各高校,MATLAB 软件已成为求解数学模型最常用的软件,MATLAB 的应用是实践教学的重要组成部分,也是高职院校学生必须掌握的基本技能.因此,我们选择 MATLAB 作为本课程的数学实验平台.

§6.1　MATLAB 软件的基础知识

　　MATLAB 是 matrix laboratory 的缩写,即矩阵实验室,由在数值线性代数领域颇有影响的美国科学家莫勒首创.后来莫勒博士与一批数学家和软件专家组建了 MathWorks 软件公司,专门从事 MATLAB 的扩展与改进.MATLAB 不仅具有强大的数值计算能力,而且具有数据图示功能和符号运算功能.特别是大量的工具箱扩展了应用领域,是高校学生、教师、科研人员和工程计算人员的最佳选择,是数学建模必不可少的工具.

6.1.1　MATLAB 的主要特点

1.　功能强大

　　MATLAB 以复数矩阵作为基本编程单元,可以方便地处理诸如矩阵变换及运算,多项式运算、微积分运算,以及线性与非线性方程求解、常微分方程求解、偏微分方程求解、插值与拟合、特征值、统计及优化等问题.

2.　语言简单

　　MATLAB 语句书写简单,表达式的书写如同在稿纸中演算一样,允许用户以数学形式的语言编写程序,控制语句同 C 语言相近,并提供了强大的"帮助"功能.

3.　扩充能力强

　　MATLAB 本身就像一个解释系统,用户可以方便地看到函数的源程序,也可以方便地开发自己的程序.另外,MATLAB 可以方便地和 FORTRAN 语言、C 语言等进行接口,与

Maple 语言也有很好的接口.

4. 编程容易

从形式上看,MATLAB 程序文件是一个纯文本文件,扩展名为".m",调试方便.

6.1.2 操作入门

1. 安装(Windows 操作平台)

(1)将源光盘插入光驱.

(2)在光盘的根目录下找到 MATLAB 的安装文件 setup.exe.

(3)双击该安装文件,按照提示逐步完成安装.

(4)安装完成后,在程序栏里便有了 MATLAB 选项.

2. 启动

选择"开始→程序→MATLAB 7.0.1→MATLAB 7.0.1"命令,如图 6.1-1 所示,便会出现 MATLAB Command Window(即命令窗口).

图 6.1-1　MATLAB 的启动图标

3. MATLAB 环境

MATLAB 是一门高级编程语言,它不仅提供了良好的编程环境,还提供了很多方便用户管理变量、输入输出数据,以及生成和管理文件的工具.

MATLAB 的界面大致包括以下几部分.

(1)菜单栏:单击即可打开相应的菜单.

(2)工具栏:使用它们能使操作更快捷.

(3)Command Window(命令窗口):用来输入和显示计算结果,其中符号"≫"表示等待用户输入,各行命令后的"↙"表示回车.

MATLAB 的通用命令如下.

①管理命令和函数(见表 6.1-1).

表 6.1-1　管理命令和函数

命令	功能	命令	功能
help	在线帮助	lookfor	通过关键字查找帮助
ver	版本号	path	控制 MATLAB 的搜索路径
addpath	将目录添加到搜索路径	rmpath	从搜索路径中删除目录
whatsnew	显示 README 文件	what	M 文件、MAT 文件和 MEX 文件的目录列表
which	函数和文件定位	type	列出文件
doc	装入超文本说明	lasterr	上一个出错信息
error	显示出错信息	profile	测量并显示 M 文件执行的效率

②管理变量和工作空间(见表 6.1-2).

表 6.1-2　管理变量和工作空间

命令	功能	命令	功能
who,whos	列出内存中的变量目录	length	求向量长度
disp	显示文本和阵列	size	求阵列的维大小
clear	从内存中清除项目	save	将工作空间变量保存到磁盘
mlock	防止文件被删除	load	从磁盘中恢复变量
munlock	允许删除 M 文件	pack	释放工作空间内存

③控制命令窗口(见表 6.1-3).

表 6.1-3　控制命令窗口

命令	功能	命令	功能
echo	执行过程中回显 M 文件	more	控制命令窗口的分页显示
format	控制输出显示格式		

④使用文件和工作环境(见表 6.1-4).

表 6.1-4　使用文件和工作环境

命令	功能	命令	功能
diary	在磁盘文件中保存任务	inmem	内存中的函数
dir	目录列表	matlabroot	MATLAB 安装根目录
cd	改变工作目录	fullfile	从部分中构造文件全名
mkdir	建立目录	fileparts	文件名部分
copyfile	复制文件	tempdir	返回系统临时工作目录名
delete	删除文件和图形对象	tempname	临时文件的唯一文件名
edit	编辑 M 文件	!	调用 DOS 命令

⑤启动和退出 MATLAB(见表 6.1-5).

表 6.1-5　启动和退出 MATLAB

命令	功能	命令	功能
matlabrc	启动 MATLAB 的 M 文件	quit	终止 MATLAB
startup	启动 MATLAB 的 M 文件		

(4)Workspace(工作区窗口):存储命令窗口输入的命令和所有变量值.

(5)Current Directory(当前目录选择窗口):显示当前路径.

4. MATLAB 的帮助系统

MATLAB 的帮助系统提供帮助命令、帮助窗口等帮助方法.

(1)帮助命令(help).如果准确知道所要求助的内容或命令名称,那么使用 help 命令是获得在线帮助的最简单有效的途径.例如,要获得关于函数 $\sin x$ 使用说明的在线帮助,可输入命令:

>>help sin↙

SIN　　Sine.

　　SIN(X) is the sine of the elements of X.

(2)帮助窗口.帮助窗口给出的信息按目录编排,比较系统,便于浏览与之相关的信息,其内容与帮助命令给出的一样.进入帮助窗口的方法有以下几种.

①由 Launch Pad(分类帮助窗口)进入帮助窗口.

②选取帮助菜单里的"MATLAB Help"或输入命令"helpwin".

③双击菜单条上的问号按钮.

6.1.3　变量和表达式

MATLAB 命令的一般形式为

$$变量＝表达式.$$

表达式由运算符、函数和变量名组成.MATLAB 先执行右边表达式的运算,然后将运算结果存入左边的变量中,并同时显示在命令后面.如果省略变量名和"＝",即不指定返回变量,则名为 ans 的变量将自动建立.

例如,输入命令:

>>2009/12↙

ans＝

167.416 7

如果不想让系统将运算结果输出到屏幕,则只需在命令的最后加一个分号(";")即可.特别要注意的是,MATLAB 的变量名区分大小写,如 A1 和 a1 是两个不同的变量.另外,系统还预定义了几个特殊变量,如表 6.1-6 所示,使用中不应再用它们作自定义的变量名.

表 6.1-6　变量名与取值

变量名	取值	变量名	取值
pi	圆周率 π	flops	浮点运算次数
eps	计算机最小正数	i 和 j	虚数单位 $\sqrt{-1}$
inf	无穷大	NaN	不定值

MATLAB 保留本次运算中建立的所有变量的信息,通过 whos 命令可以显示当前系统中所有变量的详细信息.这些变量的信息及值被保留在 MATLAB 的工作空间里,可以在需要时调用.但如果退出 MATLAB,则这些变量将被清除.因此,如果希望保存本次计算的一些结果以便以后使用,则应在退出 MATLAB 前,使用 save 命令保存工作空间中的变量.

输入命令:

save ↙

则在当前工作空间中的所有变量存入磁盘文件 matlab.mat 中.

下次进入 MATLAB 后,输入命令:

load ↙

便将这些变量从 matlab.mat 中重新调入工作空间.

6.1.4　MATLAB 的函数

MATLAB 主要进行数学计算,因而各种数学函数在使用中是必不可少的.常用数学函数如下.

1. 三角函数(见表 6.1-7)

表 6.1-7　三角函数

三角函数	正弦	余弦	正切	余切	正割	余割
	sin	cos	tan	cot	sec	csc
反三角函数	asin	acos	atan	acot	asec	acsc
双曲函数	sinh	cosh	tanh	coth	sech	csch
反双曲函数	asinh	acosh	atanh	acoth	asech	acsch

2. 其他数学函数(见表 6.1-8)

表 6.1-8　其他数学函数

函数	符号	函数	符号
指数	exp	平方根	sqrt
自然对数	log	朝 0 方向取整	fix
以 10 为底的对数	log10	朝 −∞ 方向取整	floor

续表

函数	符号	函数	符号
指数	exp	平方根	sqrt
复数的模	abs	朝＋∞方向取整	ceil
复数的共轭	conj	四舍五入取整	round
复数的实部	real	余数	rem
复数的虚部	imag	最小公倍数	lcm
复数的辐角	angle	最大公约数	gcd

6.1.5　MATLAB 的基本运算符

1.　算术运算符（见表 6.1-9）

表 6.1-9　算术运算符

运算名称	数学表达式	MATLAB 运算符	MATLAB 表达式
加	$a+b$	＋	$a+b$
减	$a-b$	－	$a-b$
乘	$a\times b$	＊	$a*b$
除	$a\div b$	/或\	a/b 或 $a\backslash b$
乘方	a^b	^	$a^\wedge b$

2.　关系运算符（见表 6.1-10）

表 6.1-10　关系运算符

数学关系	MATLAB 运算符	数学关系	MATLAB 运算符
小于	＜	大于	＞
小于或等于	＜＝	大于或等于	＞＝
等于	＝＝	不等于	～＝

3.　逻辑运算符（见表 6.1-11）

表 6.1-11　逻辑运算符

逻辑关系	与	或	非
MATLAB 运算符	&	|	～

6.1.6　MATLAB 的标点符号

MATLAB 的标点符号，如表 6.1-12 所示．

表 6.1-12　MATLAB 的标点符号

名称	标点	作　用
逗号	，	用作要显示结果的指令与其后指令之间的分隔符； 用作输入量与输入量之间的分隔符； 用作数组元素的分隔符
黑点	．	用作数值表示中的小数点
分号	；	用作不显示计算结果指令的"结尾"标志； 用作不显示计算结果指令与其后指令的分隔符； 用作数组的行间分隔符
冒号	：	用以生成一维数值数组； 用作单下标援引时,表示全部元素构成的长列； 用作多下标援引时,表示所在维上的全部元素
注释号	％	由它"启首"后的所有行部分被看作非执行的注释符
单引号对	''	字符串标记符
方括号	[ ]	输入数组时用； 函数指令输出宗量列表时用
圆括号	( )	在数组援引时用； 函数指令输入宗量列表时用

6.1.7　MATLAB 基本运算

1. 简单运算

在 MATLAB 下进行基本数学运算,只需将运算式直接打入提示号($>>$)之后,并按回车键即可.

例如,

$>>(5*2+1.3-0.2)*10/25$↙

ans＝

4.440 0

MATLAB 会将运算结果直接存入一个变数 ans,代表 MATLAB 运算后的答案(answer),并显示其数值于屏幕上.

2. 表达式的输入

可将上述运算式的结果设定给另一个变数 x,

$>>$x＝$(5*2+1.3-0.2)*10/25$↙

x＝

4.440 0

此时 MATLAB 会直接显示 x 的值.

§6.2 一元函数的图像

6.2.1 实验目的

(1)学习 MATLAB 的一元函数绘图命令.

(2)进一步理解函数概念.

6.2.2 MATLAB 绘图命令

MATLAB 绘图命令比较多,我们选编一些常用命令,简单说明其作用.这些命令的调用格式,可参阅例题及使用帮助(help).

1. 二维绘图函数(见表 6.2-1)

表 6.2-1　二维绘图函数

命令	功能	命令	功能
bar	条形图	hist	直方图
plot	简单的线性图形	polar	极坐标图形

2. 基本线型和颜色(见表 6.2-2)

表 6.2-2　基本线型和颜色

字母	颜色	符号	线型
y	黄色	.	点
m	紫红	0	圆圈
c	青色	x	x 标记
r	红色	+	加号
g	绿色	*	星号
b	蓝色	—	实线
w	白色	:	点线
k	黑色	—.	点画线
		——	虚线

3. 二维绘图工具(见表 6.2-3)

表 6.2-3　二维绘图工具

命令	功能	命令	功能
grid	放置格栅	gtext	用鼠标放置文本
hold	保持当前图形	text	在给定位置放置文本
title	放置图标题	xlabel	放置 x 轴标题
ylabel	放置 y 轴标题	zoom	缩放图形

4. axis 命令(见表 6.2-4)

表 6.2-4　axis 命令

命令	功能	命令	功能
axis([x1,x2, y1,y2])	设置坐标轴范围	axis square	当前图形设置为方形
axis equal	坐标轴的长度单位设成相等	axis normal	关闭 axis equal 和 axis square
axis off	关闭轴标记、格栅和单位标志	axis on	显示轴标记、格栅和单位标志

5. linspace 创建数组命令

调用格式为

$$x = linspace(x1, x2, n),$$

创建了 x_1 到 x_2 之间有 n 个数据的数组.

例如,

>>linspace(1,100,10)↙

ans＝

1　　12　　23　　34　　45　　56　　67　　78　　89　　100

6. funtool 函数工具

在 MATLAB 指令窗口输入 funtool 可打开"函数计算器"图形用户界面.

6.2.3　绘制函数图形举例

案例 6.2.1　画出 $y = \cos x$ 的图像.

解　先建立点的坐标,然后用 plot 命令将这些点绘出并用直线连接起来,采用五点作图法,选取五点 $(0,1)$, $\left(\dfrac{\pi}{2},0\right)$, $(\pi,-1)$, $\left(\dfrac{3\pi}{2},0\right)$, $(2\pi,1)$.

输入命令:

```
>>x=[0,pi/2,pi,3*pi/2,2*pi];
>>y=cos(x);
>>plot(x,y)↙
```

运行结果如图 6.2-1 所示.

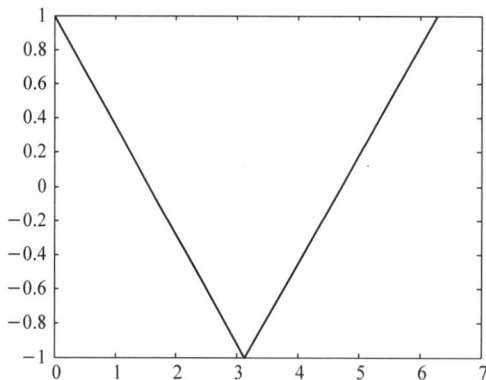

图 6.2-1　函数 $y=\cos x$ 的图像（5 个数据点）

可以想象,随点数增加,图形越来越接近 $y=\cos x$ 的图像.
例如,在 0 至 2π 之间取 50 个数据点.输入命令：

```
>>x=linspace(0,2*pi,50);
>>y=cos(x);
>>plot(x,y)↙
```

运行结果如图 6.2-2 所示.

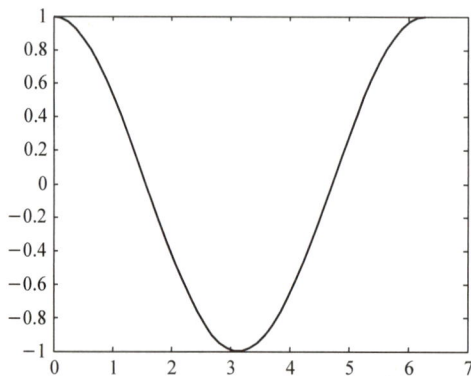

图 6.2-2　函数 $y=\cos x$ 的图像（50 个数据点）

给图形加标记、栅格线.输入命令：

```
>>x=0:0.1:2*pi;
>>y=cos(x);
>>plot(x,y);
>>title('余弦曲线');          % 给图加标题"余弦曲线"
```

>>text(5,0,'y＝cosx')；　　％ 在点(5,0)处放置文本"$y=\cos x$"

>>grid↙　　　　　　　　％ 给图形加栅格线

上述命令中,符号"％"后的内容是对该命令语句的注释.

运行结果如图 6.2-3 所示.

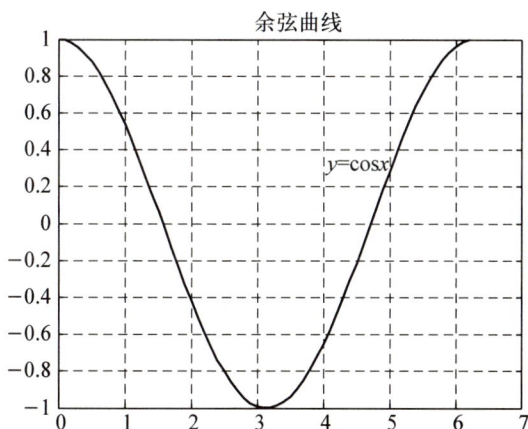

图 6.2-3　函数 $y＝\cos x$ 的图像(50 个数据点)

案例 6.2.2　画出 $y=2^x$ 和 $y=\left(\dfrac{1}{2}\right)^x$ 的图像.

解　输入命令：

>>x＝－6：0.1：6；

>>y1＝2.^x；

>>y2＝(1/2).^x；

>>plot(x,y1,x,y2)；

>>axis([－6,6,0,10])；

>>grid↙

运行结果如图 6.2-4 所示.

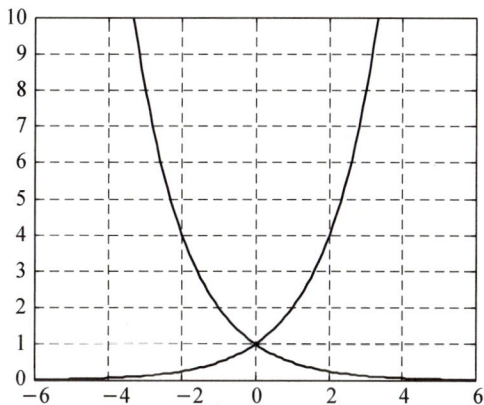

图 6.2-4　函数 $y=2^x$ 和 $y=\left(\dfrac{1}{2}\right)^x$ 的图像

MATLAB 允许在一个图形中画多条曲线. plot(x,y1,x,y2)指令绘制 $y_1=f(x)$, $y_2=f(x)$ 等多条曲线. MATLAB 自动给这些曲线以不同颜色.

案例 6.2.3 在同一坐标系中画出 $y=\sin x$, $y=x$, $y=\tan x$ 的图像.

解 输入命令：

$>>$x$=-$pi/2：0.1；pi/2；

$>>$y1$=$sin(x)；

$>>$y2$=$x；

$>>$y3$=$tan(x)；

$>>$plot(x,y1,x,y2,x,y3)；

$>>$axis([$-$pi/2,pi/2,$-$2,2])；

$>>$grid✓

运行结果如图 6.2-5 所示.

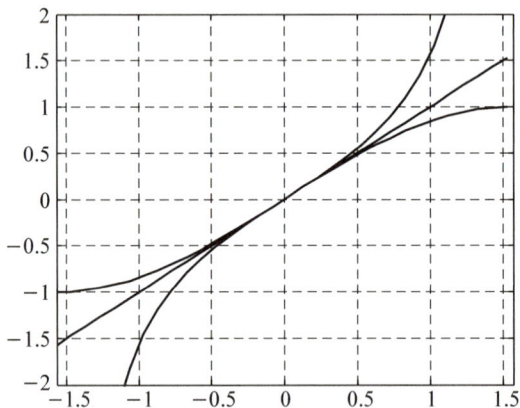

图 6.2-5 函数 $y=\sin x$, $y=x$, $y=\tan x$ 的图像

从图 6.2-5 上可以看出，当 $x>0$ 时，$\sin x<x<\tan x$；当 $x<0$ 时，$\sin x>x>\tan x$；$y=x$ 是 $y=\sin x$ 和 $y=\tan x$ 在原点的切线. 因此，当 $|x|<1$ 时，$\sin x\approx x$, $\tan x\approx x$.

案例 6.2.4 画出星形线 $\begin{cases}x=3\cos^3 t,\\ y=3\sin^3 t\end{cases}$ 的图像.

解 这是参数方程，可化为极坐标方程

$$r=\frac{3}{(\cos^{\frac{2}{3}}\alpha+\sin^{\frac{2}{3}}\alpha)^{\frac{2}{3}}}.$$

输入命令：

$>>$x$=$0：0.01；2$*$pi；

$>>$r$=$3./((((cos(x)).^2).^(1/3)+((sin(x)).^2).^(1/3)).^(3/2)；

$>>$polar(x,r)✓

运行结果如图 6.2-6 所示.

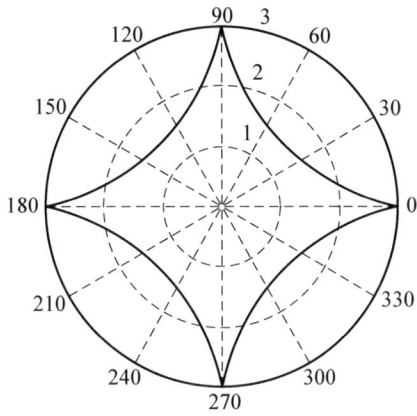

图 6.2-6　星形线 $\begin{cases} x = 3\cos^3 t, \\ y = 3\sin^3 t \end{cases}$ 的图像

§6.3 函数极限

6.3.1 实验目的

(1)理解极限的概念.

(2)掌握用 MATLAB 软件求函数极限的方法.

6.3.2 MATLAB 求极限命令

MATLAB 求极限命令,见表 6.3-1.

表 6.3-1 MATLAB 求极限命令

数学运算	MATLAB 命令	数学运算	MATLAB 命令
$\lim\limits_{x \to 0} f(x)$	limit(f)	$\lim\limits_{x \to a} f(x)$	limit(f,x,a)或 limit(f,a)
$\lim\limits_{x \to a^-} f(x)$	limit(f,x,a,'left')	$\lim\limits_{x \to a^+} f(x)$	limit(f,x,a,'right')

案例 6.3.1 观察数列 $\left\{\dfrac{n+1}{n}\right\}$ 当 $n \to \infty$ 时的变化趋势.

解 输入命令:

＞＞n=1：50;

＞＞xn=(n+1)./n↙

运行结果如下.

xn=

1 至 14 列

2.000 0   1.500 0   1.333 3   1.250 0   1.200 0   1.166 7   1.142 9

1.125 0   1.111 1   1.100 0   1.090 9   1.083 3   1.076 9   1.071 4

15 至 28 列

1.066 7   1.062 5   1.058 8   1.055 6   1.052 6   1.050 0   1.047 6

1.045 5   1.043 5   1.041 7   1.040 0   1.038 5   1.037 0   1.035 7

29 至 42 列

1.034 5   1.033 3   1.032 3   1.031 3   1.030 3   1.029 4   1.028 6

1.027 8   1.027 0   1.026 3   1.025 6   1.025 0   1.024 4   1.023 8

43 至 50 列

1.023 3   1.022 7   1.022 2   1.021 7   1.021 3   1.020 8   1.020 4

1.020 0

得到该数列的前 50 项,从这前 50 项看出,随 n 的增大,$\dfrac{n+1}{n}$ 与 1 非常接近.

下面画出 $\{x_n\}$ 的图像,输入命令:

＞＞plot(n,xn)↙

运行结果如图 6.3-1 所示.

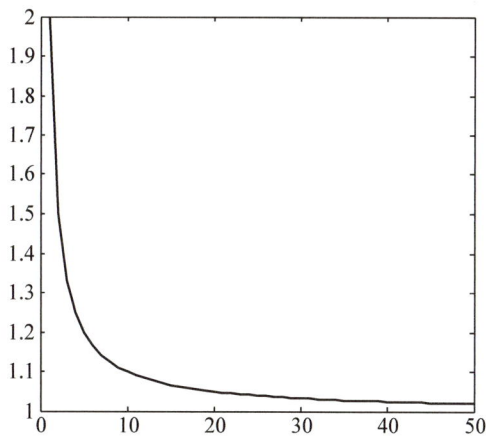

图 6.3-1　数列 $\left\{\dfrac{n+1}{n}\right\}$ 当 $n\to\infty$ 时的变化趋势

由图可看出,随着 n 的增大,点列与直线 $y=1$ 无限接近,因此可得结论:

$$\lim_{n\to\infty}\frac{n+1}{n}=1.$$

案例 6.3.2　分析函数 $f(x)=\dfrac{\sin x}{x}$,当 $x\to 0$ 时的变化趋势.

解　画出函数 $f(x)$ 在 $[-1,1]$ 上的图像:

＞＞x＝-1:0.01:1;

＞＞y＝sin(x)./x;

＞＞plot(x,y)↙

运行结果如图 6.3-2 所示.

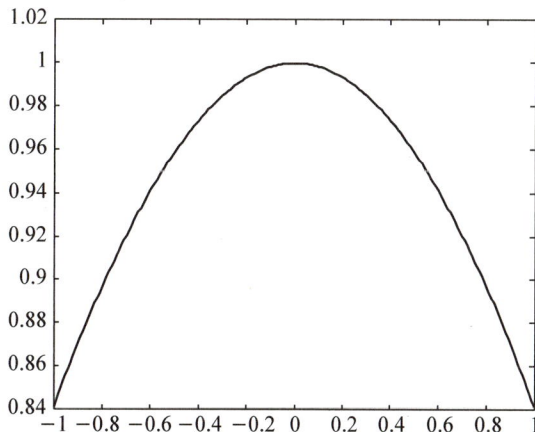

图 6.3-2　函数 $f(x)=\dfrac{\sin x}{x}$,当 $x\to 0$ 时的变化趋势

由图可以看出，$\dfrac{\sin x}{x}$ 随着 $|x|$ 的减小，越来越趋近于 1.

案例 6.3.3 分析函数 $f(x)=\sin\dfrac{1}{x}$，当 $x \to 0$ 时的变化趋势.

解 输入命令：

```
>>x=-0.5:0.001:0.5;
>>y=sin(1./x);
>>plot(x,y)↙
```

运行结果如图 6.3-3 所示.

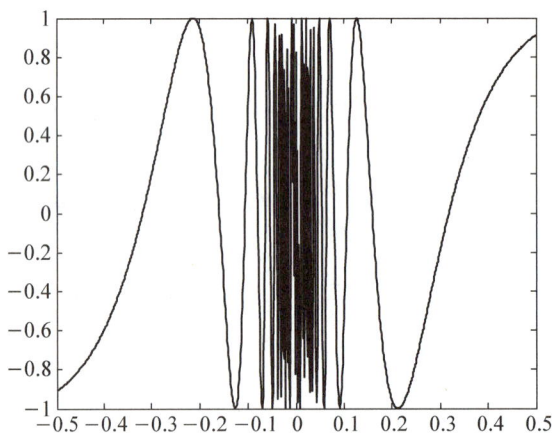

图 6.3-3 函数 $f(x)=\sin\dfrac{1}{x}$，当 $x \to 0$ 时的变化趋势

由图可以看出，当 $x \to 0$ 时，$\sin\dfrac{1}{x}$ 在 -1 和 1 之间无限次振荡，所以极限不存在.

案例 6.3.4 分析 $f(x)=\left(1+\dfrac{1}{x}\right)^{x}$，当 $x \to +\infty$ 时的变化趋势.

解 输入命令：

```
>>x=1:100;
>>y=(1+1./x).^x;
>>plot(x,y);
>>grid↙
```

运行结果如图 6.3-4 所示.

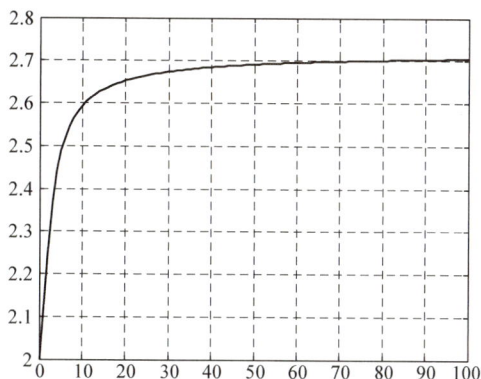

图 6.3-4　函数 $f(x)=\left(1+\dfrac{1}{x}\right)^x$，当 $x\to+\infty$ 时的变化趋势

由图可以看出,当 $x\to+\infty$ 时,函数值与某常数无限接近,我们知道,这个常数就是 e.

案例 6.3.5　求 $\lim\limits_{x\to0}\dfrac{1-\cos x}{x\sin x}$.

解　输入命令:

>>syms x;

>>f=(1−cos(x))./(x.*sin(x));

>>limit(f,x,0)↙

得结果:

ans=

1/2

画出函数图像:

>>ezplot(f);

>>grid↙

运行结果如图 6.3-5 所示.

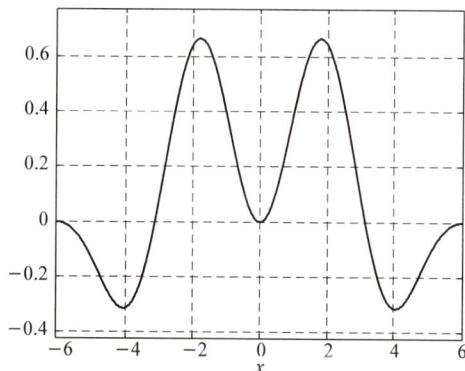

图 6.3-5　函数 $y=\dfrac{1-\cos x}{x\sin x}$ 的图像

案例 6.3.6 求 $\lim\limits_{x\to 2}\left(\dfrac{1}{2-x}-\dfrac{4}{4-x^2}\right)$.

解 输入命令：

$>>$limit(1./(2-x)-4./(4-x.^2),2)↙

得结果：

ans＝

－1/4

画出函数的图像：

$>>$ezplot(1/(2-x)-4/(4-x.^2));

$>>$grid↙

运行结果如图 6.3-6 所示.

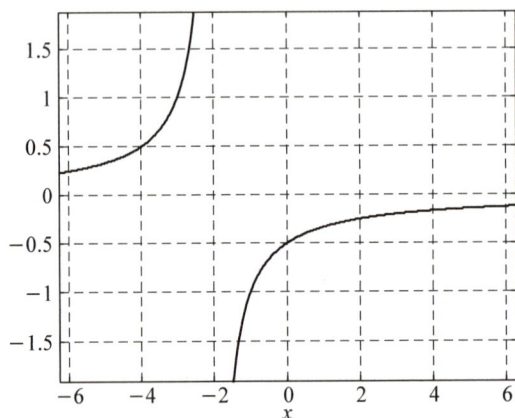

图 6.3-6 函数 $y=\dfrac{1}{2-x}-\dfrac{4}{4-x^2}$ 的图像

案例 6.3.7 求 $\lim\limits_{x\to 0^-}\dfrac{1}{x}$.

解 输入命令：

$>>$limit(1/x,x,0,'left')↙

得结果：

ans＝

－Inf　　　%－Inf 表示－∞

§6.4　导数的计算

6.4.1　实验目的

(1)进一步理解导数的概念及其几何意义.

(2)学习 MATLAB 的求导命令与求导法.

6.4.2　MATLAB 求导命令

建立符号变量命令 sym 和 syms 调用格式如下.

　　　x＝sym('x');建立符号变量 x；

　　　syms x y z:建立多个符号变量 x,y,z.

MATLAB 求导命令 diff 调用格式：

　　　diff(函数 f(x)):求 $f(x)$ 的一阶导数 $f'(x)$；

　　　diff(函数 f(x),n):求 $f(x)$ 的 n 阶导数 $f^{(n)}(x)$ (n 是整数).

案例 6.4.1　设 $f(x)＝2^x$,用定义计算 $f'(0)$.

解　$f(x)$ 在某一点 x_0 的导数定义为极限：$\lim\limits_{\Delta x \to 0} \dfrac{f(x_0＋\Delta x)－f(x_0)}{\Delta x}$.

输入命令：

＞＞syms h；

＞＞limit((2.^(0+h)－2^(0))/h,h,0)✓

得结果：

ans＝

log(2)

可知 $f'(0)＝\ln(2)$.

案例 6.4.2　求 $y＝\dfrac{\sin x}{x}$ 的导数.

解　打开 MATLAB 指令窗,输入命令：

＞＞syms x；

＞＞dy_dx＝diff(sin(x)/x)✓

得结果：

dy_dx＝

cos(x)/x－sin(x)/x^2

MATLAB 的函数名允许使用字母、空格、下划线及数字,不允许使用其他字符,在这里我们用 dy_dx 表示 y'.

案例 6.4.3　求 $y＝\dfrac{x\ln x}{1＋x^2}$ 的导数.

解　输入命令：

>>dy_dx＝diff(x＊log(x)/(1+x^2))↙

得结果：

dy_dx＝

log(x)/(1+x^2)+1/(1+x^2)−2＊x^2＊log(x)/(1+x^2)^2.

在 MATLAB 中，函数 $\ln x$ 用 log (x) 表示，而 log 10(x) 表示 lg x.

利用 MATLAB 命令 diff 一次可以求出若干个函数的导数.

案例 6.4.4 求下列函数的导数.

(1)$y_1=\sqrt{x^2-2x+5}$；

(2)$y_2=\cos x^2+2\cos 2x$；

(3)$y_3=4^{\sin x}$；

(4)$y_4=\ln \ln x$；

解 输入命令：

>>a＝diff([sqrt(x^2− 2＊x+5),cos(x^2)+2＊cos(2＊x),4^(sin(x)),log(log(x))])↙

得结果：

a＝

[(2＊x − 2)/(2＊(x^2 − 2＊x + 5)^(1/2)), − 4＊sin(2＊x) − 2＊x＊sin(x^2), 4^sin(x)＊log(4)＊cos(x), 1/(x＊log(x))]

由本例可以看出，MATLAB 函数是对矩阵或向量进行操作的.

案例 6.4.5 设 $y=x\ln x$，求 $f^{(10)}(x)$.

解 输入命令：

>>diff(x＊log(x),10)↙

得结果：

ans ＝

40 320/x^9

案例 6.4.6 设 $y=\ln(1+x)$，求 $y^{(5)}$.

解 输入命令：

>>diff(log(1+x),5)↙

得结果：

ans＝

24/(1+x)^5

§6.5 积分计算

6.5.1 实验目的

(1)通过本实验,加深对于积分理论中分割、近似、求和、取极限的思想方法的理解.

(2)学习并掌握用 MATLAB 求不定积分、定积分、二重积分、曲线积分的方法.

(3)学习 MATLAB 中的 sum、symsum 与 int 命令.

6.5.2 求和

1. 求和命令 sum 调用格式

sum(x),给出向量 *x* 的各个元素的累加和,如果 *x* 是矩阵,则 sum(x)是 *x* 的每列列和形成的行向量.

案例 6.5.1 求 1 到 100 自然数之和.

解 输入命令:

>>x=[1:1:100];

>>sum(x)↙

得结果:

ans=

5 050

案例 6.5.2 将 1 到 9 的自然数写成 3 行 3 列的矩阵形式,并求各列的和.

解 输入命令:

>>x=[1,2,3;4,5,6;7,8,9]↙

x=

1	2	3
4	5	6
7	8	9

>>sum(x)↙

得结果:

ans=

12	15	18

2. 求和命令 symsum 调用格式(见表 6.5-1)

表 6.5-1　求和命令 symsum 调用格式

数学运算	MATLAB 命令
$\sum^{n} s$	symsum(s,n)

续表

数学运算	MATLAB命令
$\displaystyle\sum_{k=m}^{n} s$	symsum(s,k,m,n)
$s(1)+s(2)+\cdots+s(n)$	symsum(s(k),1,n)
$s(m)+s(m+1)+\cdots+s(n)$	symsum(s(k),k,m,n)

案例 6.5.3 求 $\displaystyle\sum_{k=1}^{10} k$.

解 输入命令：

$>>$syms k；

$>>$symsum(k,1,10)↙

得结果：

ans＝

55

案例 6.5.4 求 $\displaystyle\sum_{k=1}^{n} k^2$.

解 输入命令：

$>>$syms n；

$>>$symsum(k^2,k,1,n)↙

得结果：

ans＝

(n＊(2＊n+1)＊(n+1))/6

6.5.3 积分

MATLAB的积分命令为int，其调用格式如表 6.5-2 所示.

表 6.5-2　MATLAB积分命令 int 调用格式

数学运算	MATLAB命令
$\displaystyle\int f(x)\mathrm{d}x$	int(函数 f(x))
$\displaystyle\int f(x,y)\mathrm{d}x$	int(函数 f(x,y),变量名 x)
$\displaystyle\int_a^b f(x)\mathrm{d}x$	int(函数 f(x),a,b)
$\displaystyle\int_a^b f(x,y)\mathrm{d}x$	int(函数 f(x,y),变量名 x,a,b)

案例 6.5.5 计算 $\displaystyle\int x^2 \ln x\,\mathrm{d}x$.

解 输入命令：

$\gg$ syms x;

$\gg$ int(x^2 * log(x))✓

得结果：

ans＝

$1/3 * x^3 * \log(x) - 1/9 * x^3$

案例 6.5.6 计算下列不定积分.

(1) $\displaystyle\int \frac{4x+6}{x^2+3x-4} \mathrm{d}x$;

(2) $\displaystyle\int \cos^2 x \mathrm{d}x$;

(3) $\displaystyle\int \frac{1}{1+\mathrm{e}^x} \mathrm{d}x$.

解 先建立函数向量：

$\gg$ syms x;

$\gg$ syms a real;

$\gg$ y＝[(4 * x＋6)/(x^2＋3 * x－4),(cos(x))^2,1/(1＋exp(x))];

$\gg$ int(y,x)✓

得结果：

ans ＝

$[2 * \log((x-1) * (x+4)), x/2 + \sin(2*x)/4, x - \log(\exp(x)+1)]$

案例 6.5.7 计算 $\displaystyle\int_0^1 \mathrm{e}^x \mathrm{d}x$.

解 输入命令：

$\gg$ int(exp(x),0,1)✓

得结果：

ans＝

exp(1)－1

案例 6.5.8 计算 $\displaystyle\int_0^2 |x-1| \mathrm{d}x$.

解 输入命令：

$\gg$ int(abs(x－1),0,2)✓

得结果：

ans ＝

1

思政课堂

	突出贡献	视频微课
 吴文俊	1919—2017,中国数学家.他在代数拓扑学、数学机械化、中国数学史等方面有深刻研究与开创性贡献.引入的一类示性类被称为吴示性类,给出的刻画各种示性类之间关系的公式被称为吴公式,给出的定理机器证明方法被称为吴方法.	

习题参考答案

第1章

习题1.1

1. (1)不同；

   (2)相同.

2. $\varphi\left(-\dfrac{\pi}{6}\right)=\dfrac{1}{2},\qquad \varphi\left(\dfrac{\pi}{4}\right)=\dfrac{\sqrt{2}}{2},\qquad \varphi\left(-\dfrac{\pi}{4}\right)=\dfrac{\sqrt{2}}{2},\qquad \varphi(-\pi)=0.$

3. (1)奇函数；　　　　(2)非奇非偶函数；　　(3)奇函数；　　　　　　(4)偶函数.

4. (1)$(-\infty,-1)\bigcup(-1,3)\bigcup(3,+\infty)$；　　(2)$[-1,0]$；

   (3)$(-\infty,0)\bigcup\left(0,\dfrac{1}{2}\right]$；　　　　　　(4)$(1,+\infty)$；

   (5)$[-1,0)\bigcup(0,1]$；　　　　　　　(6)$(-\infty,-1)\bigcup(1,3)$.

5. (1)$y=\dfrac{2(x+1)}{x-1}$；　　　　　　　　(2)$y=\sqrt[3]{x-2}$；

   (3)$y=\dfrac{10^{x-1}+3}{2}$.

6. 略

7. 略

8. (1)$\left[-\sqrt{2},-1\right]\bigcup\left[1,\sqrt{2}\right]$；

   (2)若$0<a\leqslant\dfrac{1}{2}$，则$[a,1-a]$，若$a>\dfrac{1}{2}$，则无定义.

9. 略

习题1.2

1. 5.

2. $Q=-8P+6\,000$.

3. 400.

4. $L(x)=240x-6x^{2}\,(40<x\leqslant100)$.

5. 略

6. (1)$P=90-\dfrac{x-100}{100}=91-\dfrac{x}{100}\,(x\leqslant1\,600)$；

   (2)$L(x)=31x-0.01x^{2}\,(x\leqslant1\,600)$；

   (3)$L(1\,000)=21\,000(元)$.

习题 1.3

1. (1) $x_n \to 0$；　(2) $x_n \to 1$；　(3) $x_n \to 0$；　(4) $x_n \to 2$；
(5) $x_n \to 1$；　(6) 极限不存在.

2. (1) 12；　(2) $\dfrac{1}{3}$；　(3) $\dfrac{2}{3}$.

3. 极限不存在.

4. (1) 0；　(2) 不存在；　(3) 不存在；　(4) 1.

习题 1.4

1. (1) -2；　(2) 0；　(3) $2x$；　(4) -4；
(5) $\dfrac{n}{m}$；　(6) $\dfrac{1}{4}$；　(7) ∞；　(8) -1.

2. (1) 无穷小量；　(2) 无穷小量；　(3) 无穷大量.

3. (1) $x \to 2$ 或 $x \to \infty$；　(2) $x \to 2$；　(3) $x \to 0^+$；　(4) $x \to 0$.

习题 1.5

1. (1) $\dfrac{2}{3}$；　(2) $-\dfrac{2}{7}$；　(3) $\dfrac{1}{2}$；　(4) 2.

2. (1) $e^{\frac{1}{2}}$；　(2) e^{-3}；　(3) e^{-k}；　(4) e^{-1}.

3. 6 640 元.

4. 424 元.

第 2 章

习题 2.1

1. (1) $-f'(x_0)$；　(2) $f'(x_0)$.

2. (1) $4x^3$；　(2) $\dfrac{1}{3\sqrt[3]{x^2}}$；　(3) $-\dfrac{3}{x^4}$；　(4) $-\dfrac{1}{2\sqrt{x^3}}$.

3. (1) $\dfrac{\sqrt{2}}{2}, -1$；　(2) $0, -1$；　(3) $\dfrac{1}{\ln 2}, \dfrac{2}{\ln 2}$；　(4) $3, \dfrac{1}{e}$.

习题 2.2

1. (1) $3ax^2 + 2bx + c$；　(2) $4x + \dfrac{5}{2}x^{\frac{3}{2}}$；
(3) $\dfrac{15x^2 + 48x + 82}{(5x+8)^2}$；　(4) $2^x(x^2+5)\ln 2 + 2^{x+1}x$；

(5)$\cos x \tan x - x \sin x \tan x + x \sec x$；　　　　(6)$\dfrac{x \cos x - \sin x}{x^2}$.

2. (1)$\dfrac{x}{\sqrt{x^2 + a^2}}$；　　　　(2)$\cos(2^x)2^x \ln 2$；　　(3)$-\cos 2x$；　　　　(4)$x e^{\frac{x^2}{2}}$；

(5)$\dfrac{2x e^{x^2}}{1 + e^{2x^2}}$；　　　　　　(6)$4 \sin 2x(1 + \sin^2 x)^3$.

3. (1)$2 - \dfrac{1}{x^2}$；　　　　　　(2)$-\dfrac{x}{(x^2 - 1)^{\frac{3}{2}}}$.

4. (1)$y' = \dfrac{-e^y}{x e^y + 2y}$；　　　　(2)$y' = \dfrac{-2x \sin 2x - y - x y e^{xy}}{x^2 e^{xy} + x \ln x}$.

5. (1)$y' = (\cos x)^{\sin x}\left(\cos x \ln\cos x - \dfrac{\sin^2 x}{\cos x}\right)$；　(2)$y' = \sqrt{\dfrac{1-x}{1+x}} \cdot \dfrac{1 - x - x^2}{1 - x^2}$.

习题 2.3

1. (1)$104 - 0.8Q$；　　　　　　(2)64.

2. (1)9.5；　　　　　　　　(2)22.

3. (1)$10Q - \dfrac{Q^2}{5}, 10 - \dfrac{Q}{5}, 10 - \dfrac{2Q}{5}$；　(2)$120, 6, 2$.

4. $L(Q) = -Q^2 + 28Q - 100, 14$.

5. -0.432；其经济意义：当巧克力糖价格为 10 元时，价格再上涨(或下跌)1 元，需求量将减少(或增加)0.432 kg.

习题 2.4

1. (1)$e^{-x}(2x - x^2), 2 - x$；　　　　(2)$\dfrac{(x-1)e^x}{x^2}, x - 1$；

(3)$(a - bx)x^{a-1} e^{-b(x+c)}, a - bx$.

2. (1)$-\dfrac{P}{5}$；　　　　　　(2)$\eta(3) = -0.6, \eta(5) = -1, \eta(6) = -1.2$.

当 $P = 3$ 时，价格上涨(或下跌)1%，需求将减少(或增加)0.6%；当 $P = 5$ 时，价格上涨(或下跌)1%，需求将减少(或增加)1%；当 $P = 6$ 时，价格上涨(或下跌)1%，需求将减少(或增加)1.2%.

3. (1)$\dfrac{-P}{24 - P}$；　　　　　　(2)-0.333；

(3)减少，0.333.

4. $\dfrac{5P}{4 + 5P}, 0.714$.

5. (1)$\dfrac{-bP}{a - bP}$；　　　　　　(2)$\dfrac{a}{2b}$.

习题 2.5

1. 单调递减.

2. (1) 在 $(-\infty,-1)$ 和 $(1,+\infty)$ 上单调递增，在 $(-1,1)$ 上单调递减；
   (2) 在 $(-\infty,1]$ 和 $[2,+\infty)$ 上单调递增，在 $[1,2]$ 上单调递减.

3. (1) 极小值 $f(0)=0$； (2) 极小值 $f(1)=0$，极大值 $f(\mathrm{e}^2)=\dfrac{4}{\mathrm{e}^2}$.

习题 2.6

1. (1) 最大值 13，最小值 4； (2) 最大值 1.25，最小值 $-5+\sqrt{6}$.

2. 250 件，850 万元.

习题 2.7

1. (1) $4x+C$； (2) $-\cos t+C$；

   (3) $\dfrac{2}{x}+C$； (4) $\ln|x|+C$；

   (5) $-\mathrm{e}^{-x}+C$； (6) $\dfrac{\tan 2t}{2}+C$；

   (7) $2\sqrt{x}+C$； (8) $\arcsin x+C$.

2. (1) $2x(\cos 2x-x\sin 2x)\mathrm{d}x$； (2) $12x\tan(1+3x^2)\sec^2(1+3x^2)\mathrm{d}x$.

3. 设金属球的体积为 V，半径为 r，$V=\dfrac{4}{3}\pi r^3$，$V'=4\pi r^2$.

当 $r=10$ cm，$\Delta r=0.05$ cm，则

$\Delta V\approx \mathrm{d}V=V'|_{r=10}\cdot\Delta r=4\pi(10)^2\times0.05\approx62.83$ （cm^3）.

第 3 章

习题 3.1

1. 提示：画图后，利用图形面积的代数和求定积分的值.

2. (1) $[\pi,2\pi]$； (2) $[\sqrt{2}\,\mathrm{e}^{-\frac{1}{2}},\sqrt{2}]$.

3. (1) $>$； (2) $<$.

习题 3.2

1. $2x\mathrm{e}^{x^2}+C$.

2. $-\dfrac{x^2}{2}+C$.

3. $y=x^2-4$.

4. (1) $x-\arctan x+C$;

(2) $-2x^{-\frac{1}{2}}-\ln|x|+e^x+C$;

(3) e^x+x+C;

(4) $\sin x-\cos x+C$;

(5) $\frac{1}{2}\tan x+C$;

(6) $\frac{3}{2}x-\frac{1}{2}\sin x+C$.

习题 3.3

1. (1) $-\frac{7}{30}(3-5x)^{\frac{6}{7}}+C$;

(2) $-\frac{1}{2}\cos x^2+C$;

(3) $\cot\frac{1}{x}+C$;

(4) $-2\ln|\cos\sqrt{x}|+C$;

(5) $\frac{3^{\sin x}}{\ln 3}+C$;

(6) $\frac{1}{4}(\arctan x)^4+C$;

(7) $\frac{1}{2}(\ln x)^2+2\ln x+C$;

(8) $\frac{1}{6}\sin^6 x-\frac{1}{8}\sin^8 x+C$;

(9) $\sqrt{2x}-\ln(1+\sqrt{2x})+C$;

(10) $\arcsin\frac{x}{\sqrt{2}}-\frac{x}{2}\sqrt{2-x^2}+C$.

2. (1) $\frac{2}{9}$;

(2) $\frac{8}{3}$;

(3) $\frac{\ln 3}{4}$;

(4) $\frac{2}{7}$;

(5) $2+4\ln\frac{3}{2}$;

(6) $2\left(\sqrt{3}-\frac{\pi}{3}\right)$.

3. (1) 2;

(2) $\frac{2}{3}\pi$.

习题 3.4

1. (1) $\left(-\frac{x}{4}-\frac{1}{16}\right)e^{-4x}+C$;

(2) $-x\cot x+\ln|\sin x|-\frac{x^2}{2}+C$;

(3) $\frac{x^3}{3}\ln x-\frac{x^3}{9}+C$;

(4) $x\arctan\frac{1}{x}+\frac{1}{2}\ln(1+x^2)+C$.

2. (1) $3(\ln 12-1)$;

(2) $16(\ln^2 2-2\ln 2+1)$;

(3) $\frac{e}{2}(\cos 1+\sin 1)-\frac{1}{2}$.

习题 3.5

1. 50,100.

2. 500.

3. 0.01 亿元.

4. (1) 6.25;

(2) 0.25.

5. $500(1-e^{0.5})$.

6. （1）500；　　　　　　　　　　　　　　　（2）-25.

第 4 章

习题 4.1

1. （1）$\begin{pmatrix} 3 & 2 & -1 & 0 \\ -3 & -2 & 1 & 0 \\ 6 & 4 & -2 & 0 \\ 9 & 6 & -3 & 0 \end{pmatrix}$；

（2）$\begin{pmatrix} 5 \\ -3 \\ -1 \end{pmatrix}$；

（3）(10)；

（4）$a_{11}x_1^2 + a_{22}x_2^2 + a_{33}x_3^2 + (a_{12}+a_{21})x_1x_2 + (a_{13}+a_{31})x_1x_3 + (a_{23}+a_{32})x_2x_3$；

（5）$\begin{pmatrix} a_{11} & a_{12} & a_{12}+a_{13} \\ a_{21} & a_{22} & a_{22}+a_{23} \\ a_{31} & a_{32} & a_{32}+a_{33} \end{pmatrix}$；

（6）$\begin{pmatrix} 1 & 2 & 5 & 2 \\ 0 & 1 & 2 & -4 \\ 0 & 0 & -4 & 3 \\ 0 & 0 & 0 & -9 \end{pmatrix}$.

2. （1）$\begin{pmatrix} 2 & 4 & 2 \\ 4 & 0 & 0 \\ 0 & 2 & 4 \end{pmatrix}$；

（2）$\begin{pmatrix} 4 & 4 & 0 \\ 5 & -3 & -1 \\ -3 & 1 & -1 \end{pmatrix}$；

（3）不相等.

3. 略.

4. $\boldsymbol{A}^2 = \begin{pmatrix} 1 & 2\lambda \\ 0 & 1 \end{pmatrix}$, $\boldsymbol{A}^3 = \begin{pmatrix} 1 & 3\lambda \\ 0 & 1 \end{pmatrix}$, $\cdots$, $\boldsymbol{A}^k = \begin{pmatrix} 1 & k\lambda \\ 0 & 1 \end{pmatrix}$.

习题 4.2

1. （1）1；　　　　　　　　（2）5；　　　　　　　　（3）$ab(b-a)$.

2. （1）-48；　　　　　　（2）9；　　　　　　　　（3）-5.

3. $A_{21} = - \begin{vmatrix} 3 & 2 \\ 9 & -4 \end{vmatrix}$, $A_{23} = - \begin{vmatrix} -1 & 3 \\ 11 & 9 \end{vmatrix}$, $D = 462$.

习题 4.3

1. (1) 0;   (2) $-(x^2 - y^2)^2$;

   (3) 20;   (4) $(x-y)(y-z)(z-x)$;

   (5) 665;   (6) 0.

2. (1) $x_1 = 0, x_2 = \dfrac{4}{5}, x_3 = \dfrac{3}{5}, x_4 = -\dfrac{7}{5}$;   (2) $x_1 = -3, x_2 = 3, x_3 = 5, x_4 = 0$.

习题 4.4

1. $\begin{pmatrix} 5 & -2 \\ -2 & 1 \end{pmatrix}$.

2. $\begin{pmatrix} 1 & -2 & 1 \\ 0 & 1 & -2 \\ 0 & 0 & 1 \end{pmatrix}$.

3. $\dfrac{1}{6} \begin{pmatrix} -12 & 6 & 0 \\ -7 & 4 & -1 \\ -32 & 14 & -2 \end{pmatrix}$.

习题 4.5

1. (1) $\begin{pmatrix} 1 & 0 & 0 & 0 \\ -\dfrac{1}{2} & \dfrac{1}{2} & 0 & 0 \\ -\dfrac{1}{2} & -\dfrac{1}{6} & \dfrac{1}{3} & 0 \\ \dfrac{1}{8} & -\dfrac{5}{24} & -\dfrac{1}{12} & \dfrac{1}{4} \end{pmatrix}$;   (2) $\begin{pmatrix} 1 & -2 & 0 & 0 \\ -2 & 5 & 0 & 0 \\ 0 & 0 & 2 & -3 \\ 0 & 0 & -5 & 8 \end{pmatrix}$;

(3) $\begin{pmatrix} \dfrac{1}{a_1} & & & \\ & \dfrac{1}{a_2} & & \\ & & \ddots & \\ & & & \dfrac{1}{a_n} \end{pmatrix}$.

2. (1) 3;   (2) 3;   (3) 3;   (4) 2.

第 5 章

习题 5.1

1. (1)BCA；　　　　　(2)ACB；　　　　　(3)$AB=\varnothing$；　　　　　(4)$A=B$.

2. (1)$A_1A_2A_3$；　　　　　(2)$\overline{A}_1\overline{A}_2\overline{A}_3$；

　(3)$\overline{A_1A_2A_3}$；　　　　　(4)$A_1\overline{A}_2\overline{A}_3\cup\overline{A}_1A_2\overline{A}_3\cup\overline{A}_1\overline{A}_2A_3$；

　(5)$A_1\cup A_2\cup A_3$；　　　　　(6)$\overline{A}_1\overline{A}_2\cup\overline{A}_1\overline{A}_3\cup\overline{A}_2\overline{A}_3$.

习题 5.2

1. (1)$\dfrac{1}{4}$；　　　　　(2)$\dfrac{1}{2}$.

2. (1)$\dfrac{5}{11}$；　　　　　(2)$\dfrac{5}{11}$.

3. (1)$P=\dfrac{C_{400}^{90}C_{1\,100}^{110}}{C_{1\,500}^{200}}$；　　　　　(2)$P=1-\dfrac{C_{1\,100}^{200}}{C_{1\,500}^{200}}-\dfrac{C_{400}^{1}C_{1\,100}^{119}}{C_{1\,500}^{200}}$.

4. 0.626.

5. 0.54.

习题 5.3

1. (1)不独立；　　　　　(2)独立.

2. (1)0.657；　　　　　(2)0.131 4.

3. 0.63.

习题 5.4

1. (1)$\dfrac{1}{5}$；　　　　　(2)$\dfrac{2}{5}$；　　　　　(3)$\dfrac{3}{5}$.

2. (1)$0.1\times(0.9)^k$；　　　　　(2)$P\{x\geqslant5\}=0.9^5$.

3. $F(x)=\begin{cases}0, & x<1,\\ 0.3, & 1\leqslant x<3,\\ 0.8, & 3\leqslant x<5,\\ 1, & x\geqslant5.\end{cases}$

4. (1)$P\{x=-1\}=0.4$，　$P\{x=1\}=0.4$，　$P\{x=3\}=0.2$；

　(2)$\dfrac{2}{3}$.

5. (1)0.25；　　　　　(2)0；

$(3)F(x)=\begin{cases} 0, & x\leqslant 0, \\ x^2, & 0<x<1, \\ 1, & x\geqslant 1. \end{cases}$

6. $(1)f(x)=\begin{cases} \dfrac{1}{10}, & 0<x<10, \\ 0, & 其他, \end{cases}$ 图像略；　　　　$(2)0,\dfrac{3}{10},\dfrac{1}{2}.$

7. $(1)0.012\ 2$；　　　　　$(2)0.532\ 8$；　　　　　$(3)0.506\ 9.$

习题 5.5

1. $E(X)=-0.2$，　$E(X^2)=2.8$，　$E(3X^2+5)=13.4.$

2. $(1)\dfrac{1}{3}$；　　　　　　　　　　　　　　$(2)\dfrac{1}{18}.$

附　录

附表1　标准正态分布函数数值表

u	0.00	0.01	0.02	0.03	0.04	0.05	0.06	0.07	0.08	0.09
0.0	0.500000	0.503989	0.507978	0.511966	0.515953	0.519959	0.523922	0.527903	0.531881	0.535856
0.1	0.539828	0.543795	0.547758	0.551717	0.555670	0.559618	0.563559	0.567495	0.571424	0.575345
0.2	0.579260	0.583166	0.587064	0.590954	0.594835	0.598706	0.602568	0.606420	0.610261	0.614092
0.3	0.617911	0.621720	0.625516	0.629300	0.633072	0.636831	0.640576	0.644309	0.648027	0.651732
0.4	0.655422	0.659097	0.662757	0.666402	0.670031	0.673645	0.677242	0.680822	0.684386	0.687933
0.5	0.691462	0.694974	0.698468	0.701944	0.705401	0.708840	0.712260	0.715661	0.719043	0.722405
0.6	0.725747	0.729069	0.732371	0.735653	0.738914	0.742154	0.745373	0.748571	0.751748	0.754903
0.7	0.758036	0.761148	0.764238	0.767305	0.770350	0.773373	0.776373	0.779350	0.782305	0.785236
0.8	0.788145	0.791030	0.793892	0.796731	0.799546	0.802357	0.805105	0.807850	0.810570	0.813267
0.9	0.815940	0.818589	0.821214	0.823814	0.826391	0.828944	0.831472	0.833977	0.836457	0.838913
1.0	0.841345	0.843752	0.846136	0.848495	0.850830	0.853141	0.855428	0.857690	0.859929	0.862143
1.1	0.864334	0.866500	0.868643	0.870762	0.872857	0.874928	0.876976	0.879000	0.881000	0.882977
1.2	0.884930	0.886861	0.888768	0.890651	0.892512	0.894350	0.896165	0.897958	0.899727	0.901475
1.3	0.903200	0.904902	0.906582	0.908241	0.909877	0.911492	0.913085	0.914657	0.916207	0.917736
1.4	0.919243	0.920730	0.922196	0.923641	0.925066	0.926471	0.927855	0.929219	0.930563	0.931888
1.5	0.933193	0.934478	0.935745	0.936992	0.938220	0.939429	0.940620	0.941792	0.942947	0.944083
1.6	0.945201	0.946301	0.947384	0.948449	0.949497	0.950529	0.951543	0.952540	0.953521	0.954488
1.7	0.955435	0.956367	0.957284	0.958185	0.959070	0.959941	0.960796	0.961636	0.962462	0.963273
1.8	0.964070	0.964852	0.965620	0.966375	0.967116	0.967843	0.968557	0.969258	0.969946	0.970621
1.9	0.971283	0.971933	0.972571	0.973197	0.973810	0.974412	0.975002	0.975581	0.976148	0.976705
2.0	0.977250	0.977784	0.978308	0.978822	0.979325	0.979818	0.980301	0.980774	0.981237	0.981691
2.1	0.982136	0.982571	0.982997	0.983414	0.983823	0.984222	0.984614	0.984997	0.985371	0.985758
2.2	0.986097	0.986447	0.986791	0.987126	0.937455	0.987776	0.988089	0.988396	0.988696	0.988989
2.3	0.989276	0.989556	0.989830	0.990097	0.990358	0.990613	0.990863	0.991106	0.991344	0.991576
2.4	0.991802	0.992024	0.992240	0.992451	0.992656	0.992857	0.993053	0.993244	0.993431	0.993613
2.5	0.993790	0.993963	0.994132	0.994297	0.994457	0.994614	0.994766	0.994915	0.995060	0.995201
2.6	0.995339	0.995473	0.995604	0.995731	0.995855	0.995975	0.996093	0.996207	0.996319	0.996427
2.7	0.996533	0.996636	0.996736	0.996833	0.996928	0.997020	0.997110	0.997197	0.997282	0.997365
2.8	0.997445	0.997523	0.997599	0.997673	0.997744	0.997814	0.997882	0.997948	0.998012	0.998074
2.9	0.998134	0.998193	0.998250	0.998305	0.998359	0.998411	0.998462	0.998511	0.998559	0.998605
3.0	0.998650	0.998694	0.998736	0.998777	0.998817	0.998856	0.998893	0.998930	0.998965	0.998999
3.1	0.999032	0.999065	0.999096	0.999126	0.999155	0.999184	0.999211	0.999238	0.999264	0.999289
3.2	0.999313	0.999336	0.999359	0.999381	0.999402	0.999423	0.999443	0.999462	0.999481	0.999499
3.3	0.999517	0.999534	0.999550	0.999566	0.999581	0.999596	0.999610	0.999624	0.999638	0.999651
3.4	0.999663	0.999675	0.999687	0.999698	0.999709	0.999720	0.999730	0.999740	0.999749	0.999758
3.5	0.999767	0.999776	0.999784	0.999792	0.999800	0.999807	0.999815	0.999822	0.999828	0.999835
3.6	0.999841	0.999847	0.999853	0.999858	0.999864	0.999869	0.999874	0.999879	0.999883	0.999888
3.7	0.999892	0.999896	0.999900	0.999904	0.999908	0.999912	0.999915	0.999918	0.999922	0.999925
3.8	0.999928	0.999931	0.999933	0.999936	0.999938	0.999941	0.999943	0.999946	0.999948	0.999950
3.9	0.999952	0.999954	0.999956	0.999958	0.999959	0.999961	0.999963	0.999964	0.999966	0.999967

u	0.00	0.01	0.02	0.03	0.04	0.05	0.06	0.07	0.08	0.09
4.0	0.999968	0.999970	0.999971	0.999972	0.999973	0.999974	0.999975	0.999976	0.999977	0.999978
4.1	0.999979	0.999980	0.999981	0.999982	0.999983	0.999983	0.999984	0.999985	0.999985	0.999986
4.2	0.999987	0.999987	0.999988	0.999988	0.999989	0.999989	0.999990	0.999990	0.999991	0.999991
4.3	0.999991	0.999992	0.999992	0.999993	0.999993	0.999993	0.999993	0.999994	0.999994	0.999994
4.4	0.999995	0.999995	0.999995	0.999995	0.999996	0.999996	0.999996	0.999996	0.999996	0.999996
4.5	0.999997	0.999997	0.999997	0.999997	0.999997	0.999997	0.999997	0.999998	0.999998	0.999998
4.6	0.999998	0.999998	0.999998	0.999998	0.999998	0.999998	0.999998	0.999998	0.999999	0.999999
4.7	0.999999	0.999999	0.999999	0.999999	0.999999	0.999999	0.999999	0.999999	0.999999	0.999999
4.8	0.999999	0.999999	0.999999	0.999999	0.999999	0.999999	0.999999	0.999999	0.999999	0.999999
4.9	1.000000	1.000000	1.000000	1.000000	1.000000	1.000000	1.000000	1.000000	1.000000	1.000000

扫描二维码,获取标准正态分布函数数值表使用方法的视频讲解.

视频讲解	学习笔记

附表 2 t 分布临界值表

k \ α	0.25	0.10	0.05	0.025	0.01	0.005
1	1.0000	3.0777	6.3138	12.7062	31.8207	63.6574
2	0.8165	1.8856	2.9200	4.3207	6.9646	9.9248
3	0.7649	1.6377	2.3534	3.1824	4.5407	5.8409
4	0.7407	1.5332	2.1318	2.7764	3.7469	4.6041
5	0.7267	1.4759	2.0150	2.5706	3.3649	4.0322
6	0.7176	1.4398	1.9432	2.4469	3.1427	3.7074
7	0.7111	1.4149	1.8946	2.3646	2.9980	3.4995
8	0.7064	1.3968	1.8595	2.3060	2.8965	3.3554
9	0.7027	1.3830	1.8331	2.2622	2.8214	3.2498
10	0.6998	1.3722	1.8125	2.2281	2.7638	3.1693
11	0.6974	1.3634	1.7959	2.2010	2.7181	3.1058
12	0.6955	1.3562	1.7823	2.1788	2.6810	3.0545
13	0.6938	1.3502	1.7709	2.1604	2.6503	3.0123
14	0.6924	1.3450	1.7613	2.1448	2.6245	2.9768
15	0.6912	1.3406	1.7531	2.1315	2.6025	2.9467
16	0.6901	1.3368	1.7459	2.1199	2.5835	2.9028
17	0.6892	1.3334	1.7396	2.1098	2.5669	2.8982
18	0.6884	1.3304	1.7341	2.1009	2.5524	2.8784
19	0.6876	1.3277	1.7291	2.0930	2.5395	2.8609
20	0.6870	1.3253	1.7247	2.0860	2.5280	2.8453
21	0.6864	1.3232	1.7207	2.0796	2.5177	2.8314
22	0.6858	1.3212	1.7171	2.0739	2.5083	2.8188
23	0.6853	1.3195	1.7139	2.0687	2.4999	2.8073
24	0.6848	1.3178	1.7109	2.0639	2.4922	2.7969
25	0.6844	1.3163	1.7081	2.0595	2.4851	2.7874
26	0.6840	1.3150	1.7056	2.0555	2.4786	2.7787
27	0.6837	1.3137	1.7033	2.0518	2.4727	2.7707
28	0.6834	1.3125	1.7011	2.0484	2.4671	2.7633
29	0.6830	1.3114	1.6991	2.0452	2.4620	2.7564
30	0.6828	1.3104	1.6973	2.0423	2.4573	2.7500

扫描二维码,获取 t 分布临界值表使用方法的视频讲解.

视频讲解	学习笔记

参考文献

[1]陈笑缘.经济数学[M].3 版.北京:高等教育出版社,2019.

[2]冯翠莲.经济应用数学[M].3 版.北京:高等教育出版社,2020.

[3]张从军,李辉,鲍远圣,刘玉华.常见经济问题的数学解析[M].南京:东南大学出版社,
   2004.

[4]陈承明,董有德,苑睿剑.简明西方经济学[M].上海:复旦大学出版社,2020.

[5]杨桂元,李天胜,等.数学模型应用实例[M].合肥:合肥工业大学出版社,2007.

[6]盛光进.实用经济数学[M].北京:高等教育出版社,2012.

[7]黎诣远.西方经济学[M].2 版.北京:高等教育出版社,2007.

[8]叶其孝.大学生数学建模竞赛辅导教材[M].长沙:湖南教育出版社,2008.

[9]曹爱民.高等数学导学[M].北京:国防工业出版社,2006.

[10]曹爱民.高等数学题型解析与复习指导[M].北京:北京师范大学出版社,2018.

[11]王岳,任晓燕.高等数学[M].济南:山东人民出版社,2020.